Caro aluno, seja bem-vindo à sua plataforma do conhecimento!

A partir de agora, está à sua disposição uma plataforma que reúne, em um só lugar, recursos educacionais digitais que complementam os livros impressos e foram desenvolvidos especialmente para auxiliar você em seus estudos. Veja como é fácil e rápido acessar os recursos deste projeto.

1 Faça a ativação dos códigos dos seus livros.

Se você NÃO tem cadastro na plataforma:
- acesse o endereço <login.smaprendizagem.com>;
- na parte inferior da tela, clique em "Registre-se" e depois no botão "Alunos";
- escolha o país;
- preencha o formulário com os dados do tutor, do aluno e de acesso.

O seu tutor receberá um e-mail para validação da conta. Atenção: sem essa validação, não é possível acessar a plataforma.

Se você JÁ tem cadastro na plataforma:
- em seu computador, acesse a plataforma pelo endereço <login.smaprendizagem.com>;
- em seguida, você visualizará os livros que já estão ativados em seu perfil. Clique no botão "Códigos ou licenças", insira o código abaixo e clique no botão "Validar".

Este é o seu código de ativação! → **D3JLK-QQPBR-AE6YP**

2 Acesse os recursos

usando um computador.

No seu navegador de internet, digite o endereço <login.smaprendizagem.com> e acesse sua conta. Você visualizará todos os livros que tem cadastrados. Para escolher um livro, basta clicar na sua capa.

usando um dispositivo móvel.

Instale o aplicativo **SM Aprendizagem**, que está disponível gratuitamente na loja de aplicativos do dispositivo. Utilize o mesmo *login* e a mesma senha que você cadastrou na plataforma.

Importante! Não se esqueça de sempre cadastrar seus livros da SM em seu perfil. Assim, você garante a visualização dos seus conteúdos, seja no computador, seja no dispositivo móvel. Em caso de dúvida, entre em contato com nosso canal de atendimento pelo **telefone 0800 72 54876** ou pelo **e-mail** atendimento@grupo-sm.com.

GEO GRAFIA

GERAÇÃO ALPHA

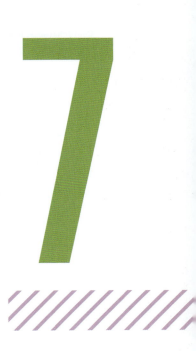

7

FERNANDO DOS SANTOS SAMPAIO
Bacharel em Geografia pela Faculdade de Filosofia, Letras e Ciências Humanas (FFLCH) da Universidade de São Paulo (USP).
Doutor em Geografia Humana pela USP.
Professor de Geografia em escolas da rede pública e particular e na Universidade Estadual do Oeste do Paraná (Unioeste).

MARLON CLOVIS MEDEIROS
Licenciado em Geografia pelo Centro de Ciências da Educação (Faed) da Universidade do Estado de Santa Catarina (Udesc).
Mestre em Desenvolvimento Regional e Planejamento Ambiental pela Universidade Estadual Paulista "Júlio de Mesquita Filho" (Unesp).
Doutor em Geografia Humana pela USP.
Professor do curso de graduação e do Programa de Pós-Graduação em Geografia da Unioeste.

São Paulo, 5ª edição, 2023

Geração Alpha Geografia 7
© SM Educação
Todos os direitos reservados

Direção editorial André Monteiro
Gerência editorial Lia Monguilhott Bezerra
Edição executiva Gisele Manoel
Colaboração técnico-pedagógica: Ana Carolina F. Muniz, Ananda Maria Garcia Veduvoto
Edição: Ananda Maria Garcia Veduvoto, Aroldo Gomes Araujo, Cláudio Junior Mattiuzzi, Felipe Khouri Barrionuevo, Hugo Alexandre de Araujo Maria, Marina Bianchi Nurchis
Assistência de edição: Tiago Rego Gomes
Suporte editorial: Camila Alves Batista, Fernanda de Araújo Fortunato

Coordenação de preparação e revisão Cláudia Rodrigues do Espírito Santo
Preparação: Berenice Baeder, Fernanda Almeida, Mariana Masotti
Revisão: Beatriz Nascimento, Fátima Valentina Cezare Pasculli

Coordenação de *design* Gilciane Munhoz
Design: Camila N. Ueki, Lissa Sakajiri, Paula Maestro

Coordenação de arte Vitor Trevelin
Edição de arte: Eduardo Sokei, João Negreiros
Assistência de arte: Bruno Cesar Guimarães, Renata Lopes Toscano
Assistência de produção: Júlia Stacciarini Teixeira

Coordenação de iconografia Josiane Laurentino
Pesquisa iconográfica: Beatriz Micsik, Junior Rozzo
Tratamento de imagem: Marcelo Casaro

Capa Megalo | identidade, comunicação e design
Ilustração da capa: Thiago Limón

Projeto gráfico Megalo | identidade, comunicação e design; Camila N. Ueki, Lissa Sakajiri, Paula Maestro
Ilustrações que acompanham o projeto: Laura Nunes

Editoração eletrônica Estúdio Anexo
Cartografia João Miguel A. Moreira
Pré-impressão Américo Jesus
Fabricação Alexander Maeda
Impressão Amity Printng

Dados Internacionais de Catalogação na Publicação (CIP)
(Câmara Brasileira do Livro, SP, Brasil)

Sampaio, Fernando dos Santos
 Geração alpha geografia, 7 / Fernando dos Santos Sampaio, Marlon Clovis Medeiros. -- 5. ed. -- São Paulo : Edições SM, 2023.

  ISBN 978-85-418-3050-8 (aluno)
  ISBN 978-85-418-3045-4 (professor)

 1. Geografia (Ensino fundamental) I. Medeiros, Marlon Clovis. II. Título.

22-154219 CDD-372.891

Índices para catálogo sistemático:
1. Geografia : Ensino fundamental 372.891

Cibele Maria Dias – Bibliotecária – CRB-8/9427

5ª edição, 2023
3ª impressão, 2024

SM Educação
Avenida Paulista, 1842 – 18º andar, cj. 185, 186 e 187 – Condomínio Cetenco Plaza
Bela Vista 01310-945 São Paulo SP Brasil
Tel. 11 2111-7400
atendimento@grupo-sm.com
www.grupo-sm.com/br

APRESENTAÇÃO

OLÁ, ESTUDANTE!

Ser jovem no século XXI significa estar em contato constante com múltiplas formas de linguagem, uma imensa quantidade de informações e inúmeras ferramentas tecnológicas. Isso ocorre em um cenário mundial de grandes desafios sociais, econômicos e ambientais.

Diante dessa realidade, esta coleção foi cuidadosamente pensada tendo como principal objetivo ajudar você a enfrentar esses desafios com autonomia e espírito crítico.

Atendendo a esse propósito, os textos, as imagens e as atividades nela propostos oferecem oportunidades para que você reflita sobre o que aprende, expresse suas ideias e desenvolva habilidades de comunicação nas mais diversas situações de interação em sociedade.

Vinculados aos conhecimentos próprios da Geografia, também são explorados aspectos dos Objetivos de Desenvolvimento Sustentável (ODS), da Organização das Nações Unidas (ONU). Com isso, esperamos contribuir para que você compartilhe dos conhecimentos construídos pela Geografia e os utilize para fazer escolhas responsáveis e transformadoras em sua comunidade e em sua vida.

Desejamos também que esta coleção contribua para que você se torne um jovem atuante na sociedade do século XXI e seja capaz de questionar a realidade em que vive e de buscar respostas e soluções para os desafios presentes e para os que estão por vir.

Equipe editorial

O QUE SÃO OS
OBJETIVOS
DE DESENVOLVIMENTO
SUSTENTÁVEL

Em 2015, representantes dos Estados-membros da Organização das Nações Unidas (ONU) se reuniram durante a Cúpula das Nações Unidas sobre o Desenvolvimento Sustentável e adotaram uma agenda socioambiental mundial composta de 17 Objetivos de Desenvolvimento Sustentável (ODS).

Os ODS constituem desafios e metas para erradicar a pobreza, diminuir as desigualdades sociais e proteger o meio ambiente, incorporando uma ampla variedade de tópicos das áreas econômica, social e ambiental. Trata-se de temas humanitários atrelados à sustentabilidade que devem nortear políticas públicas nacionais e internacionais até o ano de 2030.

Nesta coleção, você trabalhará com diferentes aspectos dos ODS e perceberá que, juntos e também como indivíduos, todos podemos contribuir para que esses objetivos sejam alcançados. Conheça aqui cada um dos 17 objetivos e suas metas gerais.

1 ERRADICAÇÃO DA POBREZA

Erradicar a pobreza em todas as formas e em todos os lugares

2 FOME ZERO E AGRICULTURA SUSTENTÁVEL

Erradicar a fome, alcançar a segurança alimentar, melhorar a nutrição e promover a agricultura sustentável

11 CIDADES E COMUNIDADES SUSTENTÁVEIS

Tornar as cidades e comunidades mais inclusivas, seguras, resilientes e sustentáveis

10 REDUÇÃO DAS DESIGUALDADES

Reduzir as desigualdades no interior dos países e entre países

9 INDÚSTRIA, INOVAÇÃO E INFRAESTRUTURA

Construir infraestruturas resilientes, promover a industrialização inclusiva e sustentável e fomentar a inovação

12 CONSUMO E PRODUÇÃO RESPONSÁVEIS

Garantir padrões de consumo e de produção sustentáveis

13 AÇÃO CONTRA A MUDANÇA GLOBAL DO CLIMA

Adotar medidas urgentes para combater as alterações climáticas e os seus impactos

14 VIDA NA ÁGUA

Conservar e usar de forma sustentável os oceanos, mares e os recursos marinhos para o desenvolvimento sustentável

3 SAÚDE E BEM-ESTAR

Garantir o acesso à saúde de qualidade e promover o bem-estar para todos, em todas as idades

4 EDUCAÇÃO DE QUALIDADE

Garantir o acesso à educação inclusiva, de qualidade e equitativa, e promover oportunidades de aprendizagem ao longo da vida para todos

5 IGUALDADE DE GÊNERO

Alcançar a igualdade de gênero e empoderar todas as mulheres e meninas

8 TRABALHO DECENTE E CRESCIMENTO ECONÔMICO

Promover o crescimento econômico inclusivo e sustentável, o emprego pleno e produtivo e o trabalho digno para todos

7 ENERGIA LIMPA E ACESSÍVEL

Garantir o acesso a fontes de energia fiáveis, sustentáveis e modernas para todos

6 ÁGUA POTÁVEL E SANEAMENTO

Garantir a disponibilidade e a gestão sustentável da água potável e do saneamento para todos

15 VIDA TERRESTRE

Proteger, restaurar e promover o uso sustentável dos ecossistemas terrestres, gerir de forma sustentável as florestas, combater a desertificação, travar e reverter a degradação dos solos e travar a perda da biodiversidade

16 PAZ, JUSTIÇA E INSTITUIÇÕES EFICAZES

Promover sociedades pacíficas e inclusivas para o desenvolvimento sustentável, proporcionar o acesso à justiça para todos e construir instituições eficazes, responsáveis e inclusivas a todos os níveis

17 PARCERIAS E MEIOS DE IMPLEMENTAÇÃO

Reforçar os meios de implementação e revitalizar a parceria global para o desenvolvimento sustentável

Nações Unidas Brasil. Objetivos de Desenvolvimento Sustentável. Disponível em: https://brasil.un.org/pt-br/sdgs. Acesso em: 2 maio 2023.

CONHEÇA SEU LIVRO

Abertura de unidade

Nesta unidade, eu vou...
Nesta trilha, você conhecerá os objetivos de aprendizagem da unidade. Eles estão organizados por capítulos e seções, e podem ser utilizados como um guia para os seus estudos.

Primeiras ideias
As questões vão incentivar você a contar o que sabe do tema da unidade.

Leitura da imagem
Uma imagem vai instigar sua curiosidade! As questões orientam a leitura da imagem e permitem estabelecer relações entre o que é mostrado nela e o que será trabalhado na unidade.

Cidadania global
Nesse boxe, você inicia as reflexões sobre um dos ODS da ONU. Ao percorrer a unidade, você terá contato com outras informações sobre o tema, relacionando-as aos conhecimentos abordados na unidade.

Capítulos

Abertura de capítulo e Para começar
Logo após o título do capítulo, o boxe *Para começar* apresenta questionamentos que direcionam o estudo do tema proposto. Na sequência, textos, imagens, mapas ou esquemas introduzem o conteúdo que será estudado.

6

Atividades

As atividades vão ajudá-lo a desenvolver habilidades e competências com base no que você estudou no capítulo.

Contexto Diversidade

Essa seção apresenta textos de diferentes gêneros e fontes que abordam a pluralidade étnica e cultural e o respeito à diversidade.

Geografia dinâmica

Nessa seção, você é convidado a estudar as transformações do espaço geográfico por meio da leitura de textos autorais ou de diferentes fontes, como jornais, livros e *sites*.

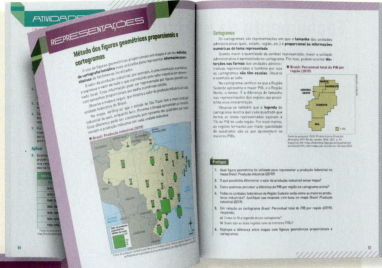

Representações

A seção auxilia você a desenvolver habilidades, competências e o raciocínio geográfico por meio do aprofundamento da cartografia, relacionada aos conteúdos do capítulo.

Saber ser

O selo *Saber ser* indica momentos em que você vai refletir sobre temas diversos que estimulem o conhecimento de suas emoções, pensamentos e formas de agir e de tomar decisões.

Boxes

Cidadania global

Esse boxe dá continuidade ao trabalho com o ODS iniciado na abertura da unidade. Ele apresenta informações e atividades para que você possa refletir e se posicionar sobre o assunto.

Para explorar

Oferece sugestões de livros, *sites*, filmes, jogos, *podcasts* e locais relacionados ao assunto em estudo.

Ampliação

Traz informações complementares sobre os assuntos explorados na página.

Glossário

Explicação de expressões e palavras que talvez você desconheça.

7

Fechamento de unidade

Investigar
Nessa seção, você e os colegas vão experimentar diferentes práticas de pesquisa, como entrevista, revisão bibliográfica, etc. Também vão desenvolver diferentes formas de comunicação para compartilhar os resultados de suas investigações.

Atividades integradas
Essas atividades integram os assuntos desenvolvidos ao longo da unidade. São uma oportunidade para você relacionar o que aprendeu e refletir sobre os temas estudados.

Cidadania global
Essa é a seção que fecha o trabalho da unidade com o ODS. Ela está organizada em duas partes: *Retomando o tema* e *Geração da mudança*. Na primeira parte, você vai rever as discussões iniciadas na abertura e nos boxes ao longo da unidade e terá a oportunidade de ampliar as reflexões feitas. Na segunda, você será convidado a realizar uma proposta de intervenção que busque contribuir para o desenvolvimento do ODS.

8

No final do livro, você também vai encontrar:

Interação
Seção que propõe um projeto coletivo cujo resultado será um produto que pode ser usufruído pela comunidade escolar.

Prepare-se!
Dois blocos de questões com formato semelhante ao de provas e exames oficiais estarão disponíveis para que você possa verificar os seus conhecimentos e se preparar.

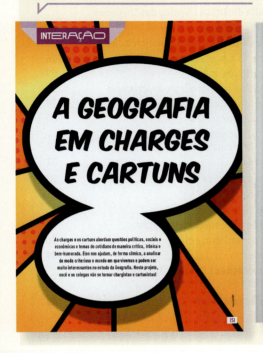

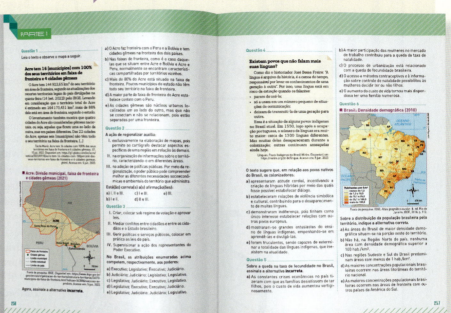

GERAÇÃO ALPHA DIGITAL

O livro digital oferece uma série de recursos para interação e aprendizagem. Esses recursos estão indicados no livro impresso com os ícones a seguir.

Atividades interativas

Estes ícones indicam que, no livro digital, você encontrará atividades interativas que compõem um ciclo avaliativo ao longo de toda a unidade.

No início da unidade, poderá verificar seus conhecimentos prévios.

Ao final dos capítulos e da unidade, encontrará conjuntos de atividades para realizar o acompanhamento da aprendizagem. Por fim, terá a oportunidade de realizar a autoavaliação.

Recursos digitais

Este ícone indica que, no livro digital, você encontrará galerias de imagens, áudios, animações, vídeos, entre outros.

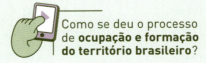

9

SUMÁRIO

UNIDADE 1

TERRITÓRIO BRASILEIRO ... 13

1. Características gerais do Brasil ... 16
- Fronteiras brasileiras ... 16
- Diversidade paisagística e posição no globo ... 17
- Formações vegetais brasileiras ... 18
- Potencialidades econômicas ... 20
- Fragilidade e legislação ambiental no Brasil ... 21
- **Atividades** ... 24
- **Geografia dinâmica** | Gestão das Unidades de Conservação ... 25

2. Formação do território brasileiro ... 26
- Colonização e produção açucareira ... 26
- Descoberta das minas ... 27
- Exploração e interiorização da Amazônia ... 28
- Desenvolvimento urbano-industrial ... 29
- Conquistas territoriais ... 30
- Economia nacional e integração territorial a partir do século XX ... 31
- **Atividades** ... 32

3. Divisão política do Brasil ... 33
- Estado brasileiro ... 33
- Estados da federação ... 34
- Formação dos estados brasileiros ... 35
- Divisão do território em regiões ... 36
- **Atividades** ... 39
- **Representações** | Construção e interpretação de gráficos ... 40

◢ **Atividades integradas** ... 42
◢ **Cidadania global** | ODS 11 – Cidades e comunidades sustentáveis ... 44

UNIDADE 2

POPULAÇÃO BRASILEIRA ... 45

1. Formação do povo brasileiro ... 48
- Povos formadores ... 48
- Povo brasileiro ... 49
- **Atividades** ... 53
- **Contexto** Diversidade | Luta contra o racismo: a pauta-chave para enfrentar as desigualdades ... 54

2. Distribuição e dinâmica populacional ... 55
- População absoluta e população relativa ... 55
- Distribuição da população pelo território brasileiro ... 56
- População rural e população urbana ... 57
- Crescimento da população ... 57
- Expectativa de vida ... 59
- Distribuição etária ... 60
- **Atividades** ... 61

3. População em movimento ... 62
- Migrações ... 62
- Imigrantes no Brasil ... 63
- Refugiados no Brasil ... 64
- Emigração ... 65
- Migrações internas ... 66
- **Atividades** ... 67
- **Representações** | Pirâmide etária ... 68

◢ **Atividades integradas** ... 70
◢ **Cidadania global** | ODS 3 – Saúde e bem-estar ... 72

UNIDADE 3

BRASIL: CAMPO E INDÚSTRIA ... 73

1. Agropecuária no Brasil ... 76
- Evolução da agricultura no Brasil ... 76
- Pecuária no Brasil ... 77
- Modernização da agropecuária ... 78
- Pequena propriedade moderna ... 79
- Agronegócio no Brasil ... 79
- Expansão da fronteira agrícola ... 80
- Agricultura familiar ... 81
- Problemas no campo brasileiro ... 82
- Relações de trabalho no campo ... 84
- **Atividades** ... 86

2. Industrialização brasileira ... 87
- Formação do parque industrial brasileiro ... 87
- Tripé da industrialização ... 89
- Redistribuição espacial da indústria ... 90
- Indústria de ponta ... 91
- Fontes de energia ... 93
- **Atividades** ... 94
- **Geografia dinâmica** | Inovação tecnológica e desenvolvimento ... 95
- **Representações** | Método das figuras geométricas proporcionais e cartogramas ... 96

◢ **Atividades integradas** ... 98
◢ **Cidadania global** | ODS 17 – Parcerias e meios de implementação ... 100

UNIDADE 4 — BRASIL: URBANIZAÇÃO, INFRAESTRUTURA E SOCIEDADE 101

1. **Urbanização brasileira** 104
   - Primeiros núcleos urbanos 104
   - População urbana em crescimento 105
   - Crescimento acelerado e problemas urbanos 106
   - Grandes metrópoles 108
   - **Atividades** 109
   - **Contexto** Diversidade | Um olhar indígena sobre o metrô de São Paulo 110

2. **Transportes e comunicação** 111
   - Integração do território nacional 111
   - Redes de transporte 112
   - Comunicações no Brasil 115
   - Comunicações no Brasil: a internet 116
   - **Atividades** 118

3. **Trabalho e sociedade** 119
   - PIB e renda *per capita* 119
   - Escolaridade 120
   - Condições de vida e IDH 121
   - Mercado de trabalho 122
   - **Atividades** 125
   - **Representações** | Cartografia digital e mapas colaborativos 126
   - **Atividades integradas** 128
   - **Cidadania global** | ODS 10 – Redução das desigualdades 130

UNIDADE 5 — REGIÃO NORTE 131

1. **Região Norte: características físicas** 134
   - Aspectos naturais 134
   - Amazônia Legal e Amazônia Internacional 136
   - **Atividades** 137

2. **Região Norte: ocupação e população** 138
   - Ocupação da Região Norte 138
   - População e urbanização 139
   - **Atividades** 141
   - **Contexto** Diversidade | Os povos indígenas na Amazônia 142

3. **Região Norte: economia** 143
   - Extrativismo vegetal 143
   - Atividade mineradora 144
   - Agropecuária 145
   - Zona Franca de Manaus 146
   - **Atividades** 147
   - **Representações** | Interpretação de imagens de satélite 148
   - **Investigar** | Espaço em transformação nas imagens de satélite 150
   - **Atividades integradas** 152
   - **Cidadania global** | ODS 13 – Ação contra a mudança global do clima 154

UNIDADE 6 — REGIÃO NORDESTE 155

1. **Região Nordeste: aspectos gerais** 158
   - Nordeste e suas sub-regiões 158
   - **Atividades** 162
   - **Geografia dinâmica** | Transposição das águas do rio São Francisco 163

2. **Região Nordeste: ocupação e população** 164
   - Características da ocupação 164
   - Urbanização no Nordeste 166
   - Condições de vida 167
   - Povos tradicionais do Nordeste 168
   - **Atividades** 169

3. **Região Nordeste: economia** 170
   - Crescimento recente da economia 170
   - Transformações na agricultura 171
   - Polígono das secas 172
   - Atividade turística 172
   - **Atividades** 173
   - **Representações** | Mapas e literatura 174
   - **Atividades integradas** 176
   - **Cidadania global** | ODS 8 – Trabalho decente e crescimento econômico 178

11

UNIDADE 7

REGIÃO SUDESTE 179

1. Região Sudeste: características físicas 182
- Relevo 182
- Vegetação 183
- Hidrografia 183
- Clima 184
- **Atividades** 185

2. Região Sudeste: ocupação e população 186
- Processo de ocupação 186
- População 189
- **Atividades** 190

3. Região Sudeste: cidades e economia 191
- Metrópoles nacionais 191
- Economia 192
- **Atividades** 194
- **Geografia dinâmica** | Mobilidade urbana e a pandemia de covid-19 195
- **Representações** | Mapas temáticos: representação de elementos ordenados 196

▲ **Atividades integradas** 198

▲ **Cidadania global** | 6 – Água potável e saneamento 200

UNIDADE 8

REGIÃO SUL 201

1. Região Sul: características físicas 204
- Aspectos naturais 204
- **Atividades** 207

2. Região Sul: ocupação e população 208
- Ocupação da Região Sul 208
- População da Região Sul 211
- Cidades da Região Sul 212
- **Atividades** 213

3. Região Sul: economia 214
- Agropecuária 214
- Indústria 216
- Turismo 217
- **Atividades** 218
- **Contexto** Diversidade | Reserva Extrativista Marinha do Pirajubaé 219
- **Representações** | Mapas políticos em diferentes escalas 220

▲ **Atividades integradas** 222

▲ **Cidadania global** | ODS 12 – Consumo e produção responsáveis 224

UNIDADE 9

REGIÃO CENTRO-OESTE 225

1. Região Centro-Oeste: características físicas 228
- Aspectos naturais 228
- **Atividades** 231

2. Região Centro-Oeste: ocupação e população 232
- Mineração 232
- Marcha para o Oeste 233
- População e urbanização 235
- **Atividades** 236
- **Contexto** Diversidade | Povos das águas do Cerrado 237

3. Região Centro-Oeste: economia 238
- Atividades tradicionais 238
- Integração econômica 239
- Atual dinâmica econômica 240
- **Atividades** 242
- **Geografia dinâmica** | Segurança alimentar de povos indígenas 243
- **Representações** | Comparação de mapas temáticos 244

▲ **Investigar** | Estereótipos sobre o Brasil e sua população 246

▲ **Atividades integradas** 248

▲ **Cidadania global** | ODS2 – Fome zero e agricultura sustentável 250

INTERAÇÃO
A Geografia em charges e cartuns 251

PREPARE-SE! 255

BIBLIOGRAFIA COMENTADA 271

UNIDADE 1

TERRITÓRIO BRASILEIRO

PRIMEIRAS IDEIAS

1. Você considera o Brasil um país rico em diversidade cultural e ambiental? Justifique sua resposta.
2. Para que servem as Unidades de Conservação? Você conhece alguma delas?
3. Quais mudanças ocorreram nas fronteiras do Brasil ao longo do tempo?
4. Quais subdivisões do território brasileiro você conhece?

Conhecimentos prévios

Nesta unidade, eu vou...

CAPÍTULO 1 — Características gerais do Brasil

- Localizar o Brasil em relação aos demais países da América do Sul com base nos conceitos de território e fronteira.
- Identificar as principais formações vegetais do Brasil, por meio de análise de mapa e imagens.
- Analisar a diversidade de paisagens naturais do Brasil e seu aproveitamento econômico.
- Compreender as características naturais do território brasileiro e a importância de sua preservação.
- Identificar formas de uso e o estado de conservação de um rio do município onde eu vivo.
- Conhecer aspectos da legislação ambiental e do Sistema Nacional de Unidades de Conservação (Snuc).

CAPÍTULO 2 — Formação do território brasileiro

- Compreender aspectos do processo histórico de formação e ocupação do território brasileiro e da construção das estruturas sociais, políticas e econômicas do país.
- Reconhecer a importância histórica dos rios para o Brasil, levando em conta também o município em que eu vivo.

CAPÍTULO 3 — Divisão política do Brasil

- Conhecer a organização do Estado brasileiro, as três esferas de poder e as principais atribuições dessas esferas em âmbito nacional.
- Relacionar a regionalização do Brasil às possibilidades de divisão territorial e aos critérios nela empregados.
- Construir e interpretar gráficos de barras e de setores.

CIDADANIA GLOBAL

- Identificar os impactos ambientais causados pelos usos dos rios e como esses impactos afetam um rio do município onde eu vivo.
- Propor formas de utilização sustentável de um rio do município onde eu vivo.

13

Thiago Pelaes/Acervo do fotógrafo

LEITURA DA IMAGEM

1. Descreva a cena que a foto retrata.
2. Onde essa cena aconteceu? Você acha que ela ocorre com frequência? Explique.
3. Você acha que há alguma técnica específica para a pesca do mapará? Levante hipóteses.
4. **SABER SER** Que sensação a observação dessa imagem desperta em você? Por quê?

CIDADANIA GLOBAL

A conservação e a preservação de rios são importantes para o desenvolvimento de cidades e comunidades sustentáveis. Rios limpos e saudáveis contribuem para o bem-estar da população de diversas maneiras: nas atividades de lazer, como meio de transporte, para obtenção de alimentos e até por meio da valorização cultural e histórica de conhecimentos e fatos ligados aos rios – já que uma comunidade sustentável pressupõe não só a proteção ao patrimônio natural, mas, também, cultural.

Agora, busque informações e reflita sobre as questões propostas a seguir.

1. Quais são os usos dos rios pela sociedade?
2. Qual é a importância dos rios para transporte na sua cidade ou comunidade?
3. Como o uso de rios para atividades de lazer contribuem para a melhoria da qualidade de vida da população?

Ao final da unidade, você vai elaborar uma carta destinada às autoridades locais propondo formas de uso sustentável de algum rio de seu município.

Qual é a **importância dos rios** para as sociedades?

Pesca do mapará em evento que marca o início da temporada de pesca desse tipo de peixe. Comunidade Cuxipiari Carmo, localizada às margens do rio Tocantins, em Cametá (PA). Foto de 2021.

15

CAPÍTULO 1
CARACTERÍSTICAS GERAIS DO BRASIL

PARA COMEÇAR

O que você sabe a respeito do território brasileiro e suas características físicas, potencialidades econômicas e fragilidades ambientais?

FRONTEIRAS BRASILEIRAS

O **território** de um país corresponde à área administrada e controlada pelo **Estado**, que representa a autoridade máxima dessa área em questão. As **fronteiras** são as linhas que delimitam os territórios entre os países; elas são demarcadas com base em elementos naturais, como rios, mares e montanhas, ou por meio de linhas imaginárias.

Ao longo do tempo, as fronteiras podem sofrer alterações decorrentes de conflitos ou de acordos diplomáticos.

As **divisas**, que marcam os territórios das unidades da federação, e os **limites** entre os municípios dessas unidades também podem ser demarcados com base em elementos naturais ou linhas imaginárias.

As **faixas de fronteira** são áreas de contato entre territórios de diferentes países. Essas áreas fronteiriças podem apresentar características naturais, sociais, econômicas e culturais de dois ou mais países. O Brasil faz fronteira com quase todos os países da América do Sul, exceto com o Chile e o Equador. A leste, o território brasileiro é delimitado pelo oceano Atlântico.

A **grande extensão** da fronteira brasileira torna difícil sua fiscalização. Nas áreas menos povoadas e cobertas por densa vegetação, há grande dificuldade, por exemplo, em combater o contrabando de mercadorias e o tráfico de drogas.

O rio Paraná delimita parte da fronteira entre o Paraguai e o Brasil. À esquerda da foto, Ciudad del Este, no Paraguai; à direita, Foz do Iguaçu (PR), no Brasil. O tráfego de pessoas, veículos e mercadorias entre os dois países é feito pela ponte da Amizade. Foto de 2020.

Adriano Kirihara/Pulsar Imagens

DIVERSIDADE PAISAGÍSTICA E POSIÇÃO NO GLOBO

O Brasil é um dos países com maior **diversidade natural** do mundo: cerca de 20% das espécies de plantas e de animais da Terra estão presentes em nosso território. Essa diversidade está diretamente relacionada à extensão territorial e à localização geográfica do país no globo.

Com aproximadamente 8,5 milhões de quilômetros quadrados, o território brasileiro está concentrado na **zona intertropical**, exceto os estados de Santa Catarina e Rio Grande do Sul e trechos de Mato Grosso do Sul, Paraná e São Paulo. A distribuição de grande parte do território brasileiro pela faixa climática mais quente e úmida do planeta garante ao Brasil o desenvolvimento de rica biodiversidade.

■ Mundo: Países mais extensos e zona intertropical

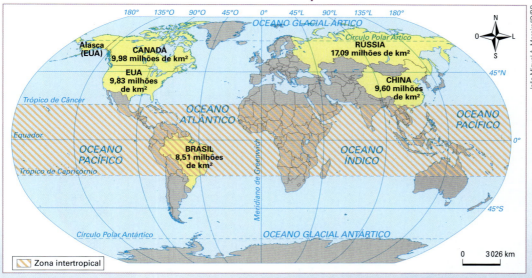

◀ O Brasil é o quinto país mais extenso do mundo, depois de Rússia, Canadá, Estados Unidos e China. Além disso, a maior parte do território brasileiro encontra-se na zona intertropical.

Fonte de pesquisa: *Atlas geográfico escolar*. 8. ed. Rio de Janeiro: IBGE, 2018. p. 34.

FORMAÇÕES VEGETAIS BRASILEIRAS

Um dos elementos que melhor representa a diversidade natural de um país é a vegetação. Ela contribui para a formação de diferentes paisagens e se relaciona diretamente com outros elementos naturais, como o clima e o relevo.

No Brasil, há o predomínio do **clima tropical**, que se caracteriza por temperaturas elevadas na maior parte do ano, precipitações abundantes, inverno pouco rigoroso e curto período seco. A extensão territorial do país, que abrange áreas com altitudes e umidade variadas, favorece a ocorrência de diferentes formações vegetais.

Observe no mapa a seguir a distribuição das principais formações vegetais presentes no território brasileiro.

■ **Brasil: Principais formações vegetais**

Vegetação nativa:
- Floresta Amazônica
- Mata dos cocais
- Mata Atlântica
- Mata de araucária
- Cerrado
- Caatinga
- Campos
- Pantanal (cerrados e campos inundáveis)
- Vegetação litorânea

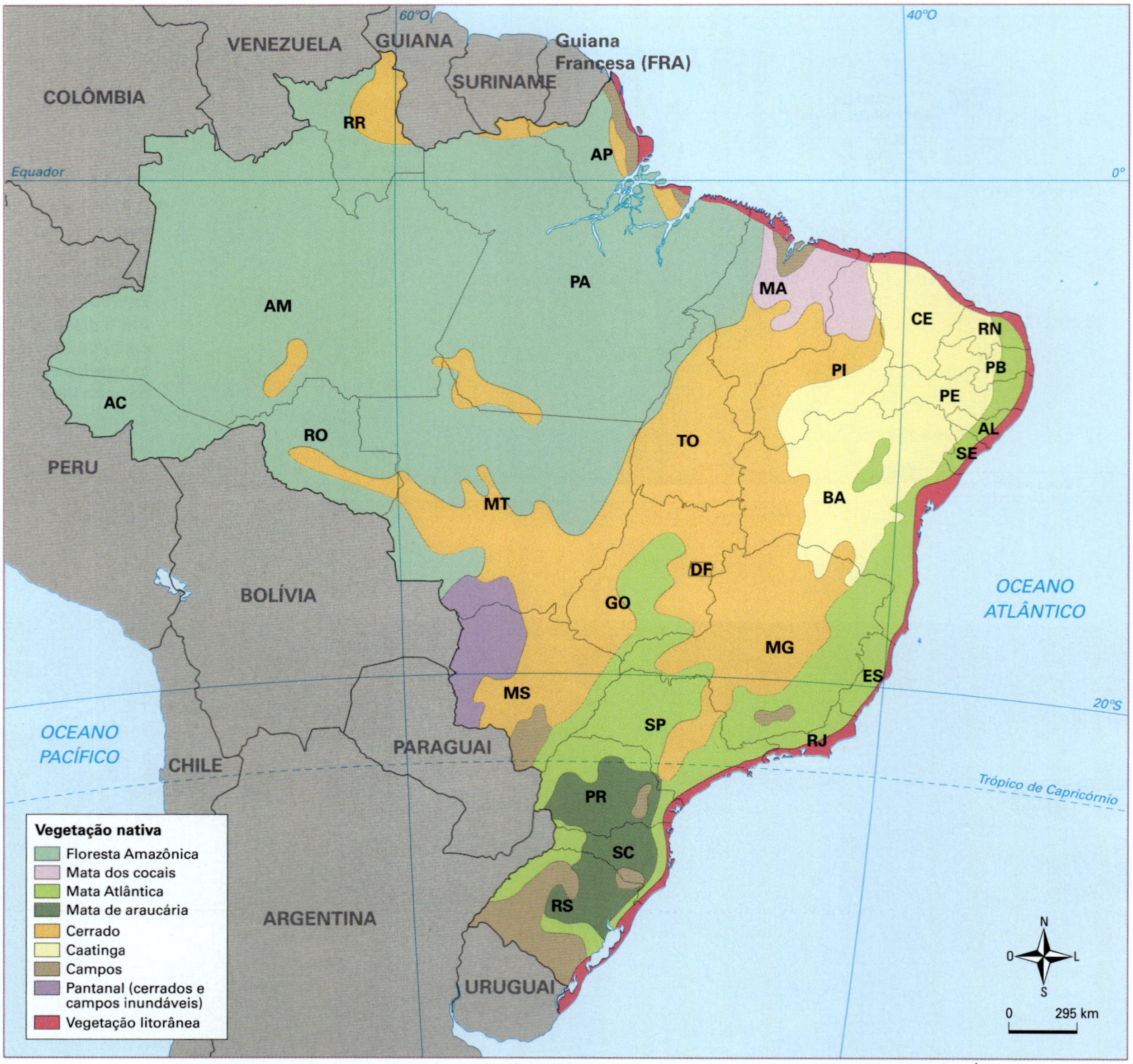

Fonte de pesquisa: Maria Elena Simielli. *Geoatlas*. 35. ed. São Paulo: Ática, 2019. p. 120.

18

Existe uma estreita relação entre clima e vegetação, embora haja outros fatores, como o relevo e a estrutura geológica, que influenciam a formação das paisagens. Por isso, nas áreas mais chuvosas do país, desenvolvem-se as **florestas equatoriais** e **tropicais**. Entre elas está a **floresta Amazônica**, que se concentra na porção norte do território brasileiro e apresenta vegetação densa, com grande diversidade de plantas e animais. A **Mata Atlântica** é a floresta tropical que se estende ao longo da faixa litorânea brasileira, do Rio Grande do Norte ao Rio Grande do Sul e que também apresenta vegetação densa e rica em biodiversidade.

A **mata dos cocais**, por sua vez, formação vegetal encontrada nos estados do Maranhão e do Piauí, é caracterizada pela presença de palmeiras, como o babaçu e a carnaúba.

Nas áreas de clima mais seco, ocorrem a **Caatinga** e o **Cerrado**. A vegetação de Caatinga, típica de clima semiárido, é encontrada em trechos de todos os estados da Região Nordeste, exceto no Maranhão. Já a vegetação de Cerrado, predominantemente arbustiva, está distribuída pela região central do território brasileiro.

Nas áreas mais frias do país, por causa da latitude, como na Região Sul, ou da altitude, como nas áreas serranas, estão presentes a **floresta subtropical**, como a **mata de araucária**, e os **Campos**, como as pradarias e os campos de altitude.

O **Pantanal** é uma grande planície alagável, com diversas formações vegetais, que se localiza entre os estados de Mato Grosso e Mato Grosso do Sul.

A vegetação litorânea é composta essencialmente de **restingas** e **manguezais**. A restinga ocorre na região costeira e pode apresentar espécies rasteiras e arbustivas, ao passo que a vegetação de manguezais, adaptada à salinidade e ao regime das marés, é formada principalmente por árvores com longas raízes aéreas.

▲ A Mata Atlântica apresenta grande biodiversidade e foi intensamente desmatada, restando atualmente um pequeno percentual de sua área original. Trecho de Mata Atlântica em Florianópolis (SC). Foto de 2021.

▲ Vegetação de Caatinga em Buíque (PE). Foto de 2022.

▲ As regiões de ocorrência da mata de araucária, assim como da Mata Atlântica, foram intensamente ocupadas e transformadas pela ação humana, tanto para a instalação de centros urbanos como para a implementação de atividades agropecuárias. Mata de araucárias em Prudentópolis (PR). Foto de 2020.

As longas raízes das árvores dos manguezais permitem a fixação das plantas no solo alagado e servem também para retirar oxigênio do ar. Manguezal do rio Catu, em Cairu (BA). Foto de 2021.

POTENCIALIDADES ECONÔMICAS

O aproveitamento dos diferentes tipos de vegetação e das paisagens que eles compõem é uma das potencialidades econômicas do Brasil. A intensa exploração, no entanto, tem mudado profundamente a paisagem. A floresta Amazônica, por exemplo, tem sido devastada em razão da atividade ilegal de madeireiros, garimpeiros, grandes agricultores e pecuaristas.

Além da vegetação, outros elementos naturais contribuem para a diversidade das paisagens brasileiras e para a ampliação de suas potencialidades econômicas. Entre eles estão o relevo, o solo, a estrutura geológica, a rede hidrográfica e o litoral.

O **relevo** brasileiro tem formação muito antiga; por essa razão, suas formas são bem aplainadas. Esse fator, em geral, favorece a agricultura, inclusive a mecanizada.

Na zona intertropical, os **solos** estão muito expostos à ação das chuvas e do Sol e, por isso, são mais pobres em nutrientes. Porém, com o manejo adequado, garantem boa produtividade na agricultura.

A **estrutura geológica** brasileira é rica em pedras preciosas e em minérios como o ferro e o alumínio, com amplo uso econômico. Por outro lado, é pobre em minérios como prata e cobre. O Brasil possui reservas de petróleo suficientes para suprir as necessidades econômicas e energéticas do país. Essas reservas encontram-se especialmente em campos marítimos.

Uma extensa **rede hidrográfica**, dotada de elevado potencial energético, contribui para o desenvolvimento de muitas atividades, como a navegação, a pesca, a irrigação e o abastecimento de água.

O **litoral** brasileiro é um dos mais extensos do mundo, com aproximadamente 7,3 mil quilômetros. Nessa região, concentra-se grande parte da população do país. O litoral propicia o desenvolvimento da pesca, do turismo e do transporte marítimo. Segundo o Ministério dos Transportes, os portos marítimos são responsáveis pelo escoamento de cerca de 90% das exportações do Brasil.

▲ Devido à vasta dimensão territorial, o Brasil abrange diferentes estruturas geológicas, apresentando grande diversidade de recursos minerais. Área de extração de granito e de garimpo de ouro em Nova Santa Helena (MT). Foto de 2021.

De que modo a **Indicação Geográfica** (IG) valoriza os produtos típicos de um país ou de uma região?

▼ Nas cidades portuárias, a atividade dos portos impulsiona o comércio local e gera empregos; contudo, também promove a degradação de partes da cidade e a poluição das águas de seu entorno. Porto de Itajaí (SC). Foto de 2020.

FRAGILIDADE E LEGISLAÇÃO AMBIENTAL NO BRASIL

A potencialidade do território brasileiro atrai interesses de exploração econômica de recursos como minério e madeira. A dificuldade de proteger e fiscalizar esse vasto território, no entanto, favorece a exploração predatória, que vem causando grandes prejuízos ambientais, como o **desmatamento** e as **queimadas** das florestas, o **garimpo** em áreas protegidas e a **caça** e a **pesca ilegais**, assim como a **poluição** da rede hidrográfica.

Esses problemas alteram a dinâmica da natureza e podem prejudicar o desenvolvimento socioeconômico de comunidades próximas às áreas exploradas. Para evitá-los, é necessário que o poder público e a sociedade preservem e fiscalizem as áreas remanescentes do patrimônio natural brasileiro.

LEGISLAÇÃO AMBIENTAL NO BRASIL

No Brasil, discussões e iniciativas mais consistentes sobre a preservação do meio ambiente foram realizadas somente a partir da década de 1930.

Em 1934, foi promulgado o **Código Florestal**, que efetivou no país o estabelecimento de áreas protegidas. Posteriormente, em 1965 e em 2012, esse código foi alterado. Na primeira alteração, em 1965, o avanço mais significativo foi a criação das **Áreas de Preservação Permanente (APPs)**, com o objetivo de proteger e preservar o solo, os recursos hídricos, a paisagem, a estabilidade geológica, a biodiversidade, a fauna e a flora, além de assegurar o bem-estar das populações humanas.

Outro avanço importante foi a instituição, em 1981, da **Política Nacional do Meio Ambiente** (Lei n. 6 938/1981), que, entre outros objetivos, visava conciliar o desenvolvimento econômico e social com a preservação do meio ambiente, definir áreas prioritárias de ação governamental e estabelecer critérios e padrões de qualidade ambiental e de manejo dos recursos ambientais. A avaliação dos impactos ambientais causados por diferentes atividades com potencial de degradar o meio ambiente foi um dos instrumentos criados por essa legislação.

A legislação ambiental brasileira é rigorosa e prevê punições aos que cometem crimes ambientais no país. Contudo, a partir de meados dos anos 2010, as leis ambientais do Brasil passaram por uma série de mudanças que flexibilizaram as normas de preservação e que, segundo especialistas, dificultaram a proteção do meio ambiente. Além disso, a falta de fiscalização também compromete a aplicação dessas leis.

CIDADANIA GLOBAL

LEGISLAÇÃO AMBIENTAL E CONSERVAÇÃO DOS RIOS

A legislação ambiental voltada à defesa e proteção dos cursos de água, como o Plano Nacional de Recursos Hídricos, é importante para assegurar sua utilização para os fins relacionados ao desenvolvimento de cidades sustentáveis, bem como para a possibilidade de utilização dos recursos existentes nos rios.

Busque informações sobre um rio do seu município e, depois, responda às perguntas.

1. Qual é o estado de conservação desse rio?
2. Quais são os usos do rio no município onde você vive?

---

predatório: que provoca destruição.

▲ Com o objetivo de proteger os recursos hídricos, a estabilidade geológica e a biodiversidade, o Código Florestal brasileiro determina que a vegetação das margens dos rios deve ser preservada. Mata ciliar preservada em área de cultivo agrícola em Nova Ubiratã (MT). Foto de 2021.

SISTEMA NACIONAL DE UNIDADES DE CONSERVAÇÃO (SNUC)

As políticas para áreas protegidas no Brasil avançaram com a criação do **Sistema Nacional de Unidades de Conservação** (Snuc), pela Lei n. 9 985/2000. Essa legislação estabeleceu as categorias das Unidades de Conservação (UCs) e determinou os processos de criação e de administração dessas unidades.

O Snuc possibilitou a integração da gestão das UCs brasileiras e a participação da sociedade civil, ao determinar a obrigatoriedade da formação de conselhos gestores. Observe no mapa a seguir a localização das UCs no Brasil.

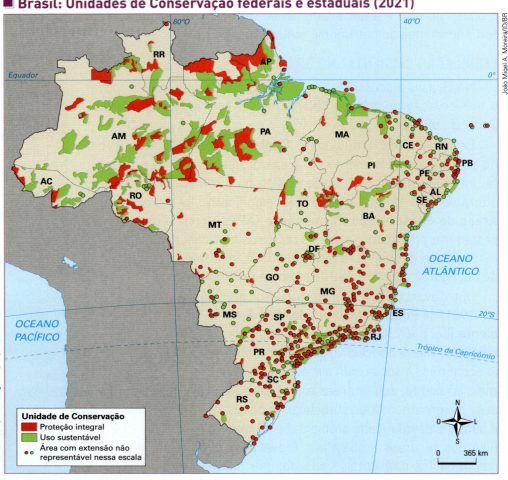

Brasil: Unidades de Conservação federais e estaduais (2021)

Fontes de pesquisa: Ministério do Meio Ambiente e Mudança do Clima. Disponível em: http://mapas.mma.gov.br/i3geo/datadownload.htm; Instituto Socioambiental (ISA). Disponível em: https://uc.socioambiental.org/mapa. Acessos em: 26 jan. 2023.

As Unidades de Conservação são áreas delimitadas que apresentam regime especial de administração. A criação dessas áreas visa à proteção do meio ambiente, à subsistência de populações tradicionais e à manutenção da biodiversidade, dos recursos hídricos, do solo, do relevo, das paisagens de grande beleza cênica e do patrimônio arqueológico e cultural. Além de proteger os recursos genéticos nacionais e as espécies animais e vegetais ameaçadas, as UCs possibilitam a restauração de ecossistemas degradados, promovendo o uso sustentável e o manejo correto dos recursos naturais.

Categorias de Unidades de Conservação

As Unidades de Conservação (UCs) podem ser instituídas tanto em áreas públicas (federal, estadual e municipal) como em áreas particulares. São divididas em dois grupos principais: unidades de **proteção integral** e unidades de **uso sustentável**.

- **UCs de proteção integral**: são unidades que objetivam a preservação da natureza e permitem apenas o uso indireto de recursos naturais e de atividades de pesquisa científica. Algumas das categorias que integram esse grupo são: Estação Ecológica, Reserva Biológica, Parque Nacional, Monumento Natural e Refúgio de Vida Silvestre.

> **PARA EXPLORAR**
>
> **Instituto Chico Mendes de Conservação da Biodiversidade (ICMBio)**
>
> Vinculado ao Ministério do Meio Ambiente e Mudança do Clima, o ICMBio é responsável por implantar, gerir e fiscalizar as Unidades de Conservação federais. No *site* do instituto, é possível obter informações sobre muitas UCs brasileiras. Disponível em: https://www.gov.br/icmbio/pt-br. Acesso em: 26 jan. 2023.

◀ Os Refúgios de Vida Silvestre são Unidades de Conservação de proteção integral que têm como objetivo a proteção de ambientes naturais que possam garantir as condições de existência ou reprodução de espécies da fauna e da flora daquela localidade (ou migratórias). Refúgio de Vida Silvestre Banhado dos Pachecos, em Viamão (RS). Foto de 2020.

- **UCs de uso sustentável**: são áreas protegidas que buscam compatibilizar a conservação da natureza com o uso dos recursos naturais de acordo com práticas sustentáveis de manejo. Essas unidades se dividem em: Área de Proteção Ambiental (APA), Área de Relevante Interesse Ecológico (Arie), Floresta Nacional, Reserva Extrativista (Resex), Reserva de Fauna, Reserva de Desenvolvimento Sustentável (RDS) e Reserva Particular do Patrimônio Natural (RPPN).

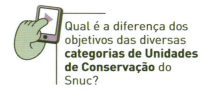

Qual é a diferença dos objetivos das diversas **categorias de Unidades de Conservação** do Snuc?

◀ O látex extraído das seringueiras é a matéria-prima utilizada na fabricação da borracha. Essa atividade econômica é uma importante fonte de renda para os povos extrativistas que vivem na floresta Amazônica. Extração de látex de seringueira na Floresta Nacional do Aripuanã (UC de uso sustentável), em Novo Aripuanã (AM). Foto de 2020.

ATIVIDADES

Acompanhamento da aprendizagem

Retomar e compreender

1. Em relação às divisões entre os territórios, responda às questões a seguir.
   a) Qual é a diferença entre fronteira, divisa e limite?
   b) Quais critérios podem ser utilizados para a definição dessas divisões?

2. O Brasil é um país reconhecido por suas belezas e riquezas naturais, exploradas economicamente.
   a) Cite atividades econômicas que se baseiem na exploração desses recursos.
   b) Quais dessas atividades podem contribuir para a conservação ambiental? E quais podem causar prejuízos?

3. Com base no que você estudou neste capítulo e no que observou no mapa *Brasil: Unidades de Conservação federais e estaduais (2021)*, responda às questões.
   a) Qual região brasileira apresenta as maiores Unidades de Conservação?
   b) Há dois tipos de Unidades de Conservação: as de proteção integral e as de uso sustentável. Qual desses tipos existe em maior quantidade na unidade da federação onde você vive?

Aplicar

4. Leia o texto a seguir para responder às questões.

> O Senado aprovou, nesta quarta-feira (16) [mar. 2022], a criação da comissão permanente para cuidar das fronteiras brasileiras, com o objetivo de acompanhar políticas e ações públicas dirigidas, relacionadas ou que interfiram nas fronteiras do país.
>
> [...] o Brasil faz fronteira com 10 países da América do Sul [...], totalizando cerca de 17 mil quilômetros de extensão. [...] as fronteiras são mal vigiadas e [...] é preciso aumentar a repressão, pelo Exército, Aeronáutica e Marinha, nas fronteiras brasileiras para coibir e combater o narcotráfico. [...] a criação da frente parlamentar será um primeiro passo para fortalecer políticas de estado com foco na proteção das nossas fronteiras.
>
> Senado cria comissão permanente para cuidar das fronteiras brasileiras. Agência Senado, 16 mar. 2022. Disponível em: https://www12.senado.leg.br/noticias/materias/2022/03/16/senado-cria-comissao-permanente-para-cuidar-das-fronteiras-brasileiras. Acesso em: 26 jan. 2023.

   a) Segundo o texto, qual foi o objetivo da criação pelo senado brasileiro da comissão permanente para cuidar das fronteiras do país?
   b) Por que a fiscalização das fronteiras brasileiras é uma tarefa difícil?
   c) Quais problemas a falta de fiscalização das fronteiras pode causar ao Brasil?

5. Observe a foto a seguir, que mostra uma embarcação transportando troncos de madeira no rio Trombetas, no Pará. Em seguida, responda às questões.

   a) Por que a extensa rede hidrográfica é uma potencialidade econômica brasileira?
   b) O uso dos rios para diversas finalidades pode gerar problemas ambientais? Explique.

◀ Oriximiná (PA). Foto de 2021.

GEOGRAFIA DINÂMICA

Gestão das Unidades de Conservação

A partir de 2019, o governo federal incluiu as Unidades de Conservação no Programa Nacional de Desestatização (PND), com o objetivo de transferir algumas atividades do setor público para o setor privado. Assim, alguns parques e reservas nacionais podem ser concedidos à iniciativa privada por um período de tempo. Para conhecer mais esse tema, leia o texto a seguir.

Cinco novos parques nacionais poderão ser privatizados no Brasil

O governo federal incluiu mais cinco parques nacionais no Programa Nacional de Desestatização. [...]

O objetivo do governo é conceder à iniciativa privada o direito de explorar serviços de turismo ambiental dentro das Unidades de Conservação brasileiras — como bilheteria, trilhas ecológicas, centros de visitação, e até hospedagem em alguns casos. A gestão permanece sob responsabilidade do ICMBio, o Instituto Chico Mendes de Conservação da Biodiversidade, vinculado ao Ministério do Meio Ambiente.

[...] [segundo o governo,] a iniciativa pretende garantir a preservação ambiental dessas Unidades de Conservação, bem como incentivar a prática do turismo ambiental no Brasil.

Para Fernando Pieroni, que é diretor-executivo do Instituto Semeia, uma ONG ligada à gestão de áreas ambientais, a concessão de serviços nos parques e florestas públicos também precisa levar em consideração as comunidades que vivem no entorno dessas Unidades de Conservação.

[O governo brasileiro argumenta] que parte do desenvolvimento gerado pela concessão dos parques vai ser revertido em benefício das populações que moram próximas a esses locais.

[...]

Daniel Ito. Cinco novos parques nacionais poderão ser privatizados no Brasil. Radioagência Nacional, 10 fev. 2022. Disponível em: https://agenciabrasil.ebc.com.br/radioagencia-nacional/meio-ambiente/audio/2022-02/cinco-novos-parques-nacionais-poderao-ser-privatizados. Acesso em: 14 fev. 2023.

▲ Parque Nacional de Aparados da Serra (entre RS e SC), que foi concedido à iniciativa privada. Foto de 2020.

Em discussão

1. De acordo com o texto, qual é o objetivo do governo ao conceder Unidades de Conservação à iniciativa privada?
2. Qual é a preocupação em relação às comunidades que vivem no entorno das Unidades de Conservação?
3. Em sua opinião, quais são os possíveis impactos das concessões das Unidades de Conservação? Discuta com os colegas sobre essas questões.

CAPÍTULO 2
FORMAÇÃO DO TERRITÓRIO BRASILEIRO

PARA COMEÇAR

As fronteiras territoriais de um país podem sofrer alterações ao longo do tempo. O que você sabe acerca do processo de formação do território brasileiro?

COLONIZAÇÃO E PRODUÇÃO AÇUCAREIRA

A evolução das fronteiras brasileiras está relacionada às disputas territoriais e à organização das atividades econômicas que ocorrem desde o período colonial.

Em 1500, os portugueses chegaram ao litoral brasileiro. A posterior descoberta de riquezas naturais foi um dos fatores que levaram, décadas depois, à **colonização** das terras que viriam a compor o Brasil atual, por meio da apropriação de **territórios indígenas**. Assim, o país passou a ser Colônia de Portugal.

O sistema colonial sofreu grande influência do **mercantilismo** – conjunto de práticas econômicas que vigorava na Europa e era marcado pela rigorosa intervenção do Estado na economia. O mercantilismo pregava, entre outros princípios, a acumulação de metais preciosos e a valorização das atividades comerciais e da balança comercial favorável (o Estado deveria exportar mais do que importar). Atualmente, muitos estudiosos consideram o mercantilismo uma fase de transição entre o feudalismo e o capitalismo.

No início da colonização, a Coroa portuguesa estabeleceu a primeira divisão político-administrativa na Colônia: as **capitanias hereditárias**, lotes que se estendiam do litoral em direção ao interior, limitados pelo Tratado de Tordesilhas (1494). Elas eram doadas aos donatários, que deveriam torná-las produtivas.

A instalação de centros administrativos e de fortificações, a **extração de pau-brasil** e o desenvolvimento da **produção canavieira** nas terras férteis do litoral nordestino, ao longo dos séculos XVI e XVII, propiciaram a **concentração populacional na faixa litorânea**. As atividades econômicas foram viabilizadas pela escravização de indígenas, que conheciam as características naturais do território, e de africanos, trazidos à força para a América portuguesa.

▼ Como maneira de impedir a invasão das terras brasileiras por outras nações europeias, a Coroa portuguesa decidiu ocupar as terras com a produção de cana-de-açúcar, que era processada nos engenhos. Detalhe da obra *Engenho*, de Frans Post, século XVII. Óleo sobre tela, 117 cm × 167 cm.

DESCOBERTA DAS MINAS

No final do século XVII, as expedições exploratórias de colonizadores portugueses em territórios indígenas e a descoberta de jazidas de ouro e de diamante na atual região de Ouro Preto, em Minas Gerais, geraram um eixo de **ocupação em direção ao interior do território**. Essa região, conhecida na época como região das minas, passou a dinamizar a economia da Colônia. Nessa porção do território, surgiram **vilas** e **cidades** formadas pela grande quantidade de pessoas atraídas para a exploração das jazidas. São exemplos: Vila Rica (atual Ouro Preto), Sabará e São João del Rei. Observe o mapa a seguir.

Em meados do século XVIII, a região mineradora estava interligada às vilas e aos portos de Paraty e do Rio de Janeiro pela Estrada Real, percurso utilizado exclusivamente para o escoamento da produção aurífera.

▲ Em 1720, com o objetivo de aumentar o controle sobre a exploração aurífera, a Coroa portuguesa definiu Vila Rica (atual Ouro Preto) como capital da recém-fundada capitania de Minas Gerais. Centro histórico de Ouro Preto (MG). Foto de 2021.

■ **Brasil: Economia (século XVIII)**

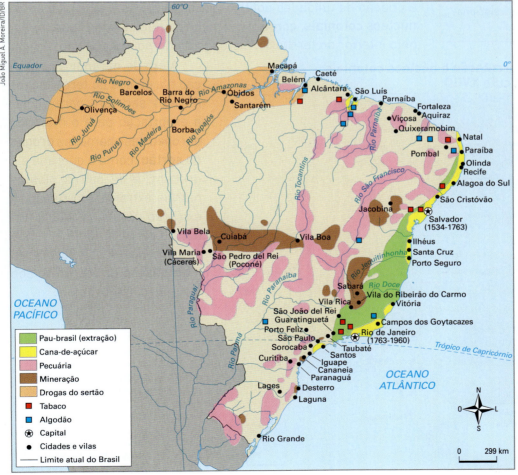

◄ Até o século XVIII, a extração de pau-brasil e a produção de cana-de-açúcar concentravam a economia e o povoamento na faixa litorânea da Colônia. O desenvolvimento da mineração e da pecuária contribuiu para a interiorização da ocupação do território. A mineração, em especial, favoreceu a integração inicial das atividades econômicas, pois a pecuária também servia ao abastecimento das áreas mineradoras.

Fonte de pesquisa: Cláudio Vicentino. *Atlas histórico*: geral e Brasil. São Paulo: Scipione, 2011. p. 102.

CIDADANIA GLOBAL

RIOS E POVOAMENTO

No período colonial, os rios permitiram o reconhecimento e a expansão do território brasileiro, além do escoamento e do abastecimento de mercadorias. Como resultado, muitas cidades no Brasil surgiram a partir dos rios, o que evidencia a importância histórica deles.

1. Reveja o mapa da página anterior e identifique a ocorrência de atividades econômicas ao longo do curso dos rios. Depois, descreva a localização e a extensão dessas atividades no século XVIII.

2. Faça uma busca sobre a história do rio do seu município estudado no capítulo anterior. Busque informações como os diferentes nomes e usos dele ao longo do tempo, bem como possíveis histórias relacionadas ao folclore local.

ABASTECIMENTO DA REGIÃO DAS MINAS

No início do período da mineração, a falta de gêneros alimentícios na região das minas gerou surtos de fome. Para suprir as necessidades da população, outras áreas passaram a produzir alimentos destinados ao abastecimento da região.

O nordeste e o sul da Colônia forneciam carne, e a região do atual estado de São Paulo enviava gêneros agrícolas. O transporte era feito por barcos e, principalmente, por mulas, que demoravam semanas, e até meses, para chegar ao destino. Nos pontos de parada, surgiram **vilas** e **povoados** que alcançaram importância econômica, como Curitiba e Sorocaba. Observe as vias de circulação no interior do território brasileiro no mapa a seguir.

A atividade **pecuária** e a descoberta de novas jazidas na região dos atuais estados de Mato Grosso e de Goiás contribuíram para **interiorizar** e **integrar o território da Colônia**.

EXPLORAÇÃO E INTERIORIZAÇÃO DA AMAZÔNIA

Desde o século XVII, a Amazônia passou a ser alvo de interesse de várias potências, como a Inglaterra e a Espanha. O risco de invasão fez Portugal tomar medidas de defesa, com a criação de unidades político-administrativas e a instalação de **núcleos coloniais**, como fortificações e núcleos de povoamento, pelo interior do território, ao longo do curso dos rios.

Além de garantir a ocupação e a defesa do território, os núcleos serviram para sediar a exportação para o mercado europeu das chamadas **drogas do sertão**, como o guaraná e o urucum, e de outras plantas nativas extraídas da região. A extração desses produtos utilizou o conhecimento e a mão de obra indígenas e favoreceu a **ampliação do território** sob o domínio de Portugal.

Brasil: Vias de circulação e núcleos coloniais na Amazônia (século XVIII)

Fontes de pesquisa: José Jobson de A. Arruda. *Atlas histórico básico*. São Paulo: Ática, 2007. p. 41; Maria G. da C. Tavares. A Amazônia brasileira: formação histórico-territorial e perspectivas para o século XXI. Revista *GEOUSP*: espaço e tempo (*on-line*), São Paulo, FFLCH-USP, n. 29, p. 107-121, 30 dez. 2011. Disponível em: http://www.revistas.usp.br/geousp/article/view/74209/77852. Acesso em: 27 jan. 2023.

DESENVOLVIMENTO URBANO-INDUSTRIAL

Durante o século XIX e o início do século XX, o Brasil foi marcado por grandes mudanças socioeconômicas. Além de desenvolverem novos eixos de ocupação territorial, essas transformações caracterizaram a transição entre a economia colonial e a introdução do capitalismo no país.

Nesse período, também ocorreram profundas mudanças na Europa: as relações comerciais e a circulação de mercadorias passaram a determinar o poder econômico dos países. Portugal e Espanha, grandes potências mercantilistas, se enfraqueceram.

A invasão de Portugal pelas tropas de Napoleão, em 1808, obrigou a Família Real a transferir-se para o Brasil. Os laços comerciais entre Portugal e Inglaterra favoreceram a **abertura dos portos brasileiros ao comércio mundial**. Assim, as mercadorias brasileiras não seriam comercializadas exclusivamente com a Coroa portuguesa, o que aumentaria o poder da elite comercial brasileira e beneficiaria sobretudo a elite inglesa. A abertura dos portos reforçou os interesses nacionais que possibilitaram a estrutura política propícia para a **Proclamação da Independência**, em 1822.

Além disso, ao longo do século XIX, pressões da Inglaterra dificultaram a manutenção do trabalho escravo, o que culminou na **proibição do tráfico de escravizados** no Brasil em 1850 e na abolição da escravidão em 1888. Com a extinção do trabalho escravo, introduziu-se a **mão de obra de imigrantes**, utilizada principalmente nas fazendas de café.

A **cafeicultura**, que, a princípio, se concentrou no vale do Paraíba e depois avançou para o Oeste Paulista, tornou-se a principal atividade econômica do Brasil e determinou a ocupação de novas áreas do território nacional. A instalação de grandes fazendas e os serviços necessários à produção e ao comércio do café propiciaram o desenvolvimento de infraestrutura de transportes, especialmente o ferroviário, e de um sistema financeiro integrado à economia mundial, bem como o surgimento de vilas e cidades. Dessa maneira, indiretamente, o café possibilitou a concentração das maiores **atividades industriais** na cidade de São Paulo.

Imigrantes acumularam capitais e iniciaram pequenos negócios industriais nos setores têxtil, de calçados e de alimentos. Na virada do século XIX para o século XX, a cidade de São Paulo tinha cerca de um milhão de habitantes e tornou-se o principal centro econômico nacional. A industrialização ganhou forte impulso no Brasil com a crise de 1929 e passou a ser estimulada pelo governo federal a partir de 1930.

> **OUTRAS ATIVIDADES ECONÔMICAS**
>
> Além da cafeicultura, entre o fim do século XIX e o início do século XX, outras atividades econômicas tiveram destaque no Brasil. É o caso da extração do látex (matéria-prima para a produção da borracha), na Amazônia, ação responsável por gerar muita riqueza. Na Região Nordeste, desenvolveram-se as atividades agropecuárias, principalmente com o cultivo de algodão, fumo e cacau.

▼ Trabalhadores transportam café para navio no porto de Santos, onde era escoada grande parte da produção cafeeira paulista. Para isso, construiu-se um eficiente sistema de transporte ferroviário. Santos (SP). Foto de cerca de 1895.

Marc Ferrez/Instituto Moreira Salles, Rio de Janeiro

29

CONQUISTAS TERRITORIAIS

A expansão portuguesa durante o período colonial gerou conflitos com vários países, sobretudo com a Espanha. Ao longo do século XVIII, multiplicavam-se as áreas de tensão entre as Coroas portuguesa e espanhola pela posse de novos territórios, principalmente na atual Região Sul do Brasil e na Amazônia.

No século XIX, ocorreram conflitos que culminaram em ganhos e perdas territoriais para os países americanos recém-independentes. No Sul, o Brasil perdeu o território do atual Uruguai na **Guerra da Cisplatina**. Com a vitória da Tríplice Aliança (Brasil, Argentina e Uruguai) na **Guerra do Paraguai**, algumas áreas paraguaias foram anexadas ao Brasil.

As atuais fronteiras brasileiras foram definidas no início do século XX por **acordos internacionais**. O principal deles envolveu o atual estado do Acre, que integrava o território boliviano.

Entre o final do século XIX e o início do século XX, a exploração do látex promoveu o aumento dos focos de tensão entre Brasil e Bolívia, e os seringueiros brasileiros reivindicavam a anexação do Acre ao Brasil. Depois de confrontos armados, foram realizados acordos diplomáticos, e o Brasil pagou indenizações à Bolívia. Com isso, em 1903, o Brasil incorporou o Acre ao seu território e assegurou o direito de extração do látex.

Enquanto as fronteiras territoriais se definiam no Norte do país, o desenvolvimento da atividade industrial no Sudeste passava a orientar a economia nacional e a gerar crescimento urbano.

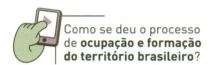

Como se deu o processo de **ocupação e formação do território brasileiro**?

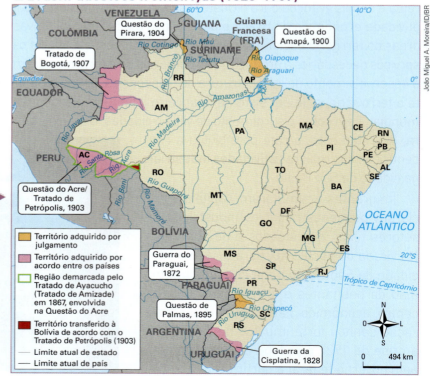

■ Brasil: Questões fronteiriças (1828-1907)

As questões fronteiriças em destaque no mapa demonstram que, na maioria dos casos, os limites territoriais foram definidos por rios (elementos naturais), como o Oiapoque e o Araguari, na Questão do Amapá, e o Tacutu, na questão do Pirara.

Fontes de pesquisa: Cláudio Vicentino. *Atlas histórico*: geral e Brasil. São Paulo: Scipione, 2011. p. 130; José Jobson de A. Arruda. *Atlas histórico básico*. São Paulo: Ática, 2007. p. 44.

ECONOMIA NACIONAL E INTEGRAÇÃO TERRITORIAL A PARTIR DO SÉCULO XX

Ao longo do século XX, o Brasil deixou de ser um país unicamente **agroexportador** para se tornar cada vez mais **industrial**. Medidas governamentais e investimentos públicos promoveram o desenvolvimento da industrialização, o que acelerou o **processo de urbanização**.

Até a metade do século XX, a concentração dos investimentos em infraestrutura nos setores de transporte e energia, sobretudo nas regiões Sudeste e Sul do Brasil, ampliou a aglomeração industrial e populacional nas cidades.

Foi somente a partir da segunda metade do século XX que os governos efetivaram medidas para dinamizar o **mercado interno** e promover a **integração** entre as regiões brasileiras. Dentre essas medidas, destacam-se:

- a construção de estradas para interligar o país;
- a transferência da capital federal para Brasília, em 1960;
- o desenvolvimento de atividades agrícolas no Centro-Oeste;
- a exploração de recursos naturais na Região Norte.

Atualmente, por mais que o desenvolvimento urbano-industrial tenha se expandido, o Sudeste ainda é o principal polo econômico brasileiro. A concentração de indústrias e de atividades urbanas, como as de comércio e serviços, atraiu a população principalmente para os grandes centros urbanos dessa região.

As capitais brasileiras são fortes polos de atração populacional. De modo geral, essas cidades disponibilizam melhores serviços e infraestrutura a seus habitantes. No entanto, essa oferta não é suficiente a toda a população. É comum, nos grandes centros urbanos, a ocorrência de problemas como a falta de saneamento básico e a ocupação de áreas que oferecem risco a seus moradores, como margens de rios e encostas de morros.

▼ A população de Natal, capital do Rio Grande do Norte, apresentou acelerado crescimento na segunda metade do século XX, passando de 54 836 habitantes, em 1940, para 896 708, em 2021. Com melhor infraestrutura que outras cidades do estado, Natal é um polo de atração populacional, concentrando, em 2021, 25% da população do Rio Grande do Norte. Vista aérea de Natal. Foto de 2021.

ATIVIDADES

Acompanhamento da aprendizagem

Retomar e compreender

1. O diagrama a seguir indica o período de desenvolvimento de atividades que tiveram grande importância no processo de ocupação do território brasileiro e apresenta uma breve descrição de cada uma delas. Complete-o com base no que você estudou neste capítulo.

2. Considerando-se as características da colonização como expressão do mercantilismo, o que a abertura dos portos significou para o Brasil?

3. Durante a segunda metade do século XX, medidas governamentais foram adotadas para promover a integração do território, contribuindo para a dinamização do mercado interno e para a integração entre as regiões brasileiras. Quais foram essas medidas?

Aplicar

4. Observe a reprodução da pintura e, depois, responda às questões.

▲ Tarsila do Amaral. *São Paulo*, 1924. Óleo sobre tela, 67 cm × 90 cm.

a) Quais elementos da obra evidenciam o desenvolvimento da cidade de São Paulo no início do século XX?

b) A cafeicultura propiciou o desenvolvimento de estruturas que favoreceram a instalação e a concentração de indústrias no Sudeste. Que estruturas foram essas?

32

CAPÍTULO 3
DIVISÃO POLÍTICA DO BRASIL

PARA COMEÇAR

O território brasileiro está dividido em unidades federativas e municípios. Você sabe por que as unidades federativas são agrupadas em regiões?

ESTADO BRASILEIRO

O Estado brasileiro, instituição responsável pela administração do país, está organizado em três setores principais, conhecidos como **três poderes**: o **Poder Executivo**, o **Poder Legislativo** e o **Poder Judiciário**. Cada um desses poderes tem funções específicas e atua em nível federal, estadual e municipal (exceção feita ao Judiciário, neste último caso).

De acordo com o sistema político brasileiro, os representantes eleitos para chefiar o Poder Executivo nos estados são denominados **governadores**. Nos municípios, eles recebem o nome de **prefeitos**. O **presidente** é o chefe do Poder Executivo em âmbito nacional.

A capital do país é Brasília e abriga diversos prédios públicos, onde funcionam os principais órgãos do governo federal. Confira no esquema a seguir as atribuições de cada poder do Estado brasileiro.

▼ Imagem de satélite da Praça dos Três Poderes e fotos do Supremo Tribunal Federal, do Congresso Nacional e do Palácio do Planalto de 2023.

ESTADO BRASILEIRO

Poder Judiciário
Assegura a aplicação das leis de acordo com a Constituição e faz a mediação de conflitos entre cidadãos e entre cidadãos e Estado.
① **Supremo Tribunal Federal** – órgão máximo do Poder Judiciário federal.

Poder Legislativo
Seus membros (vereadores, deputados e senadores) são responsáveis pela criação de leis e supervisionam a atuação dos chefes do Poder Executivo.
② **Congresso Nacional** – sede do Poder Legislativo Federal – formado pela Câmara dos Deputados e pelo Senado Federal.

Poder Executivo
Gerencia as políticas e os serviços públicos, visando ao desenvolvimento socioeconômico e ao bem-estar dos cidadãos, e coloca em prática as leis vigentes no país.
③ **Palácio do Planalto** – sede do Poder Executivo Federal – abriga o gabinete do presidente.

ESTADOS DA FEDERAÇÃO

O TERMO ESTADO

Você deve ter notado que o termo estado pode ser escrito de duas maneiras diferentes. Isso acontece porque ele apresenta diferentes significados.

Quando se refere ao Estado nacional, que corresponde a um país ou ao conjunto das instituições que administram um território, esse termo é grafado com a letra inicial maiúscula: Estado. Ao se referir às unidades federativas, em geral, utiliza-se o termo em letras minúsculas: estado.

O território brasileiro está dividido em 27 **unidades federativas**, sendo 26 **estados** e um **Distrito Federal**. Cada um dos estados brasileiros é dividido em municípios. Em 2021, o Brasil tinha um total de 5 568 municípios.

O Distrito Federal é formado por uma parte do território brasileiro onde se localiza a capital do país. Criado em 1960, é administrado por um governador e dividido em 33 regiões administrativas.

Observe o mapa a seguir. Nele, estão representadas as 27 unidades federativas do país e a capital federal.

■ Brasil: Divisão político-administrativa – unidades da federação (2022)

Fonte de pesquisa: *Atlas geográfico escolar*. 8. ed. Rio de Janeiro: IBGE, 2018. p. 90; IBGE Países. Disponível em: https://paises.ibge.gov.br/#/. Acesso em: 24 maio 2023.

DISPARIDADES ESTADUAIS

No Brasil, a extensão territorial e o grau de desenvolvimento socioeconômico variam muito de um estado para outro. Por exemplo, o Amazonas é o maior estado brasileiro em extensão, com 1 559 149 km², enquanto Sergipe, o menor deles, apresenta 21 918 km². O Amazonas é, portanto, mais de 70 vezes maior do que Sergipe.

Quanto ao nível de desenvolvimento socioeconômico, de acordo com o Índice de Desenvolvimento Humano Municipal (IDHM) de 2020, Distrito Federal, São Paulo e Santa Catarina apresentavam os maiores destaques nos indicadores de renda, educação e longevidade, se comparados às demais unidades federativas brasileiras. De acordo com o mesmo levantamento, Alagoas, Maranhão e Piauí obtiveram os piores resultados nesses indicadores.

A ADMINISTRAÇÃO NO DISTRITO FEDERAL

A administração do Distrito Federal é diferente da dos estados. Nele, não há municípios, mas regiões administrativas. O governador, eleito pela população a cada quatro anos, é responsável por indicar os administradores dessas regiões. No Distrito Federal, não há eleição para prefeitos ou vereadores.

FORMAÇÃO DOS ESTADOS BRASILEIROS

O desenvolvimento econômico é um dos principais critérios para a elaboração de estratégias de **planejamento** e **delimitação do território** por parte do poder público.

No Brasil, o processo de constituição dos estados e dos territórios da federação ocorreu com o advento da República e a Constituição de 1891. A dinâmica de ocupação, os eixos de desenvolvimento econômico e os interesses políticos influenciaram a constituição das unidades federativas e de seus limites territoriais.

Dentre as modificações recentes da divisão interna do território brasileiro, podem-se destacar: a criação do Distrito Federal e a inauguração, em 1960, da nova capital do país, Brasília, na área central do território nacional; a criação de estados e a transformação dos antigos territórios federais de Roraima, Rondônia, Amapá e Acre em estados.

A **Constituição de 1988** promoveu a última grande modificação nas divisas entre os estados, com a criação do estado do Tocantins, a partir do desmembramento do estado de Goiás. Atualmente, discutem-se no Congresso Nacional projetos de criação de outros estados, o que poderá alterar as divisas das unidades da federação.

Os mapas desta página mostram as principais mudanças ocorridas na delimitação das divisas entre as unidades da federação e a criação de estados no Brasil no século XX. Compare-os com o mapa da página anterior, da atual divisão política do Brasil.

Fonte de pesquisa: Manoel Maurício de Albuquerque e outros. *Atlas histórico escolar*. Rio de Janeiro: FAE, 1991. p. 45.

Fonte de pesquisa: *Atlas geográfico escolar*. Rio de Janeiro: IBGE, 2002. p. 100.

Fonte de pesquisa: *Atlas geográfico escolar*. Rio de Janeiro: IBGE, 2010. p. 11.

DIVISÃO DO TERRITÓRIO EM REGIÕES

Regionalizar significa dividir um país, um estado ou um município em áreas que apresentem **características semelhantes**, tomando por base aspectos naturais e/ou socioeconômicos ou outros critérios predeterminados.

A regionalização de um território contribui para a **administração pública**, pois permite compreender de maneira mais localizada a organização espacial. Desse modo, auxilia na ordenação de informações que possibilitam identificar os locais que mais carecem de investimentos. Regionalizar facilita o planejamento das atividades do poder público destinadas ao desenvolvimento econômico, à resolução dos problemas sociais e à melhoria das condições de vida da população.

A divisão de um território em regiões possibilita conhecer melhor as particularidades desse território e analisar suas potencialidades. Toda regionalização é um recorte do espaço, uma amostra de parte dele. Essa análise especializada permite, por exemplo, compreender com mais precisão as necessidades da população de determinada região, que podem ser muito diferentes das necessidades dos habitantes de outras regiões.

REGIONALIZAÇÕES DO BRASIL

Ao longo do século XX, foram concretizadas algumas propostas de divisão regional do Brasil, considerando-se tanto as características físicas quanto os aspectos socioeconômicos de cada unidade federativa.

As discussões sobre a regionalização do país ganharam força em razão do modo desigual como o desenvolvimento industrial ocorreu ao longo do século XX – concentrado no eixo Sul-Sudeste e menos expressivo no Norte e no Nordeste.

Entre as principais regionalizações do território brasileiro criadas no século XX, estão as elaboradas pelo Instituto Brasileiro de Geografia e Estatística (IBGE) e a proposta das regiões geoeconômicas, idealizada pelo geógrafo Pedro Geiger.

PARA EXPLORAR

Território do brincar.
Direção: David Reeks e Renata Meirelles, 2015 (90 min).
Esse documentário mostra brincadeiras de crianças de diferentes partes do Brasil. É possível perceber semelhanças e diferenças no modo como se divertem crianças de regiões distintas – em grandes cidades, em comunidades indígenas e no litoral, por exemplo.

▼ A presença da floresta Amazônica é uma característica comumente explorada nas propostas de regionalização do território brasileiro. Na atual regionalização oficial do Brasil, a presença da floresta distingue a Região Norte das demais. Esse tipo de vegetação ocorre em todos os estados dessa região. Comunidade ribeirinha em Iranduba (AM). Foto de 2020.

Regionalizações do IBGE

O IBGE foi criado em 1936 com a função de efetuar levantamentos de dados e de informações sobre os aspectos naturais, econômicos e sociais do Brasil. A primeira divisão regional oficial do Brasil foi aprovada pelo instituto em 1942, com a divisão do país em cinco regiões: **Norte**, **Nordeste**, **Centro**, **Leste** e **Sul**.

Nessa regionalização, os estados da federação foram agrupados segundo critérios de proximidade geográfica e de semelhança entre os aspectos naturais e as condições socioeconômicas.

Na década de 1960, as alterações ocorridas no Brasil com o crescimento da industrialização e da urbanização incentivaram a elaboração de uma nova regionalização. Assim, em 1969, entrou em vigor uma nova divisão regional do país, também efetuada pelo IBGE. O país foi dividido em cinco macrorregiões – **Norte**, **Nordeste**, **Sul**, **Sudeste** e **Centro-Oeste** –, definidas, sobretudo, pelas semelhanças no desenvolvimento socioeconômico dos respectivos estados.

A Constituição de 1988 determinou a **atual divisão regional oficial do Brasil**, com base na regionalização de 1969. Os territórios de Roraima e do Amapá foram elevados à categoria de estados da Região Norte; o território de Fernando de Noronha passou a integrar o estado de Pernambuco; e a porção setentrional do estado de Goiás tornou-se o estado de Tocantins e passou a fazer parte da Região Norte. Anteriormente, em 1977, havia sido criado o estado do Mato Grosso do Sul.

A regionalização oficial, elaborada pelo IBGE, é utilizada para a organização dos dados estatísticos levantados no Brasil. Além disso, ela dá apoio ao **planejamento** de políticas públicas e auxilia os estudos sobre as condições de vida e sobre as diversas atividades econômicas realizadas no país.

Na regionalização oficial, os limites das regiões coincidem com o traçado das divisas estaduais. Essa correspondência auxilia o poder público no gerenciamento de estatísticas e no planejamento de políticas públicas abrangentes.

Fonte de pesquisa: *Atlas geográfico escolar*. 8. ed. Rio de Janeiro: IBGE, 2018. p. 94.

Brasil: Divisão regional (1942)

Fonte de pesquisa: *Atlas geográfico escolar*. Rio de Janeiro: IBGE, 2002. p. 100.

Brasil: Divisão regional (1988)

> **PARA EXPLORAR**
>
> *Viagem pelo Brasil em 52 histórias*, de Silvana Salerno. São Paulo: Companhia das Letrinhas.
>
> O livro reúne 52 histórias do folclore de todo o Brasil, inspiradas em estudiosos da cultura popular brasileira. A leitura dessa obra, repleta de fotos e ilustrações, possibilita conhecer mais sobre as diferentes regiões brasileiras.

Regiões geoeconômicas

Além das divisões regionais do IBGE, estabelecidas no fim da década de 1960, há a proposta de regionalização do espaço brasileiro desenvolvida pelo geógrafo Pedro Geiger.

Essa divisão do Brasil reúne na mesma região partes do território com níveis de desenvolvimento socioeconômico semelhantes. De acordo com esse critério, o país é dividido em três grandes complexos regionais (regiões geoeconômicas): **Amazônia**, **Nordeste** e **Centro-Sul**.

Nessa proposta de regionalização, as fronteiras entre as regiões não coincidem necessariamente com as divisas oficiais dos estados. Dessa maneira, partes do território de um estado com graus de desenvolvimento social e econômico diferenciados podem integrar regiões diferentes. Por essa razão, tal regionalização é menos usual, pois dificulta a organização de dados estatísticos para a implementação de políticas públicas.

No entanto, apesar de não ser a divisão regional oficial do Brasil, essa proposta possibilita verificar as desigualdades sociais e os diferentes graus de desenvolvimento econômico existentes no país.

Brasil: Regiões geoeconômicas

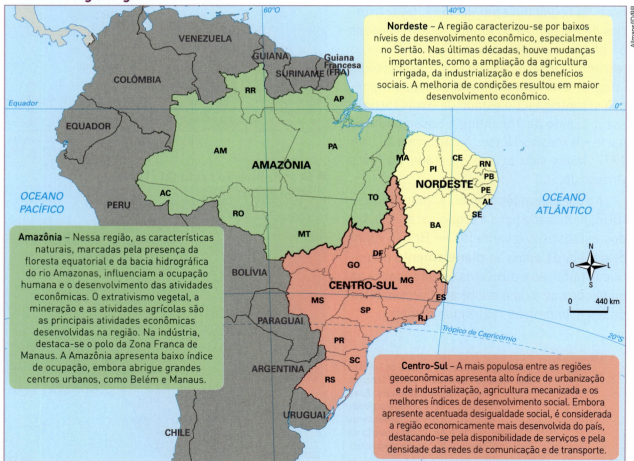

Fonte de pesquisa: *Atlas geográfico escolar*. 8. ed. Rio de Janeiro: IBGE, 2018. p. 150.

ATIVIDADES

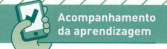

Retomar e compreender

1. Descreva a organização política do Estado brasileiro.

2. O que é regionalização e qual é a sua importância?

3. Em 1942, foi aprovada a primeira divisão regional oficial do Brasil. Sobre ela, responda:
   a) Em quantas regiões foi dividido o território brasileiro?
   b) Quais foram os critérios adotados nessa divisão regional?

4. Sobre as diferentes propostas de regionalização, responda às questões a seguir.
   a) Indique o nome da região que inclui o estado de São Paulo nas divisões regionais propostas pelo IBGE em 1942 e 1988 e na regionalização proposta por Pedro Geiger.
   b) Por que um mesmo estado pode integrar diferentes regiões em diferentes regionalizações?

Aplicar

5. Observe o gráfico a seguir e, depois, responda às questões.

Brasil: Taxa de analfabetismo de pessoas com 15 anos ou mais, por região (2019)

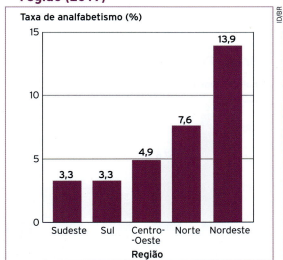

Fonte de pesquisa: IBGE. *Pesquisa Nacional por Amostra de Domicílios Contínua*: educação 2019. Disponível em: https://biblioteca.ibge.gov.br/visualizacao/livros/liv101736_informativo.pdf. Acesso em: 27 jan. 2023.

a) Os dados apresentados estão agrupados de acordo com qual divisão regional?
b) Qual região brasileira apresenta a maior taxa de analfabetismo? E qual apresenta a menor taxa?
c) Com base nos dados do gráfico, o que é possível concluir a respeito das condições socioeconômicas das regiões brasileiras?

6. Observe o mapa. Depois, responda às questões sobre regionalização geoeconômica.

Maranhão: Divisão regional geoeconômica

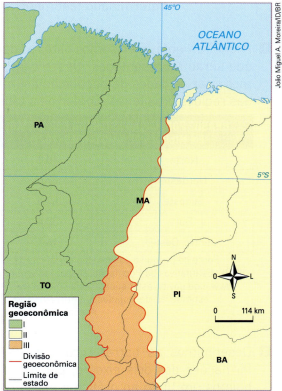

Fonte de pesquisa: *Atlas geográfico escolar*. 8. ed. Rio de Janeiro: IBGE, 2018. p. 150.

a) Pelo mapa, é possível perceber que o Maranhão foi dividido em três regiões. Qual região geoeconômica compreende a porção oeste do território maranhense, representada na legenda pelo algarismo I?
b) Na regionalização geoeconômica, por que há estados, como o Maranhão, cujo território é dividido em mais de uma região?
c) Cite uma vantagem e uma desvantagem dessa divisão regional.

39

REPRESENTAÇÕES

Construção e interpretação de gráficos

Os gráficos são representações que mostram informações numéricas de modo preciso. Eles facilitam a leitura e a compreensão de dados estatísticos e, por isso, são comumente utilizados no estudo de Geografia.

Há vários tipos de gráfico, e o formato a ser construído depende da natureza dos dados que se quer representar. A escolha certa possibilitará uma leitura clara e rápida das informações contidas nessa representação.

Gráfico de barras

O gráfico de barras é utilizado para evidenciar a diferença entre dados de determinado fenômeno. Saiba agora como construir um gráfico de barras.

1 Primeiramente, precisamos obter os dados que serão representados. Nesse caso, vamos usar os dados de população estimada das regiões brasileiras, conforme a tabela.

BRASIL: POPULAÇÃO ESTIMADA POR REGIÃO, EM MILHÕES DE HABITANTES (2021)	
Norte	18,9
Nordeste	57,6
Sudeste	89,6
Sul	30,4
Centro-Oeste	16,7

Fonte de pesquisa das tabelas e gráficos da seção: IBGE. Estimativas da População. Disponível em: https://www.ibge.gov.br/estatisticas/sociais/populacao/9103-estimativas-de-populacao.html?=&t=downloads. Acesso em: 31 jan. 2023.

2 Em uma folha de papel milimetrada, traçamos dois eixos: um eixo horizontal, para indicar as regiões brasileiras, e um eixo vertical, para os dados de população estimada.

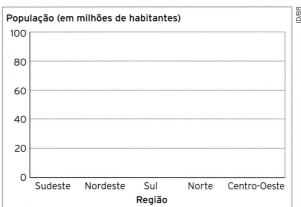

3 Desenhamos as barras, cruzando as informações dos dois eixos e, por fim, atribuímos um título ao gráfico e indicamos a fonte de pesquisa dos dados nele representados. Agora, observe o gráfico concluído e perceba que essa representação permite uma leitura rápida e objetiva das regiões com maior população estimada (Sudeste e Nordeste) – representadas pelas barras maiores – em comparação com as regiões com menor população estimada (Norte e Centro-Oeste) – representadas pelas barras menores.

■ **Brasil: População estimada por região (2021)**

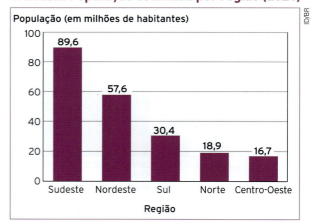

Gráfico de setores

O **gráfico de setores** é dividido em fatias (setores) cujo tamanho corresponde proporcionalmente a partes do total das informações que o gráfico representa. Agora, vamos construir um gráfico de setores com os dados da tabela.

BRASIL: PERCENTUAL DA POPULAÇÃO ESTIMADA POR REGIÃO DO TOTAL DA POPULAÇÃO (2021)	
Norte	8,9
Nordeste	27
Sudeste	42
Sul	14,2
Centro-Oeste	7,9

UTILIZANDO A MATEMÁTICA

No gráfico de setores, o círculo completo representa o total dos valores (100%). Considerando que o ângulo de um círculo completo tem 360°, o setor de 1% corresponde a 3,6°. Para saber o ângulo de cada fatia que representa o valor percentual da população das diferentes regiões brasileiras, multiplicamos esse valor percentual por 3,6° e obtemos os seguintes resultados arredondados:

- Região Norte: 32°.
- Região Nordeste: 97°.
- Região Sudeste: 151°.
- Região Sul: 51°.
- Região Centro-Oeste: 29°.

1 Utilizando um transferidor de 360°, marcamos o centro da circunferência e, com uma régua, traçamos uma reta indo desse ponto até 0°. Em seguida, marcamos com um ponto o ângulo de 32° (Região Norte) e traçamos uma reta desse ponto até o centro da circunferência.

2 Somando 32° da Região Norte a 97° da Região Nordeste, obtemos 129°. Marcamos, então, esse ponto na circunferência e novamente traçamos uma reta, partindo desse ponto até o centro da circunferência. Repetimos o procedimento de marcação para encontrar os setores que representam as regiões Sudeste, Sul e Centro-Oeste.

3 Por fim, identificamos cada região e o respectivo percentual e complementamos o gráfico com o título, a fonte de pesquisa e o ano das informações. Observe que o gráfico de setores permite a visualização rápida de quanto a população de cada região brasileira representa proporcionalmente em relação ao total.

■ **Brasil: Percentual da população estimada por região (2021)**

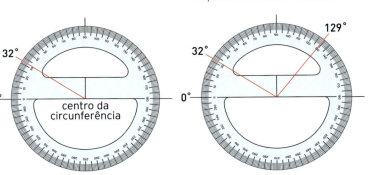
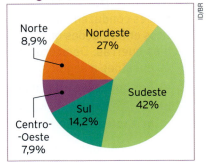

Pratique

1. Com a ajuda do professor, pesquise informações de seu interesse sobre as regiões brasileiras e, com base nos dados obtidos, construa um gráfico para representar visualmente esses dados. Lembre-se de avaliar qual é a melhor forma (gráfico de barras ou de setores) de representar os dados pesquisados.

ATIVIDADES INTEGRADAS

Analisar e verificar

1. Reveja o mapa *Brasil: Economia (século XVIII)*, na página 27, e responda: Quais atividades, além da mineração, contribuíram para a interiorização e a ocupação do território brasileiro? Justifique.

2. Observe a imagem a seguir e responda às questões.

◀ Petrolina (PE). Foto de 2021.

   a) Que formação vegetal está representada nessa imagem?
   b) Que tipo de clima está relacionado ao desenvolvimento dessa formação vegetal?
   c) Observe novamente o mapa *Brasil: Principais formações vegetais*, na página 18, e identifique a região brasileira onde essa formação vegetal é predominante.
   d) O que você sabe acerca dessa região brasileira? Converse com os colegas sobre as características físicas e sociais dessa região e sobre as políticas públicas que devem ser enfatizadas durante o planejamento de ações governamentais locais.

3. A prática das relações internacionais entre Estados é chamada de diplomacia. É o modo como os países conduzem seus negócios, buscando a defesa de seus direitos e interesses. Acordos diplomáticos entre nações que disputam um mesmo território são uma alternativa humanitária aos conflitos e às guerras. De acordo com seus conhecimentos e com o que aprendeu nesta unidade, responda às questões a seguir.
   a) Por que os acordos diplomáticos são importantes?
   b) **SABER SER** Agora, pense na prática da diplomacia em seu dia a dia. Cite acordos que você julga importantes para a realização das tarefas cotidianas. Converse com os colegas.

4. Com os colegas, pense em pelo menos três propostas de regionalização da sala de aula. Vocês podem analisar o grupo de estudantes de acordo com preferências musicais, gêneros de filme favoritos, torcida por times de futebol, etc. Para cada regionalização, vocês devem criar plantas da sala, considerando cada estudante de acordo com o critério escolhido. Ao final, comparem as regionalizações propostas e elaborem uma conclusão, respondendo às questões a seguir.
   a) De acordo com os critérios adotados, a distribuição dos estudantes apresenta alguma semelhança ou alguma regularidade? Explique.
   b) Como isso se relaciona com as diferentes regionalizações do Brasil?

Acompanhamento da aprendizagem

5. Observe o gráfico e, depois, responda às questões.

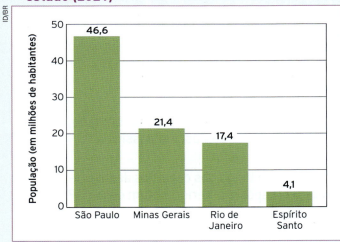

■ Região Sudeste: População estimada por estado (2021)

Fonte de pesquisa: IBGE. Disponível em: https://cidades.ibge.gov.br/. Acesso em: 31 jan. 2023.

a) É possível dizer que o tamanho da população é uma característica que reforça a semelhança entre os estados da Região Sudeste? Justifique sua resposta.

b) Com base no que você estudou nesta unidade, quais critérios foram utilizados para agrupar os atuais estados de São Paulo, Minas Gerais, Rio de Janeiro e Espírito Santo em uma mesma região?

6. **SABER SER** Observe a foto e, depois, faça o que se pede.

◀ Desmatamento e contaminação da água causados pelo garimpo ilegal em Jacareacanga (PA). Foto de 2022.

- Em sua opinião, para que o Brasil se desenvolva economicamente, é preciso comprometer a qualidade do meio ambiente com a degradação e a poluição? Reúnam-se em grupos de quatro estudantes e discutam o tema. Em seguida, realizem um debate entre todos os grupos da sala, de modo que todos exponham suas opiniões.

Criar

7. Em grupos e com a ajuda do professor, escolham ao menos quatro Unidades de Conservação existentes no município onde você e os colegas vivem. Caso haja menos de quatro UCs (ou nenhuma), pesquisem e selecionem UCs do estado em que vivem ou de outras localidades. Em seguida, identifiquem os tipos (UC de proteção integral ou UC de uso sustentável) e as categorias (Parque Nacional, Área de Proteção Ambiental, Monumento Natural, etc.). Pesquisem as características de cada categoria das UCs escolhidas e elaborem um quadro comparativo com as informações obtidas.

8. Sob orientação do professor, visite uma Unidade de Conservação de seu município. Pesquise previamente o tipo e a categoria da UC que será visitada e as atividades que podem ser realizadas nessa UC. No dia do trabalho de campo, observe as paisagens da UC, identificando os elementos naturais e humanos e analisando as alterações nela ocorridas. Verifique também se os objetivos definidos para a categoria da UC estão sendo cumpridos. Você pode entrevistar membros da equipe de gestão ou outros visitantes da UC. Por fim, faça um relatório do que observou, ilustrando-o com fotos, perfis da vegetação e desenhos da paisagem.

CIDADANIA GLOBAL
UNIDADE 1

11 CIDADES E COMUNIDADES SUSTENTÁVEIS

Retomando o tema

Nesta unidade, você e os colegas tiveram a oportunidade de conhecer os diferentes usos que a sociedade faz dos rios e a importância e a valorização dos rios no desenvolvimento de cidades e comunidades sustentáveis. Além disso, vocês observaram e buscaram informações sobre um rio do município em que vivem. Sobre isso, faça o que se pede a seguir.

1. Considerando os usos dos rios estudados ao longo dos capítulos desta unidade, cite os principais impactos ambientais gerados por esses usos e possíveis formas de evitá-los.
2. Pense no rio do seu município que você estudou ao longo dos capítulos desta unidade. Como os impactos ambientais citados na resposta anterior afetam esse rio?
3. Reflita e responda: O que é possível fazer para que o uso do rio do município onde você vive seja sustentável e, consequentemente, contribua para o desenvolvimento sustentável local?

Geração da mudança

- A partir das respostas dadas às questões anteriores, elabore uma carta destinada à prefeitura do seu município propondo formas de estabelecer usos sustentáveis do rio local estudado ao longo da unidade. Nessa carta, é importante destacar a importância da realização das ações sugeridas, explicitando todas as dimensões estudadas relativas ao uso do rio, como o transporte, o lazer, a utilização de seus recursos e a valorização de conhecimentos e de saberes históricos relacionados a ele.

Autoavaliação

Yasmin Ayumi/ID/BR

44

POPULAÇÃO BRASILEIRA

UNIDADE 2

PRIMEIRAS IDEIAS

1. Você sabe quais são os povos formadores da população brasileira?
2. Como ocorre a distribuição espacial da população brasileira?
3. O que significa dizer que a população brasileira está envelhecendo?
4. Você sabe quem são os migrantes?
5. O que você sabe acerca dos refugiados? Há refugiados no Brasil?

Conhecimentos prévios

Nesta unidade, eu vou...

CAPÍTULO 1 — Formação do povo brasileiro

- Conhecer o processo de formação do povo brasileiro.
- Reconhecer as territorialidades dos povos indígenas e das comunidades remanescentes de quilombos, por meio de mapas.
- Buscar informações e refletir sobre aspectos relativos à saúde indígena no Brasil.

CAPÍTULO 2 — Distribuição e dinâmica populacional

- Analisar a distribuição da população brasileira pelo território por meio de mapa.
- Compreender caracterísiticas da dinâmica da população brasileira por meio de gráficos.
- Analisar a desigualdade de acesso à saúde no Brasil e refletir sobre a gravidez na adolescência como questão de saúde pública.
- Compreender questões políticas e econômicas relacionadas ao aumento da população idosa.
- Analisar a estrutura etária da população brasileira, por meio da leitura de pirâmides etárias.

CAPÍTULO 3 — População em movimento

- Compreender os principais fluxos migratórios no Brasil e o processo de migração de brasileiros para outros países.
- Refletir a respeito da questão dos refugiados no Brasil.
- Elaborar uma pirâmide etária.

CIDADANIA GLOBAL

- Elaborar campanha para promover ações de saúde pública e reconhecer a importância dessas ações como promotoras da qualidade de vida da população.

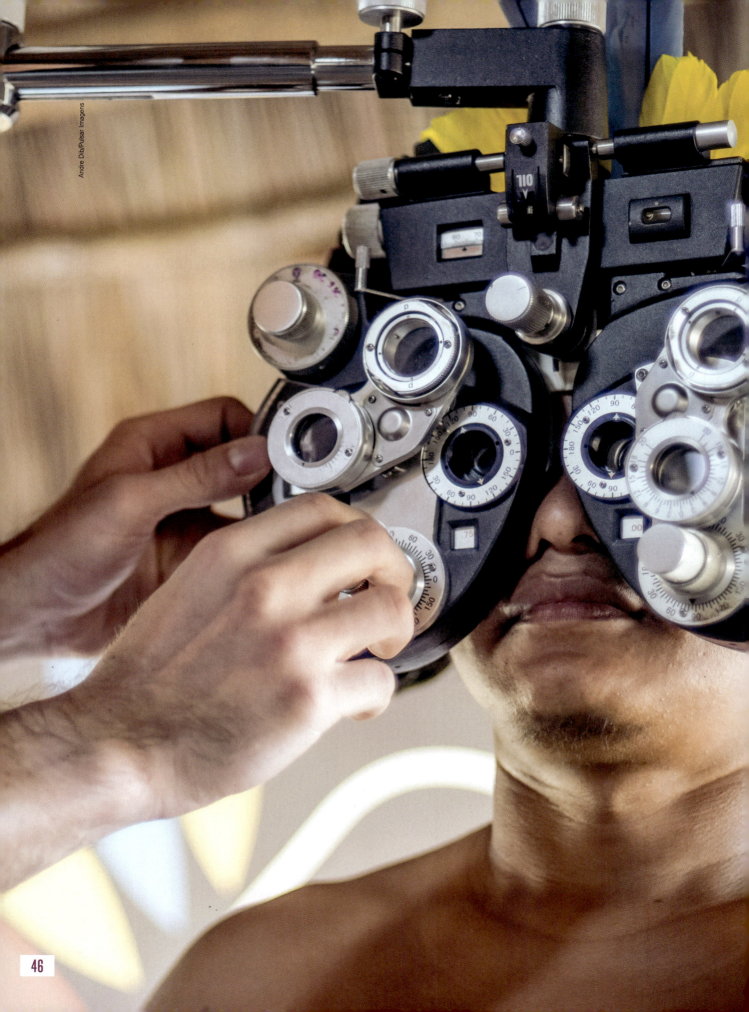

Andre Dib/Pulsar Imagens

LEITURA DA IMAGEM

1. Você já viu o aparelho mostrado na foto alguma vez? Sabe para que ele serve?
2. Qual é a situação retratada na foto? Quem são as pessoas envolvidas e o que estão fazendo?
3. Que elemento mostrado na foto indica que uma das pessoas faz parte de uma população tradicional?
4. **SABER SER** Você já esteve na mesma situação que a da pessoa representada na foto? Se sim, como você se sentiu? Conte sua experiência aos colegas.

CIDADANIA GLOBAL

3 SAÚDE E BEM-ESTAR

Imagine que você trabalha no Ministério da Saúde e foi convidado a realizar uma campanha de saúde de abrangência nacional. O objetivo é orientar as pessoas com propostas que podem ser implementadas para contribuir com a melhora da saúde e da qualidade de vida das pessoas.

1. Busque informações em meios impressos e digitais sobre as principais doenças que levam à morte no Brasil atualmente.
2. Procure saber acerca da diferença entre o tratamento de doenças e a promoção da saúde. Em seguida, discuta com os colegas sobre a importância da promoção da saúde para as pessoas e para os sistemas de saúde.

Ao longo do estudo desta unidade, você deverá levantar dados e coletar informações para elaborar um plano de ações para os governos locais. Deve criar materiais de divulgação que informem e incentivem a participação da população na campanha, que será realizada ao final da unidade.

 Qual é a importância do **acesso universal a serviços de saúde** de qualidade?

Indígena da etnia Kisêdjê, na aldeia Khikatxi, durante atendimento oftalmológico realizado pela Secretaria Especial de Saúde Indígena (SESAI). Querência (MT). Foto de 2021.

47

CAPÍTULO 1
FORMAÇÃO DO POVO BRASILEIRO

PARA COMEÇAR

A população brasileira é caracterizada por sua grande diversidade étnica e cultural. Você sabe por que isso acontece?

miscigenação: mistura de etnias com a união de homens e mulheres de diferentes grupos étnicos.

▼ Detalhe de *Vues du Brésil* (Vistas do Brasil), de Johann Moritz Rugendas, 1830. Xilogravura e pintura sobre papel. A cena retrata os principais povos formadores da população brasileira: à esquerda, colonos portugueses em caravana; ao centro, indígenas que resistem à invasão de suas terras pelos colonizadores; à direita, africanos escravizados trabalham na lavoura e em atividades domésticas.

POVOS FORMADORES

A população brasileira começou a se formar há mais de cinco séculos. Em 1500, quando os portugueses chegaram à costa do território que viria a ser o Brasil, encontraram **povos indígenas** que já habitavam o continente havia pelo menos 10 mil anos. Calcula-se que, naquele período, havia mais de mil povos indígenas no Brasil, totalizando 3 a 4 milhões de pessoas.

A maioria dos **portugueses** que vieram para o Brasil era de homens. Muitos deles tiveram filhos com mulheres indígenas, iniciando, assim, o processo de miscigenação da população brasileira.

Durante a colonização portuguesa, milhões de homens e de mulheres **africanos** foram escravizados e trazidos à força para trabalhar no Brasil, inicialmente nas lavouras de cana-de-açúcar no Nordeste do país. Depois, os escravizados também trabalharam na extração de ouro e de pedras preciosas em Minas Gerais e, quando o Brasil se tornou independente, nas lavouras de café do Rio de Janeiro e de São Paulo.

Estima-se que cerca de 5 milhões de africanos foram trazidos à força para o Brasil entre 1550 e 1850. Os povos africanos compuseram um dos principais grupos de formação do povo brasileiro.

POVO BRASILEIRO

No censo demográfico de 2010, quase metade dos brasileiros declarou-se branca (47,7%). Em seguida, aparecem os que se declararam pardos (43,1%), pretos (7,6%), amarelos (orientais, como japoneses e coreanos, 1,1%) e indígenas (0,4%).

POVOS INDÍGENAS

A queda no número de indígenas no Brasil (em 2010, cerca de 817 mil pessoas) está relacionada, entre outros fatores, ao **extermínio** praticado pelos europeus, à elevada mortalidade dos nativos decorrente da escravização, à expulsão deles de suas terras, às doenças que contraíram do colonizador, para as quais não tinham imunidade, e, mais recentemente, ao avanço do garimpo ilegal, que ameaça a sobrevivência desses povos.

O censo de 2010 identificou **305 etnias** e **274 línguas** indígenas no país. E, assim como as línguas, também os costumes, as tradições, os ritos e as crenças variam de um povo indígena para outro.

A maioria dos povos indígenas brasileiros vive no estado do Amazonas, embora esses povos estejam presentes em todos os estados.

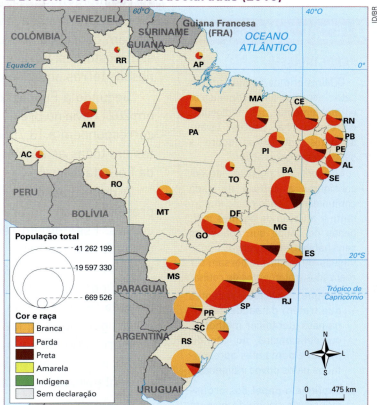

Fonte de pesquisa: IBGE. Censo demográfico 2010. Disponível em: https://censo2010.ibge.gov.br/. Acesso em: 29 maio 2023.

censo demográfico: pesquisa realizada a cada dez anos com o objetivo de sistematizar dados estatísticos sobre as características da população de um lugar, como um município ou um país.

CIDADANIA GLOBAL

SAÚDE INDÍGENA

O Ministério da Saúde tem um setor especial para administrar o atendimento aos indígenas; entretanto, há poucos levantamentos estatísticos sobre a saúde dessa população.

As políticas públicas devem considerar a cultura de cada comunidade, sendo muito importante a atuação de agentes indígenas de saúde que conheçam seus hábitos, suas crenças e suas línguas, de modo que possam ser realizados tratamentos de rotina.

1. Busque notícias recentes que tratem da saúde indígena para identificar melhorias ou deficiências no atendimento e demandas apresentadas pelos povos indígenas.
2. Explique o papel dos profissionais de saúde de origem indígena no atendimento às comunidades localizadas em Terras Indígenas e em áreas rurais.
3. Liste ações que o Ministério da Saúde poderia implementar para o tratamento das doenças mais comuns entre os indígenas.

Como os diversos grupos indígenas se distribuíam pelo atual território do Brasil? Como se consolidou no país o processo de **demarcação de Terras Indígenas**?

Terras Indígenas

Com a promulgação da Constituição de 1988, os indígenas tiveram consolidado seu **direito à terra** e ao seu uso conforme seus costumes. Esse direito é originário, pois esses povos viviam nessas terras antes da chegada dos não indígenas.

Segundo a Fundação Nacional dos Povos Indígenas (Funai), em 2021 havia no Brasil 443 Terras Indígenas regularizadas. Elas correspondem a 13,75% do território brasileiro e estão presentes em todas as regiões do país, sendo a maior parte na região da floresta Amazônica.

A **demarcação** das Terras Indígenas é fundamental para a preservação da cultura e do modo de vida desses povos tradicionais. Esse direito reconhecido contribui para a garantia de um **país multicultural**, bem como para a preservação da biodiversidade e a manutenção do equilíbrio climático.

Os indígenas, no entanto, sofrem sérios problemas devido à **invasão** de suas terras por grupos não indígenas, como madeireiros, garimpeiros, fazendeiros, entre outros. Os conflitos com invasores prejudicam a sobrevivência dos indígenas e podem ser de difícil resolução, pois esses grupos geralmente têm maior representatividade e força política.

■ Brasil: Terras Indígenas (2019)

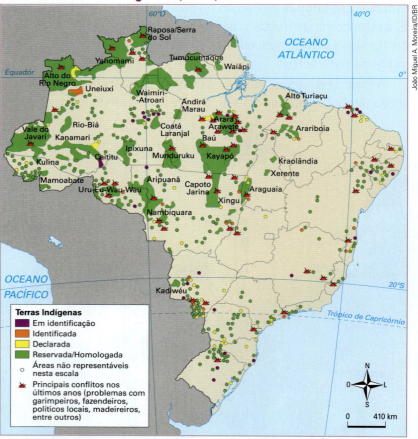

Fonte de pesquisa: Maria Elena Simielli. *Geoatlas*. 35. ed. São Paulo: Ática, 2019. p. 124.

POPULAÇÃO NEGRA

Nas pesquisas do IBGE, a população negra está representada nas classes "pretos" e "pardos". Portanto, segundo o censo de 2010, ela corresponde a **50,7%** dos habitantes do Brasil.

A presença do negro no território brasileiro está associada às áreas ocupadas durante o período colonial. Por isso, até hoje a maior concentração de população negra se encontra nas regiões Nordeste e Sudeste, nas quais o trabalho de africanos escravizados foi mais utilizado. No entanto, também há importantes contingentes de população negra nas regiões Sul, Norte e Centro-Oeste. Em todas as regiões brasileiras, percebe-se a grande influência cultural africana, por exemplo, no vocabulário, na culinária, na dança e na música.

A **desigualdade de condições socioeconômicas** no Brasil atinge de maneira particular a população negra. Em 2021, pretos e pardos compreendiam 37,7% das pessoas abaixo da linha de pobreza. Também são os que têm menos acesso ao Ensino Superior, aos empregos com melhor remuneração e à participação política (em 2022, apenas 32% dos eleitos se declararam pretos ou pardos).

Essa desigualdade pode ser explicada principalmente pelo **processo histórico** da formação da sociedade brasileira, no qual tanto negros como indígenas foram escravizados e submetidos a grande violência pelos colonizadores europeus. Essa violência continua, expressa pelo racismo ainda muito presente na sociedade brasileira. Uma das maiores lutas dos movimentos de **consciência negra** é pelo fim da desigualdade e do preconceito na sociedade brasileira.

PARA EXPLORAR

Dandara: Trials of fear, jogo eletrônico

O jogo trata da busca por liberdade no mundo de Salt, que vive sob um regime opressor. O visual e a história da personagem principal são inspirados em Dandara dos Palmares, figura importante da resistência antiescravista do quilombo dos Palmares.

▼ O maracatu é uma manifestação cultural de matriz afro-brasileira originada no estado de Pernambuco, no século XVIII. Considerado Patrimônio Cultural Imaterial do Brasil, envolve música e dança. Apresentação do grupo Maracatu Baque Alagoano, na semana da consciência negra, no Memorial Quilombo dos Palmares, em União dos Palmares (AL). Foto de 2022.

Comunidades quilombolas

Durante o período colonial, houve diversos movimentos de **resistência da população negra** contra a escravização. Muitos escravizados fugiam e se organizavam em comunidades que ficaram conhecidas como **quilombos**.

Nessas comunidades, a população cultivava o próprio alimento e preservava suas tradições culturais.

Mesmo com o fim do período escravocrata, essas comunidades persistiram e, até hoje, estão presentes em quase todos os estados brasileiros. Observe o mapa a seguir.

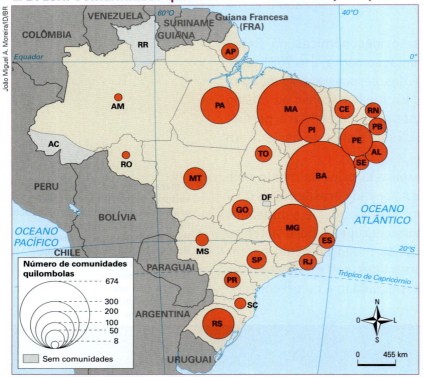

Brasil: Comunidades quilombolas certificadas (2021)

Fonte de pesquisa: Fundação Cultural Palmares. Disponível em: https://www.palmares.gov.br/wp-content/uploads/2015/07/quadro-geral-por-estados-e-regioes-20-01-2022.pdf. Acesso em: 29 maio 2023.

A **demarcação de terras** ocupadas pelos quilombolas, regulada pelo Decreto n. 4 887, de 2003, visa reconhecer o direito dessas comunidades às terras ocupadas por seus antepassados. Para isso, é preciso que os membros de cada comunidade se reconheçam por meio da autodefinição; em seguida, é feito um levantamento histórico sobre a relação da comunidade com as terras que ela ocupa.

A demarcação das terras quilombolas, no entanto, encontra uma série de dificuldades políticas e, geralmente, não é prioridade dos governos. **Conflitos pela terra** entre essas populações tradicionais e fazendeiros são muito frequentes no Brasil.

OUTROS GRUPOS CULTURAIS

A partir da segunda metade do século XIX, muitos imigrantes vieram para o Brasil, principalmente portugueses, espanhóis, italianos, alemães, libaneses e japoneses. Atualmente, o Brasil é destino de imigrantes latino-americanos de diversos países.

UNIDADE LINGUÍSTICA

Como grande parte dos povos indígenas fala suas próprias línguas, são faladas mais de **274 línguas** no Brasil. Entretanto, considerando o número de falantes, predomina a **língua portuguesa** em território brasileiro. A unidade linguística contribui para a integração das diversas manifestações culturais nacionais, formando o patrimônio do povo brasileiro e, desse modo, fortalecendo sua identidade.

Porque é importante estudar e registrar as **línguas dos povos indígenas**?

ATIVIDADES

Retomar e compreender

1. Por que podemos afirmar que a população brasileira apresenta grande diversidade étnica?

2. Cite povos que chegaram em grande número ao Brasil a partir de meados do século XIX, contribuindo para a miscigenação característica da população brasileira.

3. Leia o texto a seguir e, depois, responda às questões.

> [...]
> Desnutrição, malária, pneumonia e verminoses, além da violência constante de garimpeiros ilegais ocasionaram uma situação de crise sanitária e humanitária na maior terra indígena do Brasil, onde vivem cerca de 28 mil Yanomami. A desnutrição atinge mais de 50% das crianças, e há um alto número de casos de malária, relacionados à expansão do garimpo. Constatando a gravidade da situação, o governo federal decretou emergência de saúde e convocou voluntários para atuarem no local.
>
> A Terra Indígena Yanomami tem cerca de 9 milhões de hectares e está localizada nos estados do Amazonas e de Roraima, na fronteira com a Venezuela. Vivem nela oito povos, incluindo os Yanomami. Com o avanço de atividades ilegais na região, estima-se que 20 mil garimpeiros também estão no território. Indígenas denunciam a contaminação dos rios devido ao garimpo e os abusos sofridos pelas mulheres e crianças.
> [...]
>
> Liana Coll; Adriana Vilar de Menezes. Situação dos Yanomami expõe abandono dos indígenas pelo Estado. *Unicamp*, 24 jan. 2023. Disponível em: https://www.unicamp.br/unicamp/noticias/2023/01/24/situacao-dos-yanomami-expoe-abandono-dos-indigenas-pelo-estado. Acesso em: 29 maio 2023.

   a) Segundo o texto, quais são os impactos do garimpo na Terra Indígena Yanomami?

   b) Qual é a importância da demarcação das Terras Indígenas para a sobrevivência desses povos?

4. Sobre as comunidades quilombolas, responda:

   a) O que são quilombos?

   b) Em que contexto eles foram formados?

   c) Por que é importante demarcar e certificar as terras de comunidades quilombolas?

Aplicar

5. Observe o gráfico a seguir e faça o que se pede.

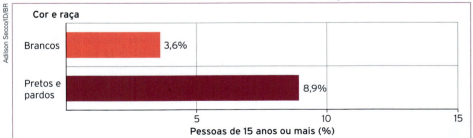

Fonte de pesquisa: IBGE. *Pesquisa Nacional por Amostra de Domicílios Contínua*: educação 2019. Disponível em: https://biblioteca.ibge.gov.br/visualizacao/livros/liv101736_informativo.pdf. Acesso em: 29 maio 2023.

   a) Em que grupo populacional as taxas de analfabetismo são maiores?

   b) Com base nessas informações, redija um texto sobre a herança histórica da colonização para a atual sociedade brasileira.

CONTEXTO

DIVERSIDADE

Luta contra o racismo: a pauta-chave para enfrentar as desigualdades

O combate à desigualdade social envolve também a luta contra o racismo. Nos últimos anos, a consciência racial cresceu no Brasil e no mundo, mas há desafios a serem enfrentados. Sobre esse assunto, leia o texto a seguir.

"Todo mundo hoje está convencido — brancos e negros — [de] que a democracia racial não existe no Brasil". O mito de que o país do carnaval e do futebol vive em harmonia entre as diferentes cores de pele e as classes sociais — fantasia essa que por décadas o movimento negro e intelectuais demonstraram ser uma falácia — [...] já está superado. Essa é a avaliação do antropólogo e professor aposentado da USP, Kabengele Munanga. Para ele, o desafio hoje é outro.

"A questão fundamental que se coloca agora são as políticas de inclusão: a luta para incluir os negros em todos os setores da vida nacional", defende Munanga, um dos maiores pensadores das relações raciais do país, autor de obras como *Rediscutindo a mestiçagem no Brasil* e *Origens africanas do Brasil contemporâneo*.

▲ Protesto Vidas negras importam, em Porto Alegre (RS), contra o racismo. Foto de 2020.

[...] Kabengele afirma que a consciência racial está crescendo — "antigamente não se falava tanto do racismo". Mas pondera que o caminho, em uma sociedade em que a população negra está subrepresentada em todos os espaços de poder, é longo.

"O racismo", diz, "é um monstro de grande complexidade": se sustenta em estruturas não visíveis. Por isso, argumenta, "não basta dizer 'abaixo o racismo', precisamos de políticas concretas". Leis, educação inclusiva e políticas afirmativas são três caminhos que Munanga, que recebeu o título de Doutor Honoris Causa pela Universidade Federal do Recôncavo da Bahia em novembro [de 2022], considera fundamentais. [...]

Gabriela Moncau. Antropólogo Kabengele Munanga reconhece avanços mas alerta: "Racismo é um monstro complexo". *Brasil de Fato*, 18 dez. 2022. Disponível em: https://www.brasildefato.com.br/2022/12/18/antropologo-kabengele-munanga-reconhece-avancos-mas-alerta-racismo-e-um-monstro-complexo. Acesso em: 29 maio 2023.

Para refletir

1. **SABER SER** Kabengele Munanga afirma que o mito da democracia racial foi superado. Você concorda com essa afirmação?

2. **SABER SER** Segundo o texto, quais são os caminhos para a superação do racismo? Converse com os colegas sobre a importância da reflexão desse tema.

CAPÍTULO 2
DISTRIBUIÇÃO E DINÂMICA POPULACIONAL

PARA COMEÇAR
Como a população brasileira está distribuída pelo território? Você acha que a população do país está crescendo ou está diminuindo? O que você sabe a respeito das tendências da dinâmica demográfica do Brasil?

POPULAÇÃO ABSOLUTA E POPULAÇÃO RELATIVA

O primeiro censo brasileiro foi realizado em 1872, quando o Brasil tinha 9,9 milhões de habitantes. De acordo com o censo de 2010, o Brasil tinha população absoluta de 190 755 799 habitantes. Em 2022, era o sétimo país mais **populoso** do mundo.

Uma grande população representa muitos desafios para o país: é preciso atender à demanda por empregos, habitação, saneamento básico, transporte público, saúde e educação. Por outro lado, uma população numerosa também significa mais mão de obra disponível e maior mercado consumidor potencial.

Sabemos que o Brasil é um país populoso, mas será que é um país bastante **povoado**? Para responder a essa pergunta, precisamos conhecer sua população relativa, ou seja, sua **densidade demográfica**, cujo cálculo é feito dividindo-se a população absoluta pela área do país:

$$\frac{\text{População absoluta do Brasil}}{\text{Área territorial do Brasil}} = \frac{190{,}7 \text{ milhões de habitantes}}{8\,515\,765 \text{ km}^2} = 22{,}4 \text{ hab./km}^2$$

Assim, no Brasil, há em média 22,4 habitantes por quilômetro quadrado, ou seja, apesar de populoso, o país é pouco povoado. Sua densidade demográfica é baixa se comparada à de outros países, como Bangladesh, um país asiático com mais de mil pessoas por quilômetro quadrado e, portanto, densamente povoado.

▼ Apesar de o Brasil apresentar áreas com elevada densidade demográfica, partes extensas do território são pouco povoadas, como o município de Araguainha (MT). Foto de 2022.

DISTRIBUIÇÃO DA POPULAÇÃO PELO TERRITÓRIO BRASILEIRO

O território brasileiro é o quinto maior do mundo em extensão. Há áreas mais povoadas do que outras, uma vez que a população **não está distribuída igualmente** pelo território do país.

Das cinco regiões brasileiras, as mais populosas são a Sudeste e a Nordeste. Juntas, elas abrigam cerca de 70% do total da população.

São Paulo, Minas Gerais e Rio de Janeiro são os estados mais populosos do Brasil. Distrito Federal, Rio de Janeiro e São Paulo são as unidades da federação mais povoadas.

O mapa a seguir apresenta a densidade demográfica do território nacional. Podemos perceber que a concentração populacional ocorre nas **áreas litorâneas** e se estende do Nordeste até o Sul, passando pela Região Sudeste.

■ Brasil: Densidade demográfica (2010)

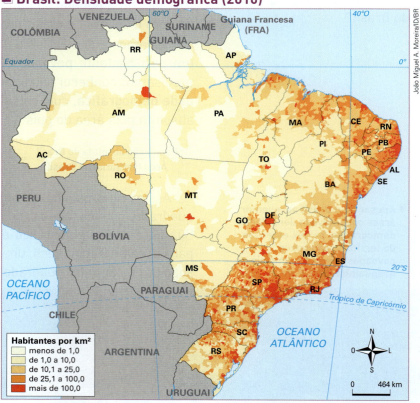

A ocupação do território brasileiro pelos colonizadores europeus começou pelo litoral. Até hoje, as áreas com menor concentração demográfica estão no interior do país, em geral nas regiões Norte e Centro-Oeste.

O avanço das atividades agropecuárias no Norte e, principalmente, no Centro-Oeste tem atraído muitos migrantes para essas regiões. No período de 1980 a 2010, a população das regiões Centro-Oeste e Norte mais que dobrou.

CIDADANIA GLOBAL

DESIGUALDADES NO ACESSO À SAÚDE

Em 2020, havia no Brasil cerca de 2,3 médicos para cada mil habitantes. Essa média, porém, não correspondia à realidade de cada região do país. A Região Sudeste, com o maior número de profissionais, apresentou naquele ano a maior proporção de médicos por mil habitantes do país (3,15), seguida do Centro-Oeste (2,74) e do Sul (2,68). Já as regiões Nordeste e Norte tinham médias inferiores à nacional, com indicadores de 1,69 e 1,30, respectivamente.

A desigual distribuição de equipamentos e de profissionais da saúde afeta a disponibilidade e a qualidade do atendimento de saúde no país.

1. Com os colegas, busquem informações sobre a disponibilidade de tratamentos de saúde especializados no estado em que vocês vivem. Busquem por reportagens e artigos que registrem a necessidade de deslocamento de pacientes em busca de tratamento médico-hospitalar.

2. Sugiram formas de ampliar a disponibilidade dos serviços de saúde no país, de modo a torná-los mais acessíveis a todos.

Fonte de pesquisa: *Atlas geográfico escolar*. 8. ed. Rio de Janeiro: IBGE, 2018. p. 112.

POPULAÇÃO RURAL E POPULAÇÃO URBANA

De modo geral, os municípios brasileiros apresentam tanto a **zona rural** (o campo) como a **zona urbana** (a cidade). No entanto, há municípios com população 100% urbana, como Canoas (RS), Valparaíso de Goiás (GO) e São Caetano do Sul (SP). Grande parte das pessoas que vive no campo trabalha em atividades relacionadas à agricultura e à pecuária. Os moradores da cidade geralmente trabalham na indústria ou no setor de comércio e serviços, mas também há muitos que trabalham nas áreas rurais.

Até a década de 1960, a maioria da população brasileira vivia na zona rural, e o Brasil não era um país muito industrializado. Esse cenário se alterou a partir dessa década, quando a **industrialização** e as transformações econômicas relacionadas a esse processo, como o crescimento do setor terciário e a modernização do campo, impulsionaram grande quantidade de pessoas a migrar, especialmente para as cidades do Sudeste.

No começo dos anos 1970, a população urbana já era maior do que a população rural. O censo de 2010 mostrou que 84,4% dos brasileiros viviam em zonas urbanas. Essas zonas costumam apresentar alta densidade demográfica.

▲ A mecanização do campo, com o implemento de máquinas, tratores, colheitadeiras e outros equipamentos, foi responsável pela redução de muitos postos de trabalho no campo. Colheitadeira descarrega grãos de milho em caminhão após colheita mecanizada, em Sertanópolis (PR). Foto de 2022.

CRESCIMENTO DA POPULAÇÃO

A população aumenta quando há mais nascimentos do que mortes. A diferença entre o número de nascimentos, medido pela taxa de natalidade, e o número de mortes, obtido pela taxa de mortalidade, corresponde ao **crescimento vegetativo** (ou crescimento natural) da população.

natalidade − mortalidade = crescimento vegetativo

A **taxa de natalidade** indica quantas crianças nasceram, a cada mil habitantes, no período de um ano. Por exemplo, em 2021, a taxa de natalidade no Brasil foi um pouco acima de 13‰ (13 por mil), o que significa que nasceram 13 crianças em cada grupo de mil habitantes naquele ano.

A **taxa de mortalidade** mostra o número de mortes em um ano em cada grupo de mil pessoas. Em 2021, a taxa de mortalidade brasileira foi de 6‰.

No século XX, a população do Brasil aumentou de maneira significativa. Até a década de 1930, isso ocorreu por causa da chegada de milhares de imigrantes ao país. Depois desse período, esse crescimento se manteve em ritmo acelerado, impulsionado principalmente pelo crescimento vegetativo. Observe o gráfico ao lado.

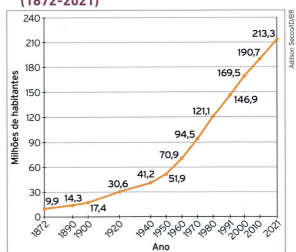

■ **Brasil: Crescimento da população (1872-2021)**

Fontes de pesquisa: IBGE. Sinopse do *Censo demográfico 2010*. Disponível em: https://censo2010.ibge.gov.br/sinopse/index.php?dados=4&uf=00; IBGE. População. Disponível em: https://www.ibge.gov.br/apps/populacao/projecao/. Acessos em: 29 maio 2023.

CRESCIMENTO VEGETATIVO

Obras de **saneamento básico**, campanhas de **vacinação** e **avanços na medicina** fizeram que a taxa de mortalidade caísse bastante no Brasil entre as décadas de 1940 e 1970. Como a taxa de natalidade continuou elevada nesse período, o crescimento vegetativo aumentou, chegando a aproximadamente 29‰ em 1960.

A partir de 1960, no entanto, a taxa de natalidade começou a declinar, e o resultado foi uma redução do crescimento vegetativo. Em 1990, o crescimento vegetativo caiu para aproximadamente 16‰ e, em 2021, para 7,2‰. Veja o gráfico a seguir.

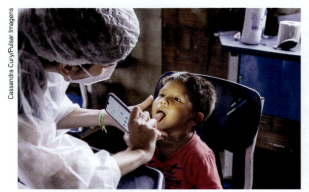

▲ A taxa de mortalidade infantil indica o número de crianças que morrem antes de completar 1 ano de idade, a cada mil nascidas vivas. Essa taxa está em queda no Brasil desde os anos 2000; em 2021, essa taxa era de 11,2‰. Isso se deve, por exemplo, ao aumento das políticas de saúde básica. Criança indígena da etnia Kanoê recebe atendimento médico em Guajará-Mirim (RO). Foto de 2020.

■ **Brasil: Crescimento vegetativo (1950-2021)**

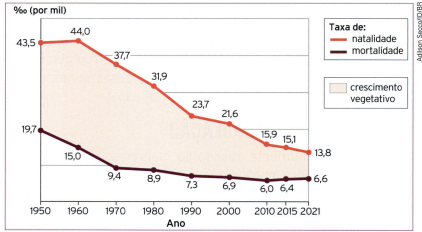

Fontes de pesquisa: IBGE. Séries históricas e estatísticas. Disponível em: https://seriesestatisticas.ibge.gov.br/default.aspx; IBGE. Brasil em síntese. Disponível em: https://brasilemsintese.ibge.gov.br/; IBGE. População. Disponível em: https://www.ibge.gov.br/apps/populacao/projecao/. Acessos em: 29 maio 2023.

FECUNDIDADE EM QUEDA

Em 1960, cada mulher brasileira tinha, em média, 6,3 filhos. Em 2021 esse número foi reduzido para menos de dois filhos. Isso significa que ocorreu queda da **taxa de fecundidade** (número de filhos por mulher em idade reprodutiva – dos 15 aos 49 anos). A redução da taxa de fecundidade implica a diminuição da taxa de natalidade.

O processo de **urbanização** contribuiu para esse fenômeno. O maior acesso à educação, por exemplo, facilita a obtenção de informações sobre **métodos anticoncepcionais**, que podem evitar a gravidez indesejada.

O alto custo de vida, principalmente nas grandes cidades, influencia a decisão de ter mais de um filho ou mesmo de não ter nenhum. Além disso, o aumento do número de **mulheres no mercado de trabalho** tem grande influência na decisão de ter menos filhos.

CIDADANIA GLOBAL

GRAVIDEZ NA ADOLESCÊNCIA

Os casos de gravidez na adolescência, apesar de estarem em queda nos últimos anos, ainda são uma realidade bastante preocupante no Brasil. Segundo dados do IBGE, em 2020 nasceram mais de 350 mil crianças de mães adolescentes (idade de 15 a 19 anos). Quase 16 mil crianças nasceram de mães com menos de 15 anos de idade.

1. Quais são as consequências de uma gravidez na adolescência? Converse com os colegas.

2. O diálogo e a informação são instrumentos poderosos para evitar a gravidez indesejada e/ou infecções sexualmente transmissíveis (ISTs). Você já conversou sobre sexualidade na escola ou em casa, com sua família? Se sim, como foi a conversa?

EXPECTATIVA DE VIDA

A expectativa de vida, um dos **indicadores de qualidade de vida**, é bastante alta em nações economicamente desenvolvidas. Esses países apresentam, proporcionalmente, uma população idosa maior que a brasileira.

Há três décadas, era comum ouvir que o Brasil era um país de jovens. Atualmente, a situação é outra: mais da metade dos brasileiros é composta de jovens e de adultos, e cerca de 14% da população é formada por pessoas idosas (pessoas com 60 anos de idade ou mais).

Segundo o IBGE, em 1940, a média de vida do brasileiro era de 45,5 anos, isto é, a esperança ou a expectativa de vida de uma pessoa era de 45,5 anos. Essa expectativa saltou para 69,8 anos em 2000, atingiu 76,9 anos em 2021 e estima-se que chegue aos 78,6 anos em 2030. O aumento da expectativa de vida é reflexo da **redução da taxa de mortalidade**, em queda desde 1940.

Contudo, estudos apontam que a pandemia de covid-19 impactou a expectativa de vida no Brasil. Segundo um artigo publicado pela revista científica *Nature* em junho de 2021, a expectativa de vida dos brasileiros caiu 1,3 ano em 2020 (essa redução foi de 1 ano entre as mulheres e de 1,6 ano para os homens).

O fenômeno do "envelhecimento" é, portanto, recente na população brasileira. Por isso, o Estado e as pessoas têm de se adequar a essa tendência. Como as pessoas idosas requerem mais cuidados, é preciso melhorar e **reformular o sistema de saúde** – nos próximos anos, serão necessários mais médicos e especialistas em problemas característicos do envelhecimento.

Além disso, há a questão das **aposentadorias**. Muitas pessoas idosas sobrevivem com os benefícios pagos pela Previdência Social. Como milhões de brasileiros devem se aposentar nas próximas décadas, o governo precisará administrar e garantir recursos para os futuros aposentados. Tais recursos provêm da contribuição previdenciária paga pelos trabalhadores e pelas empresas.

Apesar de estar vivendo mais, as pessoas idosas ainda enfrentam muitas dificuldades no Brasil. Por exemplo, o valor das aposentadorias é, em geral, baixo, e o atendimento à saúde, muito precário.

BRASIL: DISTRIBUIÇÃO PERCENTUAL DA POPULAÇÃO POR FAIXA ETÁRIA (1940 E 2021)		
Faixa etária	1940	2021
0 a 14 anos	42,9	20,6
15 a 59 anos	53,0	64,7
60 anos ou mais	4,1	14,7

Fontes de pesquisa: IBGE. Censo Demográfico: População e Habitação. Rio de Janeiro: IBGE, 1950. Disponível em: https://biblioteca.ibge.gov.br/visualizacao/monografias/GEBIS%20-%20RJ/CD1940/Censo%20Demografico%201940%20VII_Brasil.pdf; População. Disponível em: https://www.ibge.gov.br/apps/populacao/projecao/index.html. Acessos em: 29 maio 2023.

MULHERES VIVEM MAIS

A expectativa de vida entre as mulheres brasileiras é maior que a dos homens. Em 2021, elas viviam em média 7 anos a mais: 80,5 contra 73,5.

Há vários motivos para que a taxa de mortalidade masculina seja maior. As mortes por causas externas (homicídios, acidentes de trânsito, etc.) são mais frequentes entre os homens. Além disso, as estatísticas de mortalidade apresentadas pela Organização Mundial da Saúde (OMS) mostram que a vulnerabilidade às doenças ao longo da vida também é maior entre as pessoas do sexo masculino.

O aumento da população idosa demanda políticas públicas voltadas a essas pessoas, principalmente na área da saúde pública. No início da campanha de vacinação contra a covid-19, priorizou-se o público de pessoas idosas, como na foto, que mostra idosa sendo vacinada contra a covid-19 na campanha para pessoas acima de 96 anos de idade, no Rio de Janeiro (RJ). Foto de 2021.

DISTRIBUIÇÃO ETÁRIA

A **estrutura etária** de um país, um estado, uma cidade ou uma região mostra como a população está distribuída por faixas de idade e de sexo. Essa estrutura é representada pela **pirâmide etária**, um tipo de gráfico em que é possível comparar essas duas características demográficas de determinada área com dados dela mesma, em diferentes períodos, ou com dados de outras áreas.

A base da pirâmide representa a população mais jovem (crianças e jovens), e o topo da pirâmide indica a população mais velha (idosos). Quanto mais pessoas são representadas no alto da pirâmide, mais idosa é a população. Essa configuração revela elevada expectativa de vida. Pirâmides assim são típicas dos Estados Unidos, do Japão e dos países desenvolvidos da Europa, entre outros.

A pirâmide brasileira vem estreitando sua base e alargando os patamares que representam a população adulta. Nessas faixas, concentram-se tanto a população inserida no mercado de trabalho quanto aquela que está temporariamente desempregada.

Por um lado, é bom que o país tenha grande população com idade para trabalhar, pois assim poderá dispor de um grande contingente de mão de obra; por outro, é necessário criar empregos para todos e garantir o crescimento da economia e o desenvolvimento social.

Acompanhe, a seguir, a evolução da estrutura etária brasileira em um período de vinte anos.

◼ Brasil: Distribuição da população por sexo e faixa etária (1990 e 2010)

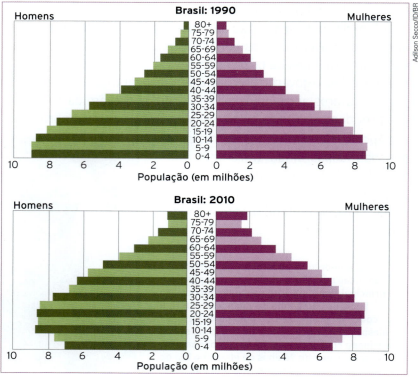

Fonte de pesquisa: IBGE. Censo Demográfico 2010. Disponível em: https://sidra.ibge.gov.br/pesquisa/censo-demografico/demografico-2010/inicial. Acesso em: 29 maio 2023.

CONTROLANDO O CRESCIMENTO VEGETATIVO

Quando o crescimento vegetativo de um país é muito baixo ou é negativo, o governo pode estimular o aumento da natalidade, oferecendo incentivos, como a diminuição de impostos para os casais com filhos e a ampliação do período de licença-maternidade.

Uma consequência do baixo crescimento vegetativo é a escassez de mão de obra, sobretudo em países com grande número de aposentados. Nesse caso, o Estado pode, por exemplo, estimular a imigração para ocupar as vagas de emprego.

Em países populosos, como a China e a Índia, foram adotadas políticas para diminuir a taxa de natalidade. Na China, durante décadas, vigorou uma política que proibia os casais de terem mais de um filho. Em 2015, o governo reviu e alterou essa medida, passando a permitir dois filhos por casal; a partir de 2021, permitiu o terceiro filho.

ATIVIDADES

Acompanhamento da aprendizagem

Retomar e compreender

1. Por que podemos afirmar que o Brasil é um país populoso, porém pouco povoado?
2. Analise o gráfico a seguir e depois responda às questões.

Brasil: Evolução das populações urbana e rural (1940-2010)

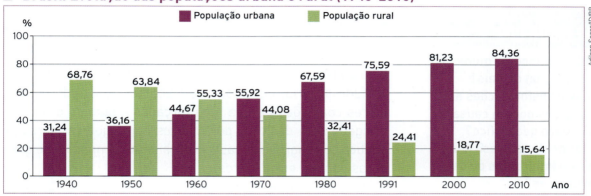

Fonte de pesquisa: IBGE. Séries históricas e estatísticas. Disponível em: https://seriesestatisticas.ibge.gov.br/series.aspx?vcodigo=POP122&sv=33&t=taxa-de-urbanizacao. Acesso em: 29 maio 2023.

   a) Quando a população urbana ultrapassou a população rural?
   b) Explique como se deu o processo de crescimento da população urbana.
3. Explique o que é taxa de natalidade e o que é taxa de mortalidade.
4. Como é calculado o crescimento vegetativo?
5. Observe novamente o gráfico *Brasil: Crescimento vegetativo (1950-2021)*, na página 58. Em seguida, responda às questões.
   a) Qual foi o crescimento vegetativo do país em 1980 e em 2021?
   b) Que tendência demográfica é possível observar e como ela pode ser explicada?

Aplicar

6. O gráfico a seguir representa a projeção da população brasileira para 2050. Compare-o com o gráfico *Brasil: Distribuição da população por sexo e faixa etária (1990 e 2010)*, da página anterior, e interprete-o.

Brasil: Projeção da população por sexo e faixa etária (2050)

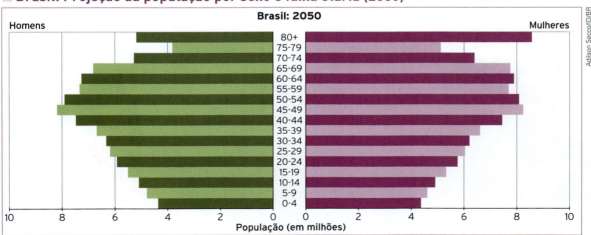

Fonte de pesquisa: IBGE. Projeções da população. Disponível em: https://www.ibge.gov.br/estatisticas/sociais/populacao/9109-projecao-da-populacao.html?=&t=downloads. Acesso em: 29 maio 2023.

61

CAPÍTULO 3
POPULAÇÃO EM MOVIMENTO

PARA COMEÇAR

Você já mudou de município, de estado ou de país? Quais transformações as migrações podem causar no espaço geográfico? Atualmente, o Brasil é um país de imigrantes ou de emigrantes?

MIGRAÇÕES

As migrações sempre ocorreram na história da humanidade. Elas podem ser **voluntárias** – quando o migrante se desloca por vontade própria, em busca de trabalho, de estudo ou de melhores condições de vida – ou **forçadas** – quando o migrante é obrigado a se deslocar por motivos como guerra, perseguição política ou religiosa, desastres ambientais, impactos de grandes obras e fome, entre outros.

Quando as migrações ocorrem dentro do país, são internas; quando ocorrem entre países, são externas ou internacionais.

Emigrante é quem sai de um país para morar em outro. Trata-se de uma migração de saída (emigração). Quem, ao contrário, entra em um país para morar é **imigrante**, ou seja, é uma migração de entrada (imigração). Desse modo, os brasileiros que deixam o Brasil para morar, por exemplo, nos Estados Unidos, são emigrantes em relação ao Brasil e imigrantes em relação aos Estados Unidos.

Sabemos que um dos fatores que determina o crescimento demográfico é o crescimento vegetativo. Outro fator é o **saldo migratório**: se for positivo, significa que houve mais entrada do que saída de migrantes; e, caso a emigração seja maior do que a imigração, o saldo migratório será negativo.

Os saldos migratórios positivos fizeram a população brasileira crescer significativamente entre a segunda metade do século XIX e o início do século XX.

▼ Foto do navio Kashima, da Marinha do Japão, atracando no porto de Santos (SP) para as comemorações do centenário da imigração japonesa no Brasil. Os primeiros imigrantes japoneses chegaram ao Brasil em 1908, a bordo do navio Kasato-Maru. Foto de 2008.

IMIGRANTES NO BRASIL

A primeira grande leva de imigrantes chegou ao Brasil ainda na primeira metade do século XIX, com **incentivo do governo**. Vieram principalmente povos europeus, como portugueses, alemães, italianos e poloneses. Eles recebiam pequenas propriedades, em cujas terras trabalhavam com suas famílias. Iniciava-se assim a colonização de povoamento do Sul do país.

Entre 1880 e 1930, ocorreu um fluxo imigratório ainda maior: cerca de 4 milhões de estrangeiros buscaram emprego nas **lavouras de café** que se desenvolviam na Região Sudeste, em especial no estado de São Paulo. Novamente, eram sobretudo europeus: portugueses, espanhóis e, em sua maior parte, italianos, embora também tenham vindo imigrantes da Ásia, como os árabes e os japoneses.

colonização de povoamento: processo de apropriação de terras com o objetivo principal de estabelecer uma população em determinado lugar e desenvolver ali atividades produtivas, garantindo assim o controle local.

◀ Desembarque de imigrantes no Porto de Santos. Foto de 1907.

RESTRIÇÃO À ENTRADA DE IMIGRANTES

A maioria dos imigrantes foi contratada para substituir os escravizados recém-libertos no trabalho das fazendas. A mão de obra de imigrantes foi importante para ampliar o **mercado consumidor** em São Paulo e no Rio de Janeiro, o que favoreceu a **industrialização** dessas cidades. São Paulo, na época o maior produtor de café, foi o estado que mais recebeu imigrantes.

Após a crise econômica mundial de 1929 e a consequente **crise do café**, o governo brasileiro criou leis que dificultaram a entrada de imigrantes. Temia-se que o **desemprego** provocasse agitações políticas, o que não interessava à elite política e econômica do país. Desse modo, o fluxo de imigrantes foi bastante reduzido. Depois da década de 1930, a necessidade de mão de obra passou a ser suprida principalmente pelas migrações internas.

PARA EXPLORAR

Imigrantes e mascates, de Bernardo Kucinski. São Paulo: Companhia das Letrinhas.

O livro é baseado nas memórias do autor, filho de imigrantes poloneses que vieram para o Brasil durante a Segunda Guerra Mundial. A história retrata sua infância em São Paulo e as dificuldades enfrentadas por sua família.

REFUGIADOS NO BRASIL

> **XENOFOBIA**
>
> **Xenofobia** é toda forma de discriminação contra estrangeiros. Atualmente, tem sido comum, em alguns países, responsabilizar os imigrantes pelo aumento do desemprego e da criminalidade nas nações que os acolhem. Tratar o estrangeiro como um indesejável é preconceito.
>
> A xenofobia vem crescendo nos Estados Unidos e em muitas nações europeias que recebem milhares de imigrantes de vários lugares do mundo.

Nos últimos anos e em todo o mundo, aumentou consideravelmente o número de **refugiados**. Indivíduos nessa condição são os que deixam o país em que vivem por causa de situações de insegurança que **ameaçam a vida**, como perseguição política ou religiosa, guerra e catástrofe natural. Eles não podem mais viver no país de origem nem voltar para lá.

Os fluxos de refugiados podem ser imprevisíveis, como os que foram motivados pela ocorrência de terremotos e de furacões no **Haiti**, respectivamente, em 2010 e em 2012. Segundo o relatório *Refúgio em Números*, do Ministério da Justiça e Segurança Pública, em parceria com o Comitê Nacional para os Refugiados (Conare) e com o Observatório das Migrações Internacionais (OBMigra), mais de 150 mil haitianos solicitaram refúgio no Brasil entre os anos de 2011 e 2020.

No caso do Brasil, a legislação não menciona catástrofes ambientais na definição de refugiados. Para legalizar a entrada dos chamados refugiados ambientais no país, o governo brasileiro concedeu aos haitianos vistos de caráter humanitário.

A partir de 2015, o Brasil começou a receber também milhares de venezuelanos em busca de refúgio devido à escassez de abastecimento provocada pela **crise política e econômica** na Venezuela. Segundo o relatório *Refúgios em Números*, o país sul-americano sozinho respondia por quase três vezes o total de refugiados reconhecidos no Brasil, em 2020, conforme indicado na tabela a seguir.

A principal entrada dos venezuelanos no Brasil é por Roraima, estado que não tem condições de suportar a demanda dessas pessoas por saúde, emprego e moradia. O governo brasileiro tem procurado, então, conduzir parte desses refugiados para outros estados, como São Paulo, Paraná e Espírito Santo.

BRASIL: SOLICITAÇÕES DE RECONHECIMENTO DA CONDIÇÃO DE REFUGIADOS POR PAÍS DE ORIGEM (2020)

País de origem	Número de solicitações	País de origem	Número de solicitações
Venezuela	46 192	República Democrática do Congo	113
Haiti	8 933	Nigéria	99
Senegal	3 437	Líbano	74
Cuba	2 938	Guiné Bissau	72
Síria	515	China	57
Angola	281	Togo	57
República Dominicana	196	Paquistão	52
Bangladesh	166	Outros países	608

Fonte de pesquisa: Gustavo Junger da Silva e outros. *Refúgios em números*. 6. ed. Brasília, DF: Observatório das Migrações Internacionais, 2021. Disponível em: https://www.acnur.org/portugues/wp-content/uploads/2021/06/Refugio_em_Numeros_6a_edicao.pdf. Acesso em: 29 maio 2023.

EMIGRAÇÃO

Na década de 1970, iniciou-se no país um movimento de saída de brasileiros. Nessa época, o preço da terra no Brasil era alto, e muitos agricultores brasileiros começaram a comprar terras mais baratas em países vizinhos. O **Paraguai** foi o principal destino desse tipo de migração, conhecida como **migração de fronteira**: mais de 300 mil brasileiros foram morar e plantar soja nesse país e passaram a ser chamados **brasiguaios**.

A partir da década de 1980, o Brasil enfrentou sucessivas **crises econômicas**. Com o baixo crescimento econômico e o desemprego, muitos brasileiros começaram a emigrar em busca de melhores salários e oportunidades de trabalho. Na década seguinte, mais de 1 milhão de brasileiros viviam fora do país, a maior parte nos **Estados Unidos**, no **Japão** e na **Europa**.

Essa onda emigratória sinalizava uma mudança no fluxo de migração, já que, quase um século antes, o Brasil havia recebido 5 milhões de imigrantes, principalmente da Europa e do Japão. Assim, com milhares de brasileiros saindo do país, o Brasil deixava de ser um país de imigrantes para se tornar um país de emigrantes.

"FUGA DE CÉREBROS"

Um dos fenômenos migratórios que recentemente têm se destacado é a chamada **"fuga de cérebros"**. Trata-se da saída de profissionais altamente qualificados, como cientistas e pesquisadores, para outros países, especialmente para países desenvolvidos.

O Brasil passou por um período de crescimento de formação de doutores (aqueles que obtêm um alto grau de especialização acadêmica), mas não houve um aumento de vagas de empregos que pudesse absorver essa mão de obra. O resultado é que muitos desses profissionais vão buscar em outros países oportunidades de trabalhar em suas áreas de formação.

Essa "fuga" de mão de obra qualificada é um problema porque, sem esses profissionais, perde-se parte da capacidade de pesquisa e de desenvolvimento de soluções para problemas particulares do Brasil. A pandemia de covid-19, por exemplo, mostrou a importância de ter profissionais altamente qualificados, seja na criação e na produção de vacinas, seja na oferta de serviços médicos ou mesmo no planejamento de ações que possibilitariam diminuir o número de infectados.

O Brasil enfrenta uma intensa **diáspora de cientistas**. O que tem levado os pesquisadores brasileiros a buscar outros países para desenvolver seus projetos?

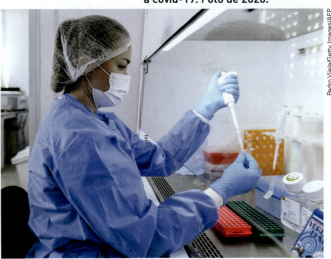

▼ O investimento por parte do Estado brasileiro em educação, ciência, tecnologia e inovação são fundamentais para garantir o desenvolvimento social e econômico do país. Pesquisadora em laboratório da Universidade Federal de Minas Gerais (UFMG) trabalhando para o desenvolvimento de vacina contra a covid-19. Foto de 2020.

Pedro Vilela/Getty Images/AFP

MIGRAÇÕES INTERNAS

Com a crise do café, no início do século XX, a economia brasileira firmou-se no rumo da **industrialização**, iniciada no **Sudeste**. Ali havia disponibilidade de capital para realizar investimentos nas indústrias e grande oferta de mão de obra e de mercado consumidor.

MIGRAÇÃO DA REGIÃO NORDESTE

Durante o século XX, grande parte das migrações internas teve origem no Nordeste. A região sofria com a estagnação econômica: havia **poucas indústrias**, os salários eram baixos e o problema das **secas** no Sertão semiárido persistia.

O deslocamento de pessoas do Nordeste para o Sudeste foi o mais significativo fluxo de migração interna no Brasil. Ele tem diminuído nos últimos anos, dando lugar a importantes fluxos para o Norte, para o Centro-Oeste e para dentro da própria Região Nordeste.

Na década de 1970, já havia ocorrido um grande fluxo migratório dos estados do Nordeste para o Norte, principalmente devido aos programas criados pelo governo militar para incentivar a **ocupação da Amazônia**.

MIGRAÇÃO DA REGIÃO SUL

Outro fluxo migratório significativo é o de gaúchos e paranaenses, sobretudo a partir da década de 1960, em direção às áreas de florestas desmatadas nas regiões **Centro-Oeste** e **Norte** para agricultura e criação de gado.

Os gaúchos e os paranaenses já produziam soja na Região Sul, de clima subtropical. Depois, conseguiram adaptar esse grão ao clima mais quente do Centro-Oeste e do Norte e passaram a buscar novas terras para o plantio. Esse fluxo migratório favoreceu a expansão do cultivo de soja no país e, consequentemente, o desmatamento.

Nos últimos anos, as migrações inter-regionais estão diminuindo em relação às décadas anteriores. A maioria dos migrantes **desloca-se dentro do próprio estado**, motivada por novos polos industriais instalados no território brasileiro.

Brasil: Principais fluxos migratórios (1950-1970)

Fonte de pesquisa: Maria Elena Simielli. *Geoatlas*. 34. ed. São Paulo: Ática, 2013. p. 135.

Brasil: Principais fluxos migratórios (década de 2000)

▲ Em todo o país, observa-se um movimento de retorno da população aos locais de onde migraram, com destaque para a Região Nordeste, que apresentou o maior número de migrantes que retornaram a seus estados de origem.

Fonte de pesquisa: Maria Elena Simielli. *Geoatlas*. 34. ed. São Paulo: Ática, 2013. p. 135.

ATIVIDADES

Retomar e compreender

1. Defina emigração e imigração e dê exemplos.
2. Nos anos 1970, para qual região do Brasil houve grande fluxo migratório originário do Nordeste? Explique.

Aplicar

3. Observe o gráfico abaixo e, utilizando os conhecimentos aprendidos neste capítulo, responda às questões.

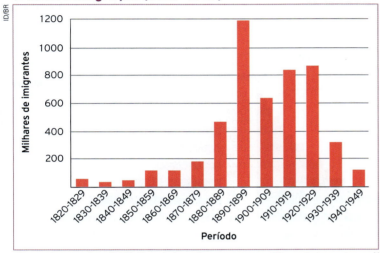

Brasil: Imigração (1820-1949)

Fonte de pesquisa: IBGE. Estatísticas do povoamento. Disponível em: https://brasil500anos.ibge.gov.br/estatisticas-do-povoamento/imigracao-total-periodos-anuais. Acesso em: 29 maio 2023.

a) Em quais períodos houve o maior fluxo imigratório para o país?
b) Qual região brasileira recebeu mais imigrantes nessa época? O que os atraía?
c) Por que a imigração, de modo geral, diminuiu no Brasil a partir de 1930?

4. Leia o texto a seguir. Depois, responda às questões.

"O êxodo na minha área, a física, está sendo muito maior agora do que anos atrás. Conheço ao menos cinco pesquisadores muito bons que saíram do país nos últimos dois ou três anos", relata [Luiz] Davidovich [presidente da Academia Brasileira de Ciência] [...].

Especialistas da área pontuam que é difícil mensurar o tamanho atual desse fenômeno [...]. Apesar disso, afirmam que têm notado um aumento de jovens pesquisadores que partiram do país ou planejam fazer isso em breve.

"[...] São jovens pesquisadores, pessoas que trazem novas ideias. Esse pessoal vai realizar fora do país o investimento que o Brasil fez [...] para educá-los. [...]", declara [Davidovich]. [...]

O alerta de Davidovich é que, sem investimento na ciência, tecnologia e inovação, o Brasil não terá capacidade para enfrentar futuras crises sanitárias e continuará dependendo intensamente de recursos externos. [...]

"[...] Temos novas cepas do coronavírus. Não podemos ficar dependentes de vacinas de estrangeiros para atacar essas cepas. Quando você produz vacinas, tem tecnologia e conhecimento para fazê-lo, você pode adaptar a vacina facilmente para enfrentar novas cepas." [...]

Vinícius Lemos. "Governo não aprendeu nada com a pandemia": pesquisador alerta sobre efeitos da penúria na ciência brasileira. *BBC News Brasil*, 13 jun. 2021. Disponível em: https://www.bbc.com/portuguese/brasil-57419393. Acesso em: 29 maio 2023.

a) Com base no que você estudou neste capítulo, a que "fenômeno" o texto se refere?
b) De que modo o fenômeno retratado no texto afeta a vida das pessoas no Brasil?

REPRESENTAÇÕES

Pirâmide etária

A pirâmide etária, bastante comum em Geografia, é um **histograma**, ou seja, um tipo de gráfico usado para representar a **frequência** de um **dado quantitativo** em **classes** preestabelecidas.

Observe, por exemplo, o lado direito da pirâmide etária a seguir, que se refere à população de mulheres. Esse lado da pirâmide representa como a população total de mulheres (dado quantitativo) está distribuída nas faixas etárias (classes). Cada barra determina a quantidade de mulheres em cada faixa etária (frequência). Trata-se, portanto, de um histograma.

■ Brasil: Pirâmide etária (1980)

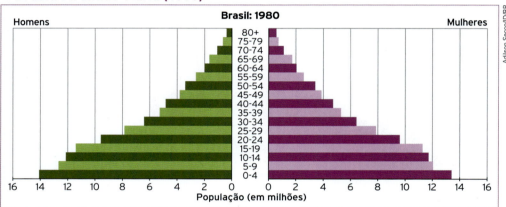

Fonte de pesquisa: *Anuário Estatístico do Brasil 2007*. Rio de Janeiro, IBGE, v. 67, 2007. Disponível em: https://biblioteca.ibge.gov.br/visualizacao/periodicos/20/aeb_2007.pdf. Acesso em: 29 maio 2023.

Você já estudou que as pirâmides etárias permitem visualizar informações relativas à **população** de um país, estado, cidade ou região. Elas permitem verificar, entre outros aspectos, os índices de **natalidade** e de **expectativa de vida** dessa população. Por exemplo, uma pirâmide de base larga e topo estreito indica que o local representado no histograma apresenta elevados índices de natalidade, com grande população de crianças e jovens, e baixa expectativa de vida, com poucos idosos. Agora, você vai aprender a construir uma pirâmide etária.

Organizando os dados quantitativos

Para construir a pirâmide, é preciso obter os dados da população de homens e de mulheres da localidade a ser representada, separados em classes, que, neste caso, são faixas etárias. Nesse exemplo, usaremos os dados de projeção da população brasileira para o ano de 2050, conforme a tabela.

Fonte de pesquisa: PopulationPyramid.net. Pirâmides populacionais do mundo de 1950 a 2100. Disponível em: https://www.populationpyramid.net/brazil/2050/. Acesso em: 29 maio 2023.

BRASIL: PROJEÇÃO DA POPULAÇÃO POR SEXO E FAIXA ETÁRIA (2050)		
	Homens	Mulheres
0-9 anos	11 090 088	10 569 023
10-19 anos	12 054 591	11 506 587
20-29 anos	13 342 771	12 850 135
30-39 anos	14 392 006	14 057 814
40-49 anos	14 964 633	14 970 712
50-59 anos	15 659 977	16 161 474
60-69 anos	14 362 171	15 707 168
70-79 anos	9 919 817	11 995 736
80 anos ou mais	6 019 548	9 356 149

Construindo a pirâmide etária

1 Inicie a construção do gráfico traçando uma linha horizontal, que representará a quantidade de pessoas (frequência). Divida essa linha horizontal ao meio, traçando uma linha vertical, na qual serão dispostas as diferentes faixas etárias ou classes do histograma (figura **A**).

■ **Figura A**

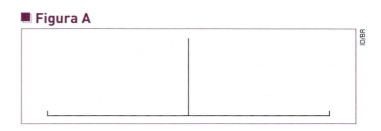

2 A metade esquerda da linha horizontal representará a população de homens; a metade direita, a de mulheres. Divida cada metade dessa linha em quatro partes iguais, cada uma representando 5 milhões de pessoas. Anote os valores correspondentes. Divida a linha vertical em nove partes iguais, cada uma representando uma faixa etária. Anote os valores (figura **B**).

■ **Figura B**

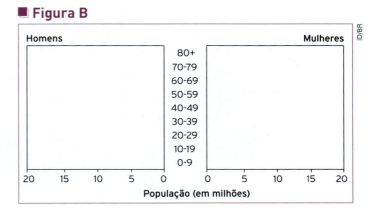

3 Consulte os dados da tabela e desenhe barras horizontais que tenham comprimentos proporcionais à quantidade de pessoas, de acordo com o sexo e a faixa etária. Por fim, escreva o título do gráfico e a fonte de pesquisa dos dados (figura **C**).

■ **Figura C: Projeção da pirâmide etária do Brasil (2050)**

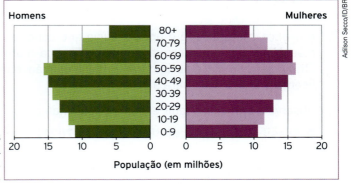

Fonte de pesquisa: PopulationPyramid.net. Pirâmides populacionais do mundo de 1950 a 2100. Disponível em: https://www.populationpyramid.net/brazil/2050/. Acesso em: 29 maio 2023.

Pratique

1. Observe a pirâmide etária da página anterior. Qual faixa etária apresentou maior população em 1980?

2. Observe a pirâmide etária de projeção da população brasileira para 2050 desta página. Entre os homens, qual faixa etária reúne mais pessoas? E entre as mulheres?

3. Com a orientação do professor, construa uma pirâmide etária do estado onde você vive. Em seguida, responda se em seu estado há mais idosos ou mais idosas (homens ou mulheres com 60 anos de idade ou mais) e formule hipóteses que expliquem isso.

ATIVIDADES INTEGRADAS

Analisar e verificar

1. O Brasil apresenta uma população bastante diversificada étnica e culturalmente. Dê exemplos dessa característica da população e cite um aspecto positivo dessa diversidade.

2. Analise o cartum a seguir. Com base no que você estudou nesta unidade sobre os povos indígenas brasileiros, explique a crítica presente no cartum.

▲ Cartum de Jean Galvão.

3. A licença-maternidade é um benefício que concede licença remunerada à mulher que se tornou mãe. No Brasil, a lei permite ampliar a licença-maternidade de 120 para 180 dias. A adesão a este último período não é obrigatória. Em sua opinião, qual é a importância da ampliação do período de licença-maternidade para a saúde pública?

4. Observe o gráfico a seguir e, depois, responda à questão.

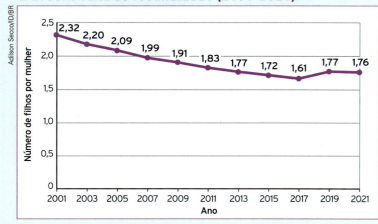

Brasil: Taxa de fecundidade (2001-2021)

- Qual relação é possível estabelecer entre os dados apresentados no gráfico e a tendência de queda do crescimento vegetativo no Brasil?

Fontes de pesquisa: IBGE. Brasil em síntese. Disponível em: https://brasilemsintese.ibge.gov.br/populacao/taxas-de-fecundidade-total.html; IBGE. População. Disponível em: https://www.ibge.gov.br/apps/populacao/projecao/. Acessos em: 29 maio 2023.

Acompanhamento da aprendizagem

5. Leia o trecho de um *podcast* a seguir.

> […]
>
> A diferença da intolerância religiosa para o racismo religioso se dá, segundo [Sidnei] Nogueira, quando entra em cena o componente racial. "A intolerância se dá quando, em rede nacional, um bispo chuta a imagem de Nossa Senhora Aparecida. Isso é intolerância religiosa porque não está em cena o componente racial. O bispo é da categoria maior cristã, e a santa também é da categoria maior cristã e as categorias cristãs no Brasil não são vistas como negras".
>
> É a leitura racializada que coloca o que chamamos de intolerância religiosa na categoria de racismo religioso, de acordo com o pesquisador, e essa violência se dá sempre contra as religiões de matriz africana. […]
>
> […]
>
> A diferença entre racismo religioso e intolerância religiosa. *Podcast* Papo Preto. *Ecoa Uol*, 25 jan. 2023. Disponível em: https://www.uol.com.br/ecoa/videos/2023/01/25/papo-preto-111-a-diferenca-entre-racismo-religioso-e-intolerancia-religiosa.htm. Acesso em: 29 maio 2023.

A diversidade de práticas religiosas no Brasil é fruto dos diferentes povos que vieram para o país ao longo do tempo e que trouxeram consigo sua religião ou suas crenças. No entanto, muitas dessas práticas, especialmente as que têm origem africana, ainda são alvo de preconceito e de intolerância cotidianamente. Reúnam-se em grupos. Com base no trecho lido do *podcast*, conversem sobre as questões propostas a seguir:

a) Qual é a diferença entre racismo religioso e intolerância religiosa?

b) De que maneira o racismo religioso afeta a preservação da diversidade étnica característica do povo brasileiro?

c) Como é possível combater o racismo religioso?

Criar

6. Leia o texto abaixo e responda às questões.

> **CE aprova cota de 20% para idosos nas vagas ociosas das universidades federais**
>
> A Comissão de Educação, Cultura e Esporte (CE) aprovou nesta terça-feira (13 [de março de 2018]) um projeto […] determinando que vagas ociosas em instituições federais de ensino superior sejam preenchidas preferencialmente por pessoas de 60 anos de idade ou mais […]
>
> [O projeto] determina que as instituições federais de educação superior deverão reservar aos idosos, em cada curso, o percentual de 20% das vagas não preenchidas no vestibular.
>
> O critério de seleção para esta cota será estabelecido por cada instituição. […]
>
> […] a ampliação do ensino superior é um fenômeno recente no país. Como consequência, vivemos numa sociedade em que a escolaridade dos idosos é, na média, significativamente menor que a do restante da população.
>
> […] É comum encontrarmos lá [na universidade] aposentados frequentando cursos isolados, em que nunca poderão ter acesso ao diploma. As vagas existem, não há nenhum custo extra ao poder público, e há um público interessado […].
>
> CE aprova cota de 20% para idosos nas vagas ociosas das universidades federais. *Senado Notícias*, 13 mar. 2018. Disponível em: https://www12.senado.leg.br/noticias/materias/2018/03/13/ce-aprova-cota-de-20-para-idosos-nas-vagas-ociosas-das-universidades-federais. Acesso em: 29 maio 2023.

a) De acordo com o texto, que benefício foi concedido aos idosos?

b) Com base nessa notícia e no que você aprendeu nesta unidade, qual é a importância de medidas como essa?

c) Elabore um texto com outras medidas que devem ser tomadas para garantir a qualidade de vida à população idosa no Brasil.

71

CIDADANIA GLOBAL
UNIDADE 2

Retomando o tema

Ao longo desta unidade, você obteve informações sobre os variados grupos que compõem a população brasileira e refletiu sobre os diversos problemas que afetam, especialmente, os grupos formados pelas pessoas indígenas e afrodescendentes. Conheceu, ainda, mudanças demográficas que poderão afetar a economia e a qualidade de vida no Brasil futuramente. Esses conhecimentos te ajudarão na realização da campanha de saúde proposta adiante.

1. Cite pelo menos três mudanças em curso nas características da população brasileira.
2. Como as melhorias no saneamento básico e os avanços na medicina afetaram a população brasileira ao longo do século XX?
3. Explique como o aumento da expectativa de vida observado nas últimas décadas poderá influenciar a sociedade brasileira.

Geração da mudança

- As ações de saúde pública devem beneficiar o maior número possível de pessoas, além de dar atenção aos setores da população mais vulneráveis a doenças e pioras nas condições de vida. Em grupo, escolham um tema e busquem informações relevantes para organizar a campanha de saúde. O tema pode estar atrelado à prevenção de doenças ou à promoção da saúde e do bem-estar da população.

- Elaborem um cartaz e uma postagem em uma rede social, utilizando as informações coletadas. Listem as ações a serem tomadas pelo Ministério responsável e pelas secretarias locais de saúde, a fim de promover bons hábitos e de solucionar os problemas de saúde da população. Em seguida, preparem a divulgação do cartaz e da postagem na rede social escolhida, com foco em promover a campanha para a comunidade escolar.

Autoavaliação

Yasmin Ayumi/ID/BR

BRASIL: CAMPO E INDÚSTRIA

UNIDADE 3

PRIMEIRAS IDEIAS

1. Você sabe quais são os principais produtos agropecuários do Brasil exportados para outros países?
2. Cite transformações espaciais provocadas pela agricultura e pela pecuária.
3. O que você sabe da estrutura fundiária brasileira?
4. Onde estão concentradas as indústrias no Brasil?

Conhecimentos prévios

Nesta unidade, eu vou...

CAPÍTULO 1 — Agropecuária no Brasil

- Compreender as principais características da agricultura e da pecuária no país.
- Analisar a modernização da agricultura no Brasil e as suas consequências econômicas, sociais e ambientais.
- Reconhecer a importância da agricultura familiar na produção de alimentos que abastecem o mercado interno.
- Refletir criticamente sobre a concentração fundiária e a reforma agrária no país.
- Identificar os problemas sociais e as relações de trabalho no campo brasileiro.

CAPÍTULO 2 — Industrialização brasileira

- Verificar como se estrutura o parque industrial brasileiro e o seu processo histórico de formação.
- Entender a atuação do capital nacional, do capital estrangeiro e do Estado no processo de formação e consolidação da indústria no Brasil.
- Compreender a distribuição espacial da indústria brasileira, as características da indústria de ponta no país e o recente processo de desindustrialização.
- Conhecer as principais fontes de energia utilizadas nas atividades produtivas do país.
- Compreender que o processamento de resíduos da indústria de alimentos e combustíveis pode constituir uma importante fonte de energia.
- Analisar cartogramas e mapas que apresentam dados quantitativos utilizando o método das figuras geométricas proporcionais.

CIDADANIA GLOBAL

- Compreender a importância das parcerias em instituições de pesquisa agrícola para o desenvolvimento de projetos de agricultura familiar.

LEITURA DA IMAGEM

1. Há feiras livres no bairro onde você mora?
2. Que tipo de produto está sendo comercializado na barraca retratada na foto?
3. Imagine e descreva o entorno da feira nessa foto: Como ela se organiza? Como é a relação entre os consumidores e os vendedores?

CIDADANIA GLOBAL

17 PARCERIAS E MEIOS DE IMPLEMENTAÇÃO

Imagine que você faz parte de uma família de produtores rurais em um município próximo à capital do estado em que vive. Com o objetivo de produzir alimentos saudáveis e evitar a contaminação dos que trabalham no cultivo, agrotóxicos e fertilizantes artificiais não são usados em sua propriedade. Recentemente, sua família e outros produtores da região gostariam de ampliar os ganhos com a comercialização de hortaliças, mas vêm encontrando dificuldades de escoar a produção a um preço que vocês considerem justo.

1. Em sua opinião, como a proximidade com uma grande cidade poderia beneficiar as ações dos pequenos produtores da região?

2. Como os agricultores locais poderiam valorizar a produção diante dos consumidores finais? Quais meios de divulgação ajudariam no reconhecimento da qualidade dos produtos?

Ao longo desta unidade, você e os colegas vão criar um projeto de divulgação da produção rural local sugerindo parcerias entre agricultores, bem como entre agricultores e entidades que possam contribuir para a realização de suas atividades.

Você conhece algum projeto de impacto social e ambiental que promova uma **parceria entre produtores rurais e consumidores**?

Barraca de verduras e hortaliças orgânicas em feira ecológica em Porto Alegre (RS). Foto de 2021.

75

CAPÍTULO 1
AGROPECUÁRIA NO BRASIL

PARA COMEÇAR
O que você sabe das atividades praticadas no campo brasileiro? E das relações de trabalho no campo? Você acha que as atividades agropecuárias são relevantes para a economia do país?

EVOLUÇÃO DA AGRICULTURA NO BRASIL

No período colonial, a produção agrícola no Brasil era realizada principalmente em **grandes propriedades monocultoras** próximas à costa litorânea nordestina, com a utilização da mão de obra escravizada. Por muito tempo, a cana-de-açúcar foi o principal produto agrícola de exportação. Em meados do século XVIII, o algodão ganhou destaque no quadro econômico brasileiro.

A partir da segunda metade do século XIX, o café provocou a dinamização econômica da região do vale do Paraíba (entre Rio de Janeiro e São Paulo), onde as grandes fazendas ainda contavam com a mão de obra escravizada. Essa dinamização também ocorreu no Oeste Paulista, mas nessa região predominou o trabalho de imigrantes, principalmente europeus e asiáticos.

Nessa época, muitos imigrantes europeus se estabeleceram também no Sul do Brasil, em **pequenas propriedades policultoras,** caracterizadas pelo cultivo de produtos destinados à subsistência e ao abastecimento do mercado interno.

No século XX, desenvolveram-se extensas lavouras comerciais de arroz no Rio Grande do Sul, voltadas para o mercado interno. Nas regiões Sudeste e Centro-Oeste, por sua vez, estabeleceram-se grandes propriedades destinadas ao cultivo de produtos agrícolas de exportação, como a soja, a laranja e a cana-de-açúcar.

▼ Em 2022, o Brasil foi o segundo maior produtor mundial de cana-de-açúcar e apresentou também o segundo maior rebanho bovino do mundo (atrás da Índia nos dois itens). A cana-de-açúcar produzida no Brasil tem como principal destino a produção de açúcar e de etanol (biocombustível utilizado por automóveis). Criação extensiva de gado em Nova Guarita (MT). Foto de 2021.

Mario Friedlander/Pulsar Imagens

PECUÁRIA NO BRASIL

A **pecuária de bovinos** (bois) é praticada no Brasil desde o período colonial, para o fornecimento de carne, couro e leite. Essa atividade foi fundamental para a **ampliação do território** brasileiro no período colonial e até hoje é importante para a economia nacional.

A partir de meados do século XVII, a expansão das áreas destinadas ao plantio de cana-de-açúcar levou à busca por novas áreas para a criação de gado. Ao mesmo tempo, teve início o desenvolvimento da pecuária nos Pampas da Região Sul.

Atualmente, o país tem um dos maiores rebanhos de gado bovino do mundo, mas também se destaca na criação de aves, suínos (porcos), ovinos (ovelhas), caprinos (cabras), equinos (cavalos) e bubalinos (búfalos).

O Brasil é um dos principais exportadores de carne para os países asiáticos e europeus. O consumo interno de carne bovina é bastante significativo e proporciona altos lucros aos criadores.

O Centro-Oeste destaca-se como área produtora do **gado de corte**. Os estados de Minas Gerais (Região Sudeste), Paraná e Rio Grande do Sul (Região Sul) são grandes produtores de leite e de seus derivados.

Além do gado de corte, a carne de aves é um item relevante em nossas exportações e no consumo interno. O Paraná concentra as maiores criações, seguido por Santa Catarina.

Há também importante produção pecuária nos estados de Rondônia e Pará, na Região Norte, e Bahia, na Região Nordeste.

PECUÁRIA EXTENSIVA E INTENSIVA

A atividade pecuária pode ser classificada como extensiva ou intensiva.

Na **pecuária extensiva**, o gado é criado solto em grandes extensões de terra com pastagens naturais, de modo geral, sem o uso de recursos tecnológicos avançados. Mais da metade da produção pecuária nacional vem da criação extensiva.

Na **pecuária intensiva**, o gado é criado em pequenos espaços. Busca-se diminuir a movimentação do gado com o objetivo de alcançar maior produtividade e qualidade. No entanto, essa prática é muito criticada por comprometer as condições de vida dos animais ao submetê-los a um confinamento exagerado.

O investimento em recursos científicos e tecnológicos, como a inseminação artificial, a vacinação e o uso de rações balanceadas, traz maior produtividade para as pecuárias intensivas de corte e leiteira.

BRASIL: PRINCIPAIS REBANHOS (2021)	
Tipo de rebanho	Número de cabeças
Aves	1 530 668 972
Bovino	224 602 112
Suíno	42 538 652
Ovino	20 537 747
Caprino	11 923 630
Equino	5 777 046
Bubalino	1 551 618

Fonte de pesquisa: IBGE. *Pesquisa da pecuária municipal.* Disponível em: https://sidra.ibge.gov.br/Tabela/3939. Acesso em: 25 maio 2023.

Como está distribuída a produção dos **principais produtos da agropecuária brasileira**?

inseminação artificial: no caso da pecuária bovina, é o método de fertilização no qual o sêmen de touros saudáveis é depositado em vacas com o objetivo de garantir a geração de animais saudáveis e resistentes, que produzam carne e leite com elevados padrões de qualidade.

MODERNIZAÇÃO DA AGROPECUÁRIA

A partir da década de 1960, a agricultura brasileira passou por transformações significativas, sobretudo com a **mecanização** e a aplicação de **conhecimentos científicos mais avançados**, que aumentaram expressivamente a produtividade.

A produção de fertilizantes e defensivos agrícolas (agrotóxicos), a criação de sementes padronizadas e o aperfeiçoamento de equipamentos para o plantio e a colheita são exemplos dos avanços tecnológicos que fundamentaram a chamada **Revolução Verde**. Esse processo foi iniciado nos Estados Unidos, na década de 1950, e consistiu na aplicação da ciência ao desenvolvimento de técnicas e de equipamentos para a produção rural, sobretudo a agrícola.

No Brasil, a Revolução Verde teve início com a implantação de políticas governamentais destinadas a viabilizar o financiamento e a promover assistência técnica para o produtor rural. O desenvolvimento de novas variedades de sementes resistentes a doenças e pragas e o uso intensivo de agrotóxicos reduziram o risco de perda das safras, contribuindo para o aumento do lucro dos produtores rurais. Esse conjunto de transformações aproximou a agricultura brasileira de um padrão industrial de produção.

O aperfeiçoamento tecnológico da agropecuária possibilitou aumentar a produtividade nesse setor. Contudo, como a maioria da produção agropecuária brasileira é voltada à exportação, grande parte desses aperfeiçoamentos não foi empregada na produção de alimentos para o mercado interno.

CONSEQUÊNCIAS DA MODERNIZAÇÃO NO CAMPO

A aplicação de técnicas e equipamentos agrícolas da Revolução Verde gerou uma série de transformações no espaço produtivo e nas relações de trabalho no campo. A utilização de tratores, colheitadeiras e outros equipamentos propiciou a **expansão da produtividade agrícola** e das áreas cultivadas. No entanto, também gerou **desemprego** e acentuou o processo de **concentração fundiária** (concentração de terras nas mãos de poucos proprietários), que existe há séculos no Brasil. Na pecuária, houve o melhoramento genético de raças de animais com crescimento mais rápido e com maior produção de carne e menos gordura.

O processo de modernização não foi implantado de modo igualitário em todo o Brasil nem foi aplicado a todas as variedades agrícolas cultivadas. Os grandes produtores foram os principais beneficiados com esse processo e, por todo o país, há agricultores que não têm condições de adquirir equipamentos modernos que dinamizem a produção.

▲ A Empresa Brasileira de Pesquisa Agropecuária (Embrapa) foi criada em 1973 com o objetivo de amparar e ampliar a produção agrícola e pecuária no país. Pesquisadora no Laboratório de Tecnologia de Alimentos, da Embrapa Acre, em Rio Branco (AC). Foto de 2021.

PARA EXPLORAR

Embrapa & Escola
O programa Embrapa & Escola busca aproximar estudantes da pesquisa no setor da agropecuária e possibilita agendar visitas para conhecer laboratórios e campos experimentais e entrar em contato com pesquisadores e funcionários. Na página inicial do *site*, clique em "Embrapa mais próxima da sua escola" e descubra se existe um centro de pesquisa perto de você.
Informações: https://www.embrapa.br/embrapa-escola. Acesso em: 25 maio 2023.

PEQUENA PROPRIEDADE MODERNA

A produção agropecuária pode ser organizada de diversas maneiras. No Brasil, as pequenas propriedades modernas assumiram grande importância para o setor primário. Elas se desenvolveram primeiramente na Região Sul, com o modelo de integração entre a agroindústria e o produtor.

O **sistema de integração agropecuária** é comum nas lavouras de fumo, na criação de frangos e de porcos e na produção de leite e seus derivados, principalmente nos estados do Sul e do Sudeste do Brasil.

Atualmente, diversas culturas que exigem grandes investimentos e técnicas avançadas são produzidas em pequenas propriedades fora desse sistema de integração. É o caso de frutas tropicais no Sertão nordestino e de morangos no Sul e Sudeste.

O crédito costuma desempenhar um papel fundamental para a atividade agrícola, em especial para a agricultura familiar, pois permite ao agricultor investir em sua produção, comprando insumos agrícolas.

> **PARA EXPLORAR**
>
> **IBGE. Censo Agro 2017**
> O *site* apresenta informações diversas sobre o campo brasileiro com base nos dados do *Censo agropecuário, florestal e aquícola 2017*, do IBGE. Disponível em: https://censoagro2017.ibge.gov.br/. Acesso em: 25 maio 2023.

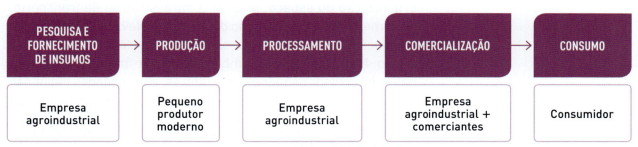

▲ O esquema representa um modelo no qual o produtor, mediante um contrato, se compromete a entregar determinado produto com os padrões de qualidade e a quantidade estabelecidos pela empresa. A empresa, por sua vez, se compromete a fornecer parte dos insumos (como a ração, no caso dos frangos) e a comprar o que for produzido. Os preços são estabelecidos no momento de entrega da produção. Contudo, devido ao contrato estabelecido previamente, a negociação dos preços pode ser desfavorável aos pequenos proprietários.

AGRONEGÓCIO NO BRASIL

O agronegócio corresponde ao conjunto de atividades envolvidas na produção agropecuária, sob o comando de **grandes grupos agroindustriais e financeiros**. Além da pecuária e do cultivo agrícola, compõem o agronegócio a produção e a comercialização de insumos (sementes, fertilizantes, máquinas e equipamentos), a transformação dos gêneros agropecuários em produtos industrializados e a distribuição e a venda desses produtos.

Trata-se de uma atividade econômica em plena expansão no Brasil. Em 2022, o agronegócio foi responsável por 24,8% do PIB e por 47,6% das exportações totais do país. A agricultura brasileira beneficia-se dos baixos custos de produção, da grande oferta de **mão de obra** e dos **incentivos governamentais** para os grandes produtores rurais. *Commodities,* como soja, açúcar, café e laranja, estão entre os principais produtos de exportação do agronegócio.

> **O QUE SÃO *COMMODITIES*?**
>
> *Commodities* são mercadorias, principalmente de origem do setor primário, com pouco ou nenhum processamento industrial e produzidos em larga escala. São exemplos de *commodities*: café, algodão, ferro, alumínio e petróleo. As *commodities* suportam longos períodos de armazenamento e seus preços são determinados nas bolsas de mercadorias e futuros, que são associações onde se negociam preços de mercadorias.

> Qual é o percentual de mulheres entre o total de produtores agrícolas no Brasil? Qual é a situação das **mulheres no campo brasileiro**?

EXPANSÃO DA FRONTEIRA AGRÍCOLA

A fronteira agrícola refere-se às áreas-limite onde se pratica a atividade agropecuária. Com a mecanização da agricultura, a partir da década de 1960, houve avanço da fronteira agrícola brasileira para as regiões Centro-Oeste e Norte. Atualmente, essa fronteira se estende pela **floresta Amazônica** e por áreas do **Cerrado** no Nordeste e no estado do Tocantins.

No Brasil, o avanço da fronteira agrícola ocorreu graças aos **projetos governamentais** de expansão da ocupação para o interior do país, nas décadas de 1960 e 1970. Nesse período, o governo federal ofereceu incentivos aos produtores – terras a preços baixos e crédito agrícola – e criou uma infraestrutura de transporte, além de redes de comunicação e de energia, para promover a **dinamização econômica** e a **integração regional** do país. Assim, muitos agricultores do Sul e do Nordeste migraram para o Centro-Oeste e para áreas da Região Norte em busca de terra e melhores condições de vida.

A expansão da fronteira agrícola pode gerar uma nova **organização do espaço**: ampliar a infraestrutura de transporte, de comunicação e de geração de energia e elevar a concentração populacional e o desenvolvimento econômico de determinada região. No entanto, pode também desmatar áreas de vegetação nativa e expulsar pequenos agricultores, comunidades indígenas e populações ribeirinhas das áreas que ocupavam originalmente.

■ **Brasil: Ocupação da atividade agropecuária e tendência de expansão (2019)**

Fontes de pesquisa: Maria Elena Simielli. *Geoatlas*. 35. ed. São Paulo: Ática, 2019. p. 144; IBGE. *Atlas geográfico escolar*. 8. ed. Rio de Janeiro: IBGE, 2018. p. 124.

80

AGRICULTURA FAMILIAR

A agricultura familiar normalmente é praticada em **pequenos estabelecimentos** agropecuários. É constituída, principalmente, por pequenos produtores rurais, povos e comunidades tradicionais, assentados de reforma agrária, entre outros. O trabalho dos membros da família é a principal mão de obra utilizada na produção, e a administração da propriedade também costuma ser feita por um membro da família.

No Brasil, a agricultura familiar é a grande responsável pelo **abastecimento de alimentos** do mercado interno. Segundo o Ministério do Desenvolvimento e Assistência Social, Família e Combate à Fome, esse tipo de agricultura produz cerca de 70% dos alimentos consumidos pelos brasileiros. A agricultura familiar destaca-se na produção de feijão, arroz, leite, ovos, frutas e verduras, café, carne, entre outros.

▲ Agricultora realizando colheita de brócolis em Mogi das Cruzes (SP). Foto de 2021.

Além de fornecer a maior parte do alimento que chega à mesa do brasileiro, a agricultura familiar também é responsável por parcela significativa do **emprego** no setor agropecuário. De acordo com o Censo Agropecuário 2017, cerca de 67% das pessoas ocupadas na agropecuária do país estavam na agricultura familiar. No entanto, essa ocupação se dá de maneira desigual.

No Brasil, há uma série de **políticas públicas** voltadas à agricultura familiar. A principal delas é o Programa Nacional de Fortalecimento da Agricultura Familiar (Pronaf), um sistema de crédito direcionado aos agricultores familiares, com juros mais baixos e melhores condições de pagamento que os do crédito disponível no mercado.

O crédito é fundamental para o sucesso da agricultura familiar, pois permite que o agricultor aumente o investimento em sua propriedade, compre equipamentos e insumos, produza mais e obtenha mais rendimento.

CIDADANIA GLOBAL

COOPERATIVAS AGRÍCOLAS

As cooperativas são formadas por trabalhadores de um mesmo ramo que se associam com o objetivo de solucionar problemas e estabelecer relações de colaboração que beneficiem o grupo. Nas atividades agropecuárias, essa forma de organização do trabalho é comum e contribui, por exemplo, para que os produtores comprem insumos, obtenham crédito ou comercializem a produção em conjunto, aumentando seus ganhos.

1. Busque informações na internet para conhecer as cooperativas existentes na unidade federativa em que vive. Identifique ao menos uma que se dedique a atividades rurais.
2. Na busca de informações, procure reconhecer as vantagens e as dificuldades enfrentadas pelos trabalhadores cooperados na manutenção de suas atividades.

PROBLEMAS NO CAMPO BRASILEIRO

A baixa remuneração da mão de obra, a precariedade das condições de trabalho, o desemprego, o aumento do endividamento e a dificuldade de acesso à terra estão entre os principais problemas enfrentados pelo trabalhador rural no Brasil.

CONCENTRAÇÃO FUNDIÁRIA

A concentração fundiária, ou seja, a propriedade de grandes extensões de terra nas mãos de poucos indivíduos, é um dos traços mais marcantes das áreas de produção agropecuária do Brasil. O Censo Agropecuário 2017, do IBGE, apontou que os estabelecimentos de grande porte (com mais de mil hectares) ocupavam 47,6% da área total dos estabelecimentos agropecuários no Brasil, mas correspondiam a apenas 2% do número de propriedades. Em 2006, no Censo Agropecuário anterior, eles representavam 45% dessas terras.

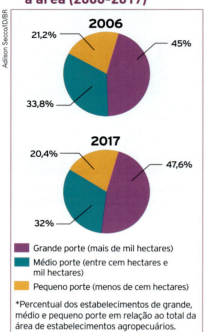

■ **Brasil: Estabelecimentos agropecuários em relação à área (2006-2017)***

2006: 21,2% / 33,8% / 45%
2017: 20,4% / 32% / 47,6%

- Grande porte (mais de mil hectares)
- Médio porte (entre cem hectares e mil hectares)
- Pequeno porte (menos de cem hectares)

*Percentual dos estabelecimentos de grande, médio e pequeno porte em relação ao total da área de estabelecimentos agropecuários.

Fonte de pesquisa: IBGE. *Censo agropecuário 2017:* resultados definitivos. Disponível em: https://biblioteca.ibge.gov.br/visualizacao/periodicos/3096/agro_2017_resultados_definitivos.pdf. Acesso em: 25 maio 2023.

hectare: medida-padrão para áreas rurais, equivalente a 10 mil metros quadrados.

Apesar de parte das grandes propriedades rurais ser muito produtiva no Brasil, graças à aplicação de alta **tecnologia** e de **recursos financeiros**, há uma parcela dessas propriedades considerada **latifúndio improdutivo**, pois pouco ou nada produz. Alguns proprietários mantêm suas terras improdutivas por um longo período, visando à valorização para vendê-las, ou utilizam suas propriedades como garantia para a obtenção de empréstimos nos bancos. O maior número de latifúndios improdutivos encontra-se nas regiões Norte e Nordeste. Especialmente nessas regiões, ocorrem conflitos entre latifundiários e trabalhadores rurais sem terra.

QUESTÃO DO TRABALHADOR RURAL

Na maioria das culturas agrícolas do país, as atividades se concentram em uma ou duas épocas do ano e há poucos trabalhadores contratados com carteira de trabalho assinada. Os salários são baixos, principalmente nas pequenas propriedades tradicionais, nas quais a lucratividade é pequena e as incertezas são grandes quanto ao comércio da produção. Há, ainda, denúncias de trabalhos análogos à escravidão em grandes propriedades modernas.

O uso de **contratos temporários** de trabalho e a falta de aplicação das leis trabalhistas – que asseguram direitos como férias, décimo terceiro salário e aposentadoria – dificultam as condições de sobrevivência do trabalhador rural.

A modernização agrícola, caracterizada pelo uso de máquinas e equipamentos, propiciou o aumento da produtividade, mas diminuiu a oferta de emprego no campo. A melhoria das condições de trabalho e o direito à terra constituem as principais reivindicações dos trabalhadores rurais.

No infográfico das páginas 84 e 85 a seguir, conheça as principais relações de trabalho no campo brasileiro.

Que fatores estão relacionados à grande **concentração de terras no Brasil**?

REFORMA AGRÁRIA

A expressão "reforma agrária" refere-se à **redistribuição de propriedades rurais**, promovida pelo poder público, com o objetivo de reduzir a concentração fundiária e disponibilizar áreas de cultivo aos trabalhadores rurais sem terra.

No Brasil, as terras que podem ser destinadas à reforma agrária são aquelas que não cumprem sua **função social**, isto é, são extensas propriedades, públicas ou privadas, onde pouco ou nada é produzido. Nesse caso, as **terras improdutivas** podem ser desapropriadas e utilizadas para reforma agrária mediante a aprovação do poder público. As pequenas e médias propriedades rurais e as grandes propriedades produtivas não podem ser desapropriadas.

A organização dos assentamentos rurais

A partir do momento em que as terras são destinadas à reforma agrária, tem início o processo de **divisão da propriedade fundiária** em pequenos lotes destinados à construção de moradias e à produção agropecuária. A etapa seguinte do processo consiste na **construção de infraestrutura**, como a implantação de rede elétrica e de saneamento básico, além da construção de escolas e de postos de saúde com o objetivo de melhorar as condições de vida dos assentados.

Um assentamento é considerado maduro quando as moradias estão formadas, há infraestrutura adequada e a produção é **autossuficiente** para gerar lucros para os assentados. No Brasil, a maior parte dos assentamentos rurais ainda não alcançou essas condições e busca obtê-las por meio de negociações constantes com o poder público.

▲ Para fixar o produtor à terra, o governo federal criou programas que oferecem crédito e incentivos à agricultura familiar e beneficiam as famílias assentadas, em especial nas áreas de pequenas propriedades. Agricultora irrigando hortaliças orgânicas em assentamento rural no município de Portelândia (GO). Foto de 2021.

HISTÓRICO DOS MOVIMENTOS PELA REFORMA AGRÁRIA

As primeiras reivindicações pró-reforma agrária no Brasil surgiram na década de 1930. A má distribuição das terras motivou debates e propostas do governo e da sociedade para reduzir a concentração fundiária.

Entre as iniciativas do governo federal favoráveis à reforma agrária, destacou-se o Estatuto da Terra, que vigorou de 1964 a 1979 e instituiu legalmente o objetivo do Estado de realizar a reforma agrária e a modernização agrícola no Brasil. Os avanços, no entanto, mostraram-se pequenos diante do grande número de famílias que não receberam terras.

A crise econômica que atingiu o país na década de 1980 acelerou o êxodo rural e o desemprego nas cidades. Tal situação propiciou a organização de diversos movimentos sociais em favor da reforma agrária e agravou os conflitos no campo.

Em 1984, foi criado o Movimento dos Trabalhadores Rurais Sem Terra (MST), que se tornou o maior movimento de luta pela reforma agrária no Brasil. Algumas das principais estratégias do MST são protestos e passeatas, organização de acampamentos nas proximidades dos latifúndios improdutivos e ocupação de terras.

▲ Manifestação do MST em Brasília (DF). Foto de 2022.

Relações de trabalho no campo

No campo brasileiro, as formas de posse da terra e as relações de trabalho são muito variadas. Para entendê-las, é preciso considerar como é a distribuição de terras e o tipo de contratação e de pagamento dos trabalhadores. De modo geral, aqueles que realizam atividades no campo podem ser classificados como produtores ou trabalhadores.

Os produtores rurais são aqueles que cultivam a terra ou criam animais para subsistência ou comercialização. Entre eles estão pequenos proprietários, posseiros, parceiros e arrendatários. Já os trabalhadores rurais são aqueles que realizam algum tipo de trabalho para um produtor (são assalariados) ou para ajudar os familiares (são não remunerados). Neste infográfico, conheça as diferentes formas de posse de terra e de relações de trabalho existentes no campo brasileiro.

Pequenos proprietários
São geralmente agricultores familiares que possuem uma pequena área de terra e exploram-na para consumo próprio e para comercializar a produção em escala local.

Posseiros
Ocupam terras públicas sem uso. Muitos produzem para o próprio consumo, mas há aqueles que ocupam grandes áreas para a produção comercial.

Parceiros
Pagam, com uma parte do que produzem, pelo uso da terra ao proprietário dela. Pode ser metade, um terço, um quarto ou outra parcela da produção, dependendo do combinado.

Arrendatários
Pagam um valor fixo em dinheiro ou em produtos para usar a terra de outra pessoa. O valor é combinado previamente em um contrato com o proprietário da área utilizada.

Grande parte das terras agrícolas do país é ocupada por propriedades de grande porte, como mostra o gráfico. Essa concentração fundiária compromete a distribuição de renda e agrava a desigualdade social.

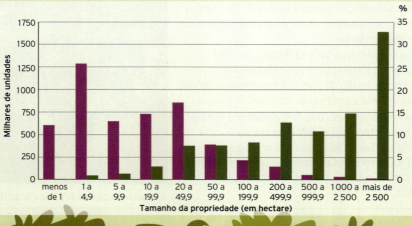

Brasil: Distribuição de terras por tamanho da propriedade (2017)

- Número de propriedades agropecuárias
- Parte do total da área rural brasileira (em hectares)

(1 hectare = 10 000 m²)

84

Assalariados permanentes
São contratados para trabalhar como funcionários fixos, cumprindo uma jornada de trabalho e recebendo salário regularmente.

Assalariados temporários
Dedicam-se por um tempo determinado a tarefas específicas, como o preparo do solo, o plantio e a colheita. Em geral, são dispensados quando termina o prazo estipulado em contrato.

No meio rural, o mercado de trabalho é influenciado pela sazonalidade da produção. As culturas têm períodos diferenciados para plantio, trato e colheita. Essa variação torna comum a contratação temporária, ou de curta duração, de trabalhadores para diferentes etapas da produção.

Brasil: Trabalhadores com ou sem laços de parentesco com o produtor (2017)

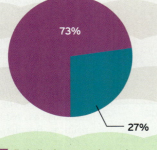

- 73% Trabalhadores com laços de parentesco com o produtor
- 27% Trabalhadores sem laços de parentesco com o produtor

Trabalhadores não remunerados
Na agricultura familiar, são frequentes os casos em que os membros da família se dedicam à atividade agropecuária sem receber pagamento. Outras formas de trabalho não remunerado são aquelas análogas à escravidão, nas quais não há qualquer garantia dos direitos trabalhistas – situação que ainda ocorre no país.

Ilustrações: Pingado Sociedade Ilustrativa/ID/BR; gráficos: Adilson Secco/ID/BR

Brasil: Total de máquinas e equipamentos no campo (2006-2017)

	2006	2017
Adubadeiras	147	253
Colheitadeiras	116	172
Semeadeiras/plantadeiras	318	357
Tratores	820	1229

Em milhares

Fontes de pesquisa dos gráficos: Censo Agropecuário 2017. Disponível em: https://www.ibge.gov.br/estatisticas/economicas/agricultura-e-pecuaria/21814-2017-censo-agropecuario.html?edicao=25757&t=resultados. Acesso em: 25 maio 2023.
Jurandyr Luciano Sanches Ross (org.). *Geografia do Brasil*. São Paulo: Edusp, 2005. p. 494-505.

85

ATIVIDADES

Acompanhamento da aprendizagem

Retomar e compreender

1. De que maneira a modernização da atividade agrícola vem promovendo transformações na estrutura produtiva e nas relações de trabalho no espaço rural brasileiro?

2. A expansão agrícola para as áreas florestais vem provocando sérios prejuízos ambientais, como o desmatamento, as queimadas, a poluição dos rios e a perda da biodiversidade. Reveja o mapa *Brasil: Ocupação da atividade agropecuária e tendência de expansão (2019)*, na página 80, e identifique as principais formações vegetais que estão em risco com a expansão da fronteira agrícola brasileira.

3. Cite as principais dificuldades enfrentadas pelos trabalhadores rurais no Brasil.

4. Segundo a legislação brasileira, quais são as terras que podem ser destinadas à reforma agrária?

5. Cite três modalidades de trabalho praticadas no campo brasileiro.

Aplicar

6. Observe o gráfico e responda às questões.

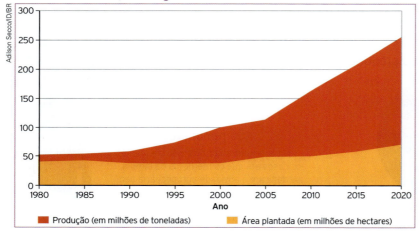

Fontes de pesquisa: Companhia Nacional de Abastecimento (Conab). Disponível em: https://www.conab.gov.br/OlalaCMS/uploads/arquivos/. Acesso em: 25 maio 2023; Eliseu Roberto de Andrade Alves e outros. Evolução da produção e produtividade da agricultura brasileira. Em: Ana Christina Sagebin Albuquerque; Aliomar Gabriel da Silva (ed.). *Agricultura tropical*: quatro décadas de inovações tecnológicas, institucionais e políticas. Brasília: Embrapa, 2008. p. 78-79.

a) Por que a produção agrícola de grãos obteve significativos aumentos nesse período, enquanto a extensão da área plantada praticamente não se alterou?

b) O aumento da produção agrícola gera, necessariamente, a expansão dos postos de trabalho no campo? Justifique sua resposta.

7. Escreva um texto sobre a importância do agronegócio no Brasil. Destaque a produção de *commodities* nas exportações brasileiras utilizando as informações do gráfico a seguir.

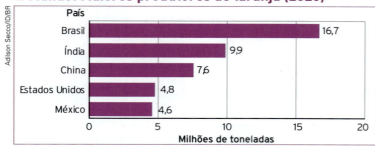

Fonte de pesquisa: FAO. Disponível em: https://www.fao.org/faostat/en/#data/QCL. Acesso em: 25 maio 2023.

CAPÍTULO 2
INDUSTRIALIZAÇÃO BRASILEIRA

PARA COMEÇAR
Como os produtos industrializados estão presentes em sua rotina? O que você sabe das características do setor industrial no Brasil?

FORMAÇÃO DO PARQUE INDUSTRIAL BRASILEIRO

Durante o período colonial, qualquer atividade de transformação industrial não era permitida no Brasil, por ser uma Colônia de Portugal. Assim, todos os produtos manufaturados que fossem comercializados na Colônia brasileira deviam, obrigatoriamente, ser comprados da Metrópole portuguesa.

Com a vinda da Família Real para o Brasil, em 1808, algumas **atividades industriais** passaram a ser permitidas, como manufaturas ligadas ao processamento de alimentos. Contudo, foi apenas no fim do século XIX que a formação do parque industrial brasileiro se iniciou de fato.

A industrialização provocou muitas mudanças econômicas, sociais e políticas na sociedade brasileira. Podemos dividir esse processo em dois períodos: do final do século XIX até 1930, quando a indústria era incipiente e existiam algumas experiências de industrialização; e o período pós-1930, quando a **industrialização** passou a ser uma **política de Estado**, o que promoveu grande transformação na economia e na sociedade do país.

As primeiras atividades industriais brasileiras concentraram-se nos setores alimentício e têxtil, aproveitando-se da produção nacional de matérias-primas e da importação de máquinas da Europa. Também se destacaram as indústrias de calçados, bebidas e móveis.

▼ A atividade industrial no Brasil se desenvolveu mais intensamente a partir da década de 1930. Na foto, chaminés e galpões de fábricas no bairro do Brás em São Paulo (SP), entre as décadas de 1930 e 1940.

87

CONCENTRAÇÃO INDUSTRIAL NO SUDESTE

A partir do fim do século XIX, o Rio de Janeiro (então capital federal) e o estado de São Paulo concentraram grande parte da produção industrial brasileira.

A produção de café, principal produto de exportação do Brasil na época, estimulou o surgimento de **atividades financeiras**, as **infraestruturas de transporte** e a concentração de **mão de obra**, colaborando para o desenvolvimento da indústria.

A expansão das ferrovias para transportar o café do interior de São Paulo para o porto de Santos contribuiu para o surgimento de muitos **núcleos urbanos**. Aproveitando a disponibilidade de transporte, esses núcleos passaram a sediar atividades industriais, pois tinham como receber matérias-primas e escoar os produtos industrializados pela ferrovia. As aglomerações urbanas proporcionavam, ainda, mão de obra às indústrias e mercado consumidor para os produtos industrializados.

PAPEL DO IMIGRANTE

Outro aspecto relevante no processo de industrialização foi o emprego de imigrantes europeus, que chegaram ao Brasil atraídos pela política migratória governamental adotada a partir de 1850. A imigração contribuiu para a formação da **mão de obra operária**, pois alguns imigrantes já tinham experiência com atividades manufatureiras.

O **movimento operário** no Brasil, que existia desde o início do século XX, cresceu com a chegada dos imigrantes, que também contribuíram para o fortalecimento do **mercado interno**. Além disso, os imigrantes foram responsáveis pela criação de inúmeros negócios industriais, como fábricas de tecidos, calçados e equipamentos.

SUBSTITUIÇÃO DE IMPORTAÇÕES

As grandes guerras mundiais (nos períodos 1914-1918 e 1939-1945) também impulsionaram a industrialização brasileira, pois dificultaram a importação de produtos industrializados, obrigando o Brasil a fabricar alguns itens que antes eram comprados no exterior. Esse processo ficou conhecido como **industrialização por substituição** de importações.

Após 1930, com a crise mundial gerada pela **crise da Bolsa de Valores de Nova York**, os países europeus e os Estados Unidos diminuíram drasticamente a importação de café brasileiro, ocasionando um grave problema na balança comercial do Brasil.

Exportando menos, o Brasil não tinha recursos para importar produtos que abastecessem o mercado interno. Esse fato, no entanto, também contribuiu para que passasse a ser produzido internamente o que antes era importado.

▲ Operárias em indústria têxtil em São Paulo (SP). Foto dos anos 1920.

O QUE FOI A CRISE DA BOLSA DE NOVA YORK?

Foi uma crise econômica no sistema financeiro dos Estados Unidos ao fim da década de 1920 e que repercutiu na América Latina. Como efeito da crise, os Estados Unidos reduziram as importações de produtos primários — matérias-primas — e agropecuários, como o café. Desse modo, o Brasil reduziu intensamente as exportações para um dos principais mercados consumidores de seus produtos.

TRIPÉ DA INDUSTRIALIZAÇÃO

Uma característica marcante do processo de industrialização no Brasil foi a presença de **capital nacional**, de **capital estrangeiro** e do **Estado**. Quando não havia interesse imediato de empreendedores nacionais ou estrangeiros, o Estado atuava como investidor em alguns ramos industriais que exigiam a aplicação de muito capital. Foi o que ocorreu com a siderurgia (produção de ferro e aço), a geração de energia e a implantação de infraestruturas que necessitavam de investimentos volumosos, mas cujo retorno era demorado.

EMPRESAS MULTINACIONAIS

Após os anos 1950, o mundo passou por nova fase de industrialização. No período pós-Segunda Guerra, muitas **empresas multinacionais** se instalaram em países em desenvolvimento, entre eles o Brasil, no qual se destacou a **indústria automobilística**.

Mesmo com a entrada das multinacionais, houve também crescimento das indústrias de capital nacional. A partir da década de 1950, o governo federal passou a tomar medidas para estimular a produção automobilística no Brasil, como a proibição da importação de veículos totalmente prontos (com peças e montagem feitas em outros países) e a exigência da ampliação da produção de autopeças dos veículos comercializados. Dessa forma, diversas empresas internacionais do setor se fixaram no Brasil.

Nos últimos anos, o Brasil tem recebido investimentos de muitas multinacionais, atraídas pelo seu grande mercado consumidor, pela disponibilidade de mão de obra e pelo seu desenvolvido parque industrial. Atualmente, além do setor automobilístico, os principais setores em que empresas multinacionais atuam no Brasil são os de comunicação, farmacêutico, alimentício, de material elétrico, eletroeletrônico e químico. Desde os anos 1990, tem ocorrido a **desnacionalização** da indústria brasileira, com a venda de grandes empresas brasileiras para grupos internacionais.

capital: não é sinônimo de dinheiro, mas sim dos ativos necessários para fazer uma indústria funcionar, como as máquinas, os equipamentos e as instalações. O conjunto de máquinas e equipamentos de uma indústria, por exemplo, são chamados de bens de capital ou bens de produção.

EMPRESAS BRASILEIRAS DE ATUAÇÃO MULTINACIONAL

O Brasil também tem indústrias multinacionais com filiais no exterior. Grandes empresas, tanto estatais como privadas, passaram a atuar de modo marcante como exportadoras e como investidoras em mercados externos.

Entre as empresas brasileiras que atuam mundialmente, destacam-se as dos setores petrolífero, metal-mecânico, de mineração e alimentício. Outro setor que merece destaque entre as empresas brasileiras é o da construção civil, que, desde a década de 1970, tem atuado em diversos países, principalmente da África e do Oriente Médio.

◀ Linha de montagem em indústria automobilística em Betim (MG). Foto de 2020.

89

REDISTRIBUIÇÃO ESPACIAL DA INDÚSTRIA

A concentração de indústrias na Região Sudeste tornou-se uma preocupação nacional e, a partir dos anos 1960, o **Estado** passou a criar condições para a expansão da industrialização para outras regiões do país.

Entre as medidas tomadas, destacaram-se a criação de uma **rede de transporte**, que possibilitou a integração das demais regiões com os mercados consumidores do Sul e do Sudeste, e a atuação de órgãos estatais de planejamento, como a Superintendência para o Desenvolvimento do Nordeste (Sudene) e a Superintendência para o Desenvolvimento da Amazônia (Sudam).

Atualmente, diversos fatores vêm ocasionando um processo de desconcentração espacial da indústria no Brasil. Alguns deles são:

- **Isenção fiscal** – Alguns estados ou municípios isentam as empresas de pagar impostos locais por determinado período de tempo ou fazem doações de terrenos, de prédios e de serviços para atrair indústrias.
- **Redução de custos** – Muitas indústrias se dirigem a regiões menos industrializadas, onde a mão de obra seja mais barata e os custos de produção sejam menores.
- **Transporte** – Nas grandes cidades, o trânsito intenso de veículos prejudica a entrega tanto de matérias-primas quanto de mercadorias prontas. Deslocar-se para locais em que as condições de tráfego e a infraestrutura de transportes sejam melhores também possibilita a redução de custos.

> **PARA EXPLORAR**
>
> **Portal da Indústria**
> Esse portal disponibiliza dados estatísticos sobre o setor industrial brasileiro. Nele, é possível conhecer o perfil industrial de todos os estados do país.
> Disponível em: https://perfildaindustria.portaldaindustria.com.br/. Acesso em: 25 maio 2023.

▼ Observe nos mapas que a mão de obra na indústria, apesar de ainda estar concentrada no estado de São Paulo, cresceu nos estados da Região Nordeste e Centro-Oeste, e nos estados de Amazonas e Pará.

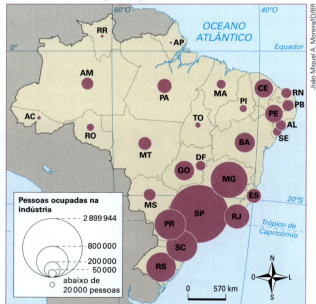

Brasil: Distribuição da mão de obra na indústria (1970)

Fonte de pesquisa: *Anuário estatístico do Brasil 1972*, Rio de Janeiro, IBGE, v. 33, p. 525-547, 1972. Disponível em: https://biblioteca.ibge.gov.br/visualizacao/periodicos/20/aeb_1972.pdf. Acesso em: 25 maio 2023.

Brasil: Distribuição da mão de obra na indústria (2020)

Fonte de pesquisa: Confederação Nacional da Indústria (CNI). Portal da Indústria. Disponível em: https://perfildaindustria.portaldaindustria.com.br/ranking?cat=20&id=3579. Acesso em: 25 maio 2023.

INDÚSTRIA DE PONTA

A partir da década de 1970, ocorreram grandes transformações nas indústrias ao redor do globo, entre elas a introdução de novas tecnologias, a reorganização da produção e a automação de processos com a introdução de equipamentos e sistemas robotizados substituindo o trabalho humano.

Nesse período, houve intenso avanço nos setores de telecomunicações, robótica e informática, melhorando grande parte dos processos produtivos industriais. Esse período ficou conhecido como **Terceira Revolução Industrial** ou período **técnico-científico-informacional**.

IMPORTÂNCIA DA INOVAÇÃO TECNOLÓGICA

A inovação tecnológica é um dos principais fatores que caracteriza a industrialização atual. As **indústrias de ponta** são aquelas que têm alto grau de capacidade de inovação tecnológica, ou seja, são capazes de criar novos procedimentos ou novos equipamentos e máquinas que possibilitem maior produtividade com emprego de pouca mão de obra ou matéria-prima.

A criação de produtos, equipamentos e processos de produção é muito relevante para a industrialização de um país; por isso, é comum haver grande incentivo dos governos para que haja desenvolvimento tecnológico autônomo ou em cooperação com outros setores econômicos mais dinâmicos.

O desenvolvimento tecnológico pode ser gerado em universidades, em institutos de pesquisa (públicos ou privados) e até mesmo nas indústrias de ponta, que investem em pesquisas para renovar e criar produtos que permaneçam competitivos.

▼ Prédio do acelerador de partículas Sirius, desenvolvido pelo Centro Nacional de Pesquisa em Energia e Materiais (CNPEM), organização privada sem fins lucrativos, que tem a supervisão do Ministério da Ciência, Tecnologia e Inovações (MCTI), do governo federal. O CNPEM atua na pesquisa das áreas de saúde, energia e materiais renováveis. Campinas (SP). Foto de 2020.

INDÚSTRIA 4.0

Atualmente, em diversos países, especialmente nos mais desenvolvidos, já ocorre a **Quarta Revolução Industrial**, também denominada de **indústria 4.0**. Trata-se de um sistema produtivo no qual predomina a inteligência artificial, a robótica, a automação de processos, a integração de sistemas de internet e o armazenamento de dados em nuvem. São as chamadas "fábricas inteligentes". Esse modelo produtivo resulta em maior produtividade e competitividade industrial.

No Brasil, a indústria 4.0 já ocorre em alguns setores produtivos, mas, na maioria deles, esse modelo ainda é incipiente ou inexistente, haja vista que, para desenvolvê-lo, é necessário elevado investimento em ciência e tecnologia, pesquisa e inovação, infraestrutura de internet, etc.

Apesar desse quadro, a produção tecnológica brasileira tem sido incentivada em determinadas áreas, com o desenvolvimento de tecnologia nacional de ponta na agricultura (produção de sementes, desenvolvimento de novas espécies) e nos setores de combustíveis (biodiesel, etanol), telecomunicações, aviação, extração de petróleo, entre outros.

DESINDUSTRIALIZAÇÃO NO BRASIL

O que é **desindustrialização**? Por que alguns pesquisadores afirmam que o Brasil está se desindustrializando?

Como vimos, o Brasil é um país que investe muito pouco em ciência, tecnologia e inovação e, por isso, apresenta baixo desenvolvimento tecnológico na maioria dos setores em que atua, tendo de importar grande parte da tecnologia de ponta utilizada em suas indústrias. Portanto, tem alta dependência tecnológica em relação aos países desenvolvidos.

Uma das consequências do baixo desenvolvimento tecnológico e dos investimentos reduzidos é a baixa capacidade de competição da indústria brasileira. Nesse contexto, durante os anos 1990, o Brasil aumentou a importação de produtos oriundos tanto de setores de ponta, como eletrônica e informática, quanto de outros mais tradicionais, como têxtil e calçados. Com isso, iniciou-se um processo de redução da participação da indústria na geração de emprego e renda na economia brasileira, chamado de **desindustrialização**. O gráfico mostra a redução da participação da indústria no PIB brasileiro nas últimas décadas.

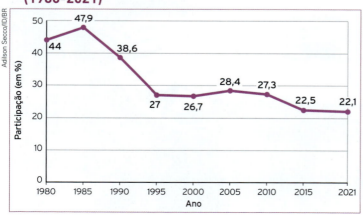

Brasil: Participação da indústria no PIB, em % (1980-2021)

Fonte de pesquisa: Instituto de Pesquisa Econômica Aplicada (Ipea). Ipeadata. Produto Interno Bruto (PIB) – Indústria a preços correntes. Disponível: http://www.ipeadata.gov.br/Default.aspx. Acesso em: 25 maio 2023.

FONTES DE ENERGIA

A **produção de energia** é um dos fatores fundamentais para a **expansão industrial**. No Brasil, a maior parte da energia elétrica é gerada em usinas hidrelétricas. Os combustíveis fósseis e os biocombustíveis também são importantes fontes de energia.

USINAS HIDRELÉTRICAS

A existência de bacias hidrográficas com **rios perenes** e o **relevo de planalto** em grande parte do país favorecem a geração de energia por meio de hidrelétricas.

Uma característica importante da produção e da distribuição de energia elétrica no Brasil é seu **modelo integrado**, ou seja, as usinas estão interligadas, o que permite melhor aproveitamento do potencial hidrelétrico de diferentes bacias hidrográficas. Quando há pouca chuva em alguma parte do país e os reservatórios estão baixos, a usina local é orientada a colocar menos energia no sistema, economizando suas reservas.

▲ Vista aérea da barragem da usina hidrelétrica de Itaipu, no rio Paraná, no trecho de fronteira entre Brasil (Foz do Iguaçu) e Paraguai (Hernandarias). Foto de 2021.

UTILIZAÇÃO DOS COMBUSTÍVEIS FÓSSEIS

Além das usinas hidrelétricas, entram no sistema integrado as usinas **termelétricas** movidas a carvão mineral, gás natural e óleo *diesel* (derivado do petróleo). A energia obtida com as termelétricas, porém, é mais cara que a gerada pelas hidrelétricas e também mais poluente.

A Petrobras investiu na prospecção de petróleo no mar e encontrou grandes reservas próximo ao litoral de São Paulo (Bacia de Santos) e do Rio de Janeiro (Bacia de Campos). Em 2007, foram identificadas novas reservas petrolíferas na costa brasileira, em profundidades de até 7 mil metros: a **camada pré-sal**.

OUTRAS FONTES DE ENERGIA

Outra medida do governo brasileiro para diversificar as fontes de energia foi investir na energia nuclear, com a criação do **Programa Nuclear Brasileiro**, que teve início na década de 1950. No entanto, o início da operação das usinas Angra 1 e Angra 2, em Angra dos Reis (RJ), ocorreu somente em 1985 e 2000. As obras de Angra 3, que estavam paralisadas desde 2015, foram retomadas no final de 2022.

O **etanol**, cuja matéria-prima é a cana-de-açúcar, foi o primeiro biocombustível produzido no Brasil. Sua produção teve início na década de 1970, com o **Programa Nacional do Álcool (Proálcool)**. Nas décadas seguintes, o investimento em novas pesquisas na área possibilitou a produção de combustível usando outros vegetais como matéria-prima. O desenvolvimento tecnológico possibilitou, ainda, a produção de energia usando fontes renováveis, como a **solar** e a **eólica**, que são cada vez mais relevantes no Brasil.

CIDADANIA GLOBAL

NOVOS BIOCOMBUSTÍVEIS

O processamento de resíduos da indústria de alimentos e combustíveis pode constituir uma importante fonte de energia nos próximos anos. Pesquisas em andamento em universidades brasileiras comprovam a possibilidade de aproveitar variados produtos de origem orgânica (biomassa) para movimentar veículos, aeronaves e turbinas de geração de eletricidade em usinas termelétricas.

1. Crie uma lista de cinco resíduos (agrícolas e industriais) que vêm sendo aproveitados como fonte de energia recentemente. Para isso, pesquise por notícias que registrem o trabalho de pesquisadores e instituições brasileiras voltadas ao desenvolvimento científico e tecnológico.

2. Escolha um desses produtos e elabore um desenho que represente uma cadeia produtiva da qual ele participa. Identifique os produtos, as etapas e os grupos que fazem parte do processo produtivo e, ao final, destaque quais elementos dessa cadeia mais contribuem para o desenvolvimento socioeconômico sustentável.

ATIVIDADES

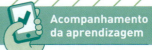
Acompanhamento da aprendizagem

Retomar e compreender

1. Quais foram os segmentos industriais que mais se destacaram no início da industrialização no Brasil?

2. Podemos dividir a industrialização brasileira em dois períodos principais. Cite-os e identifique suas características mais relevantes.

3. De que maneira as duas grandes guerras mundiais e a crise da Bolsa de Valores de Nova York influenciaram o processo de industrialização brasileira?

4. Explique por que as ferrovias e o porto de Santos foram importantes para a concentração industrial no estado de São Paulo.

5. Cite as principais fontes de energia utilizadas no Brasil.

6. Caracterize o processo de industrialização brasileira no que diz respeito à origem dos investimentos aplicados.

7. Por que, a partir da década de 1930, o Estado brasileiro atuou como principal responsável por ramos da siderurgia e da geração de energia e por obras de infraestrutura?

Aplicar

8. Explique quais foram as contribuições da imigração para a industrialização brasileira. Em sua resposta, considere os dados apresentados na tabela a seguir.

BRASIL: ENTRADA DE IMIGRANTES (1870-1904)	
Período	Total
1870-1874	71 883
1875-1879	122 049
1880-1884	130 397
1885-1889	323 390
1890-1894	606 226
1895-1899	604 850
1900-1904	258 036

Fonte de pesquisa: Memorial do Imigrante. Disponível em: http://museudaimigracao.org.br/. Acesso em: 25 maio 2023.

9. Leia o trecho a seguir e escreva um texto explicando o papel do Estado no processo de descentralização da indústria no território brasileiro.

> [...]
> Em 1970, o Sudeste representava 80,7% da produção industrial nacional. Desde então, verificou-se uma significativa política de suas empresas investirem em outras regiões. A Sudene criou enormes atrativos para que tais investimentos ocorressem em direção ao Nordeste. Assim também se deu a expansão das empresas nacionais e multinacionais para a Amazônia, através de atividades extrativas e da implantação de grandes usinas hidrelétricas, como as de Balbina, no Estado do Amazonas, e Tucuruí, no Pará.
> [...]
>
> Francisco Capuano Scarlato. O espaço industrial brasileiro. Em: Jurandyr L. Sanches Ross (org.). *Geografia do Brasil*. São Paulo: Edusp, 2005. p. 377.

10. Observe o mapa a seguir e escreva um texto relacionando-o à distribuição da atividade industrial pelas regiões do país.

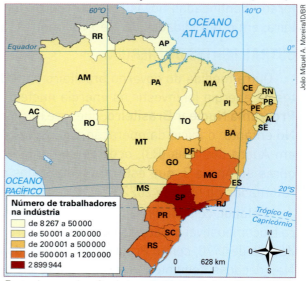

Brasil: Pessoal ocupado na indústria (2020)

Fonte de pesquisa: Confederação Nacional da Indústria (CNI). Portal da Indústria. Disponível em: https://perfildaindustria.portaldaindustria.com.br/ranking?cat=20&id=3579. Acesso em: 25 maio 2023.

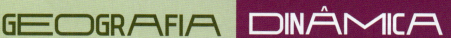

GEOGRAFIA DINÂMICA

Inovação tecnológica e desenvolvimento

A criação de produtos, equipamentos e processos de produção tem grande importância para a economia de um país. O Brasil, no entanto, tem investido pouco em inovações técnicas e tecnológicas. Leia o texto a seguir.

Brasil sobe em *ranking* de inovação, mas continua com desempenho ruim, diz CNI

O Brasil subiu cinco lugares no Índice Global de Inovação (IGI) do ano passado para este [2021], indo para 57º de um total de 132 países. Apesar do avanço, o país ainda está 10 posições atrás da que ocupava em 2011, quando teve seu melhor resultado no levantamento.

[...]

"O crescimento sustentável e a superação da crise agravada pela pandemia de Covid-19 passam pela via da inovação. Uma estratégia nacional ambiciosa, que priorize o desenvolvimento científico, tecnológico e a inovação para o fortalecimento da indústria, tornará a economia mais dinâmica, promovendo maior equidade e bem-estar social", afirmou Robson Andrade, presidente da CNI [Confederação Nacional da Indústria], em comunicado.

Segundo ele, investimentos em ciência, tecnologia e inovação (CT&I) são fundamentais para que o país avance e sua indústria seja competitiva no cenário internacional. "O país carece e muito de políticas de incentivo à inovação e tem sofrido cada vez mais com cortes do financiamento público à agenda de CT&I", diz o comunicado.

Dados recentes da Unesco mostram que o Brasil investe apenas 1,15% de seu Produto Interno Bruto (PIB) em pesquisa e desenvolvimento, enquanto países como a Suíça e Suécia, que estão em primeiro e segundo no *ranking* de inovação, investem 3,2% e 3,1% de seu PIB, respectivamente. [...]

Tamires Vitorio. Brasil sobe em *ranking* de inovação, mas continua com desempenho ruim, diz CNI. *CNN Brasil*, 20 set. 2021. Disponível em: https://www.cnnbrasil.com.br/business/brasil-sobe-5-posicoes-em-ranking-de-inovacao-mas-continua-com-desempenho-ruim/. Acesso em: 25 maio 2023.

▲ Cientistas trabalhando no primeiro satélite 100% brasileiro em laboratório do Instituto Nacional de Pesquisas Espaciais (Inpe), em São José dos Campos (SP). Foto de 2020.

Em discussão

1. Segundo o texto, qual é o desempenho do Brasil no setor de inovação científica?
2. Em sua opinião, de que modo o governo pode aumentar o investimento em pesquisa de novas tecnologias? Converse com os colegas.

REPRESENTAÇÕES

Método das figuras geométricas proporcionais e cartogramas

O uso de figuras geométricas proporcionais em mapas é um dos **métodos de cartografia temática** mais utilizados para representar **informações quantitativas** de fenômenos localizados.

O valor da produção industrial, por exemplo, é uma informação quantitativa e expressa o valor de tudo o que é produzido pelo setor industrial em determinado local. Essa informação pode ser representada por figuras geométricas com tamanhos proporcionais aos dados numéricos obtidos.

Observe o mapa a seguir, que mostra o valor da produção industrial de cada unidade federativa do Brasil.

No mapa, verifica-se que o estado de São Paulo tem a maior produção industrial do país, enquanto Acre, Roraima e Amapá apresentam as menores. Essa diferença pode ser constatada pelo tamanho dos quadrados que representam a produção industrial em cada unidade federativa.

Brasil: Produção industrial (2019)

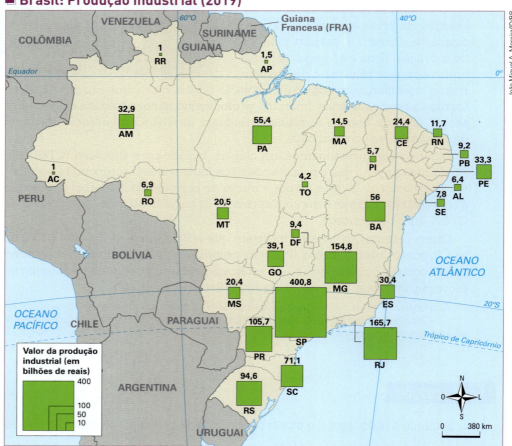

Fonte de pesquisa: Confederação Nacional da Indústria (CNI). Portal da indústria. Disponível em: https://perfildaindustria.portaldaindustria.com.br/ranking?cat=10&id=3555. Acesso em: 25 maio 2023.

Cartogramas

Os cartogramas são representações em que o **tamanho** das unidades administrativas (país, estado, região, etc.) é **proporcional às informações numéricas do tema representado**.

Quanto maior a quantidade da variável representada, maior a unidade administrativa é apresentada no cartograma. Por isso, podem ocorrer **distorções nas formas** das unidades administrativas representadas e também por isso os cartogramas **não têm escalas**. Observe o exemplo ao lado.

No cartograma, verifica-se que a Região Sudeste apresenta o maior PIB, e a Região Norte, o menor. É a diferença de tamanho nas representações das regiões que possibilita essa interpretação.

Observa-se também que a **legenda** do cartograma mostra que cada quadrado que forma as áreas representadas equivale a 1% do PIB de cada região. Por esse motivo, as regiões formadas por maior quantidade de quadrados são as que apresentam os maiores PIBs.

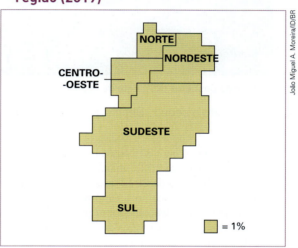

■ **Brasil: Percentual total do PIB por região (2019)**

Fonte de pesquisa: IBGE. *Produto Interno Bruto dos Municípios 2019*. Rio de Janeiro: IBGE, 2021. p. 10. Disponível em: https://biblioteca.ibge.gov.br/visualizacao/livros/liv101896_informativo.pdf. Acesso em: 25 maio 2023.

Pratique

1. Qual figura geométrica foi utilizada para representar a produção industrial no mapa *Brasil: Produção industrial (2019)*?

2. O que possibilita diferenciar o valor da produção industrial nesse mapa?

3. Como podemos perceber a diferença do PIB por região no cartograma acima?

4. Todas as unidades federativas da Região Sudeste estão entre as maiores produtoras industriais? Justifique sua resposta com base no mapa *Brasil: Produção industrial (2019)*.

5. Em relação ao cartograma *Brasil: Percentual total do PIB por região (2019)*, responda:
   a) Como se lê a legenda desse cartograma?
   b) Quais são as duas regiões com os menores PIBs?

6. Explique a diferença entre mapas com figuras geométricas proporcionais e cartogramas.

ATIVIDADES INTEGRADAS

Analisar e verificar

1. Compare as fotos a seguir e descreva as principais características da pecuária extensiva e da pecuária intensiva.

▲ Júlio de Castilhos (RS). Foto de 2020.

▲ Brasilândia (MS). Foto de 2023.

2. Leia o texto a seguir. Depois, responda às questões.

O Brasil encontrou 2 575 pessoas em situação análoga à de escravo em 2022, maior número desde os 2 808 trabalhadores de 2013, segundo informações do Ministério do Trabalho e Emprego. Com isso, o país atinge 60 251 trabalhadores resgatados desde a criação dos grupos especiais de fiscalização móvel, base do sistema de combate à escravidão no país, em maio de 1995. [...]

"O resgate tem por finalidade fazer cessar a violação de direitos, reparar os danos causados no âmbito da relação de trabalho e promover o devido encaminhamento das vítimas para serem acolhidas pela assistência social", afirmou [...] o auditor fiscal do trabalho Maurício Krepsky, chefe da Divisão de Fiscalização para Erradicação do Trabalho Escravo (Detrae) do Ministério do Trabalho e Emprego.

Dos resgatados, 92% eram homens, 29% tinham entre 30 e 39 anos, [...] 23% declararam não ter completado o 5º ano do ensino fundamental, 20% haviam cursado do 6º ao 9º ano incompletos e 7% eram analfabetos. No total, 83% se autodeclararam negros, 15% brancos e 2% indígenas. [...] Do total de resgatados, 87% estavam em atividades rurais. [...]

A Lei Áurea aboliu a escravidão formal em maio de 1888, o que significou que o Estado brasileiro não mais reconhece que alguém seja dono de outra pessoa. Persistiram, contudo, situações que transformam pessoas em instrumentos descartáveis de trabalho, negando a elas sua liberdade e dignidade.

Desde a década de 1940, o Código Penal Brasileiro prevê a punição a esse crime. A essas formas dá-se o nome de trabalho escravo contemporâneo, escravidão contemporânea, condições análogas às de escravo.

De acordo com o artigo 149 do Código Penal, quatro elementos podem definir escravidão contemporânea [...]: trabalho forçado (que envolve cerceamento do direito de ir e vir), servidão por dívida (um cativeiro atrelado a dívidas, muitas vezes fraudulentas), condições degradantes (trabalho que nega a dignidade humana, colocando em risco a saúde e a vida) ou jornada exaustiva (levar ao trabalhador ao completo esgotamento dado à intensidade da exploração, também colocando em risco sua saúde e vida).

[...]

Leonardo Sakamoto. Com 2 500 vítimas em 2022, Brasil chega a 60 mil resgatados da escravidão. *Repórter Brasil*, 24 jan. 2023. Disponível em: https://reporterbrasil.org.br/2023/01/com-2-500-vitimas-em-2022-brasil-chega-a-60-mil-resgatados-da-escravidao/. Acesso em: 25 maio 2023.

a) De acordo com o texto, o Código Penal Brasileiro considera crime quem submete um trabalhador à situação análoga à escravidão. Quais elementos são considerados por esse código para definir esse tipo de trabalho?

b) Em sua opinião, o que pode levar as pessoas a essa situação de trabalho?

c) SABER SER Como você imagina que sejam as condições de vida dessas pessoas? Como você se sentiria nessa situação?

98

Acompanhamento da aprendizagem

3. Leia o texto a seguir e faça o que se pede.

> Os locais que concentram universidades, institutos de ensino e pesquisa e empresas que realizam pesquisas e aplicam alta tecnologia são conhecidos como tecnopolos. Nesses centros, o contato entre atividades de pesquisa tecnológica e inovação dos processos produtivos, assim como a criação de novos materiais, são facilitados pela proximidade entre pessoas com elevado grau de especialização nas áreas em que atuam.
> Os principais tecnopolos brasileiros estão localizados em Campinas, São Carlos e São José dos Campos (SP); Santa Rita do Sapucaí (MG); Recife (PE); e Porto Alegre (RS).
>
> Texto para fins didáticos.

a) O que são tecnopolos?

b) Em grupos, indiquem motivos que expliquem a relevância do desenvolvimento tecnológico para os países, considerando as consequências desse processo para a economia nacional.

c) Com o auxílio de um mapa do Brasil, localize as cidades mencionadas no texto. Em seguida, elaborem um texto que relacione: a distribuição dos tecnopolos brasileiros; a concentração das atividades industriais no país; e a importância do planejamento econômico para o desenvolvimento regional.

Criar

4. O trecho a seguir foi extraído de uma lei brasileira que criou o Sistema Nacional de Segurança Alimentar (Sisa). Leia-o e faça o que se pede.

> Art. 3º – A segurança alimentar e nutricional consiste na realização do direito de todos ao acesso regular e permanente a alimentos de qualidade [...] tendo como base práticas alimentares promotoras da saúde que respeitem a diversidade cultural e que sejam [...] sustentáveis.
>
> Lei n. 11 346, de 15 de setembro de 2006. Disponível em: http://www.planalto.gov.br/ccivil_03/_Ato2004-2006/2006/Lei/L11346.htm. Acesso em: 25 maio 2023.

- Com um colega, interpretem o texto e reescrevam-no com as suas palavras. Na opinião de vocês, quais iniciativas do Estado e da população podem contribuir para que esse direito seja assegurado?

5. Considerando o que você estudou nesta unidade, elabore duas linhas do tempo: uma deve abordar a evolução da atividade agropecuária no Brasil; e a outra apresentar os principais fatos que fizeram parte do processo de industrialização brasileira. Siga o modelo abaixo e, se julgar necessário, realize pesquisas para complementar as linhas do tempo com informações que considerar importantes.

Evolução da agricultura no Brasil

Fim do século XIX: O cultivo de café se expande do vale do Paraíba para o Oeste Paulista.

SÉC. XX

1950: A Revolução Verde se inicia nos EUA.

Século XX: Desenvolvem-se lavouras comerciais de arroz no Rio Grande do Sul e se ampliam no Brasil cultivos de soja, laranja e cana-de-açúcar.

1960: Início da modernização agrícola no Brasil. A fronteira agrícola avança pelas regiões Centro-Oeste e Norte.

1973: Fundação da Embrapa.

SÉC. XXI

Século XXI: A fronteira agrícola se expande pela Amazônia e pelo Cerrado.

99

CIDADANIA GLOBAL
UNIDADE 3

Retomando o tema

Ao longo desta unidade, você pôde identificar interações entre diferentes atividades econômicas, profissionais e instituições. Também foi levado a perceber a importância do estabelecimento de parcerias no desenvolvimento de novos produtos e formas de produção, como ocorreu com a criação da Embrapa e do Proálcool a partir da década de 1970. Estabelecer parcerias como essas capazes de melhorar as condições de vida no mundo, é um dos Objetivos de Desenvolvimento Sustentável propostos pela ONU, o ODS 17 - Parcerias e meios de implementação.

1. Cite algumas das principais dificuldades enfrentadas pelos trabalhadores rurais no Brasil.
2. Quais contribuições o conhecimento científico é capaz de proporcionar à produção agropecuária e industrial?
3. Quais setores se beneficiam da produção de tecnologias avançadas no Brasil?

Geração da mudança

- Agora, com base nas informações coletadas e nas reflexões que vocês fizeram ao longo desta unidade, imaginem que cada integrante do grupo é um produtor rural da agricultura familiar. Elaborem um projeto de cooperativa para impulsionar a produção agrícola no município em que vivem.

- Considerem como vocês deverão organizar a produção e a comercialização, quais parcerias devem estabelecer entre vocês e com as instituições de pesquisa agrícola e definam quais regras devem estar presentes no regimento da cooperativa. Em caso de discordâncias, dialoguem e realizem votações para manifestar opiniões e tomar decisões conjuntas.

- No projeto, incluam uma iniciativa de turismo rural – a ser implementada em parceria com a prefeitura do município – para trazer renda e divulgar a produção orgânica local.

Autoavaliação

UNIDADE 4

BRASIL: URBANIZAÇÃO, INFRAESTRUTURA E SOCIEDADE

PRIMEIRAS IDEIAS

1. Você sabe quando surgiram as primeiras cidades no Brasil?
2. O que você sabe acerca da situação das redes de transporte no Brasil?
3. Quais são os principais problemas enfrentados pelas pessoas que vivem em grandes cidades brasileiras?
4. Discuta com os colegas e o professor sobre esta questão: O Brasil pode ser considerado um país desenvolvido?

Conhecimentos prévios

Nesta unidade, eu vou...

CAPÍTULO 1 — Urbanização brasileira

- Compreender o processo de urbanização no Brasil.
- Analisar a importância do êxodo rural nesse processo.
- Caracterizar os principais problemas urbanos.
- Examinar as desigualdades no deslocamento urbano e os impactos disso na qualidade de vida das pessoas.
- Conhecer os conceitos de metrópole, conurbação e região metropolitana.

CAPÍTULO 2 — Transportes e comunicação

- Analisar as infraestruturas de transporte e de comunicação no Brasil contemporâneo, destacando suas principais características e limitações.
- Compreender o processo histórico de construção dessas infraestruturas e sua relação com a integração nacional.
- Examinar impactos relativos à falta de acesso à internet e grupos afetados por eles.

CAPÍTULO 3 — Trabalho e sociedade

- Caracterizar as diferentes formas de trabalho no Brasil, assim como as condições gerais de vida da população.
- Reconhecer a importância da educação para a melhoria dos indicadores sociais.
- Conhecer o nível de desenvolvimento humano do meu estado.
- Compreender os conceitos de População Economicamente Ativa (PEA), trabalho informal e desemprego conjuntural e desemprego estrutural.
- Discutir o papel da mulher no mundo do trabalho e na sociedade brasileira.
- Identificar causas e consequências do trabalho infantil no Brasil.
- Compreender o que são mapas colaborativos no contexto da cartografia digital.

CIDADANIA GLOBAL

- Identificar efeitos das disparidades sociais na vida individual e no acesso a serviços de saúde e de educação e a oportunidades de emprego.
- Representar graficamente e divulgar para a minha comunidade escolar dados referentes às condições de vida no Brasil, para incentivar ações individuais e coletivas que visem à redução das desigualdades no país.

101

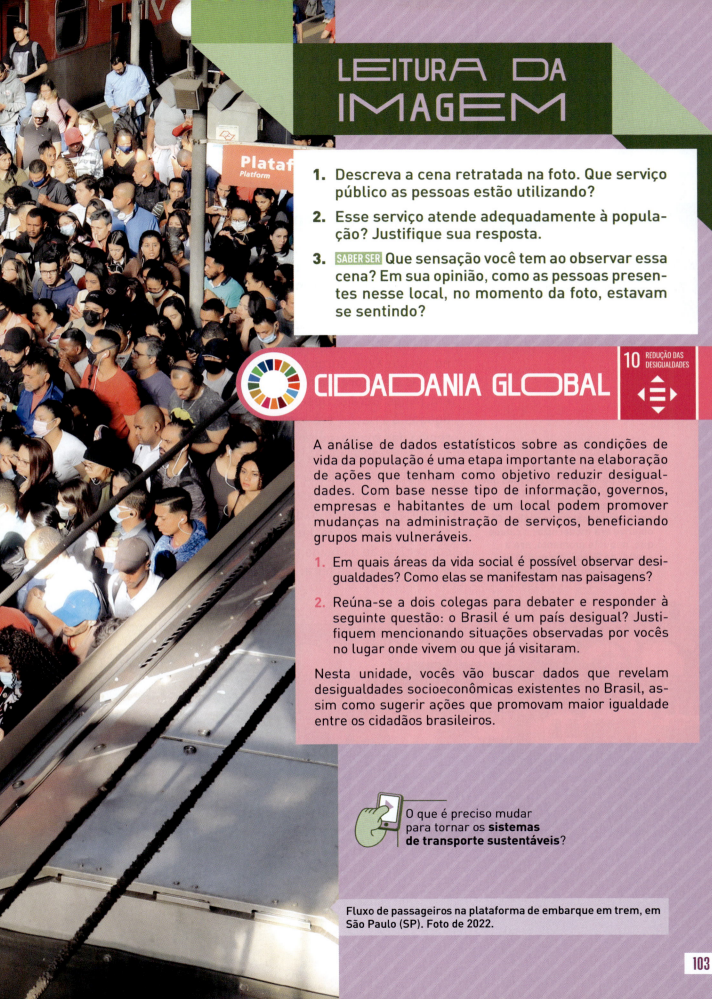

LEITURA DA IMAGEM

1. Descreva a cena retratada na foto. Que serviço público as pessoas estão utilizando?
2. Esse serviço atende adequadamente à população? Justifique sua resposta.
3. SABER SER Que sensação você tem ao observar essa cena? Em sua opinião, como as pessoas presentes nesse local, no momento da foto, estavam se sentindo?

CIDADANIA GLOBAL

10 REDUÇÃO DAS DESIGUALDADES

A análise de dados estatísticos sobre as condições de vida da população é uma etapa importante na elaboração de ações que tenham como objetivo reduzir desigualdades. Com base nesse tipo de informação, governos, empresas e habitantes de um local podem promover mudanças na administração de serviços, beneficiando grupos mais vulneráveis.

1. Em quais áreas da vida social é possível observar desigualdades? Como elas se manifestam nas paisagens?
2. Reúna-se a dois colegas para debater e responder à seguinte questão: o Brasil é um país desigual? Justifiquem mencionando situações observadas por vocês no lugar onde vivem ou que já visitaram.

Nesta unidade, vocês vão buscar dados que revelam desigualdades socioeconômicas existentes no Brasil, assim como sugerir ações que promovam maior igualdade entre os cidadãos brasileiros.

O que é preciso mudar para tornar os **sistemas de transporte sustentáveis**?

Fluxo de passageiros na plataforma de embarque em trem, em São Paulo (SP). Foto de 2022.

CAPÍTULO 1
URBANIZAÇÃO BRASILEIRA

PARA COMEÇAR
Quais transformações o desenvolvimento das cidades causa nas paisagens?
O que você sabe a respeito do desenvolvimento das cidades brasileiras?

PRIMEIROS NÚCLEOS URBANOS

As primeiras cidades brasileiras surgiram no período colonial – a maioria delas no litoral. Essas cidades tinham a função de **centros de defesa militar** e nelas administrava-se o escoamento de produtos pelos portos. Entre elas, podemos citar Salvador, Recife e Rio de Janeiro.

Com a descoberta de jazidas de ouro e de pedras preciosas no século XVIII, surgiram, no interior do Brasil, muitas cidades ligadas à **exploração mineral**, como Vila Rica (atual Ouro Preto), em Minas Gerais. Desenvolveram-se também centros urbanos ligados à criação e à venda de gado para o abastecimento da região das minas, como Sorocaba, em São Paulo.

Em 1763, o Rio de Janeiro passou a ser a capital da Colônia. Tal iniciativa tinha como objetivo aproximar a administração colonial das áreas mineradoras, garantindo um controle mais rigoroso do envio das riquezas minerais para Portugal. No século XIX, o Rio de Janeiro tornou-se a maior cidade do país, concentrando o ensino e as atividades culturais da elite política e econômica brasileira.

▼ Entre 1902 e 1906, o Rio de Janeiro passou por diversas reformas que reestruturaram seu espaço urbano, com a ampliação de ruas e obras de saneamento básico. O objetivo era modernizar a cidade que, naquele momento, era a capital do Brasil. Arcos da Lapa, Rio de Janeiro (RJ). Foto de 1905.

POPULAÇÃO URBANA EM CRESCIMENTO

Com a ampliação do cultivo de café no Brasil, surgiram novos núcleos urbanos ligados à **economia cafeeira**. No início do século XX, a cidade de São Paulo crescia em ritmo acelerado. A capital paulista integrava, por meio de **ferrovias**, as áreas produtoras de café e o porto de Santos, por onde era escoada a produção.

Entre o fim do século XIX e o início do século XX, diversos **imigrantes** chegaram ao Brasil para trabalhar na cafeicultura. Outros fixaram-se nas cidades, onde podiam exercer atividades artesanais e trabalhar como operários ou comerciantes. Cada vez mais pessoas se dedicavam a diferentes atividades econômicas, incrementando o comércio e os serviços e, assim, supriam o mercado consumidor nacional em expansão.

Em meados do século XX, o avanço da **industrialização** no Sudeste, simultâneo à queda na produção cafeeira, provocou a migração de trabalhadores do campo para as cidades, à procura de emprego nas fábricas e na construção civil. A cidade de São Paulo, que já tinha condições favoráveis de infraestrutura, mão de obra e pequenos grupos fabris, tornou-se a principal região industrial do país. O **êxodo rural**, portanto, intensificou a concentração populacional nas cidades, constituindo, com a industrialização, um dos pilares da urbanização brasileira.

PROCESSO DE URBANIZAÇÃO

A urbanização brasileira ocorreu apenas na segunda metade do século XX, momento em que o número de habitantes das áreas urbanas superou o das áreas rurais. Em 1940, a população urbana representava 30% do total de habitantes do país. Na década de 1960, essa parcela se igualou e ultrapassou a população rural, e continuou a crescer de modo acelerado nas décadas seguintes. Segundo o Banco Mundial, em 2021, 87,3% da população brasileira vivia em cidades.

Nos anos 1970, com a **expansão das atividades agropecuárias**, a Região Centro-Oeste e Rondônia, na Região Norte, atraíram um forte fluxo migratório do Sul do Brasil e tiveram um crescimento da urbanização. Assim, muitos núcleos urbanos nessas regiões cresceram em função das atividades agropecuárias.

Do mesmo modo, o processo de **redistribuição espacial da indústria**, intensificado a partir da década de 1990, levou ao desenvolvimento de polos industriais nos estados do Nordeste e do Centro-Oeste e nas capitais dos estados do Norte, gerando fluxos migratórios para esses locais. Os estados do Sul, que já apresentavam industrialização mais antiga, aceleraram a concentração de atividades industriais e a urbanização.

▲ Construída para fazer o escoamento da produção cafeeira, a ferrovia São Paulo Railway ligava as cidades de Jundiaí e Santos cortando a cidade de São Paulo. A ferrovia promoveu o desenvolvimento de muitos distritos industriais da capital paulista, como Brás e Lapa. Construção da Estação da Luz, que fazia parte da ferrovia, em São Paulo (SP). Foto c. 1900.

PARA EXPLORAR

Êxodo rural e urbanização, de Fernando Portela e José William Vesentini. São Paulo: Ática.
Tonho Leitão e sua família deixam o município de Pedreira, na Bahia. Após um período em Ilhéus, também na Bahia, mudam-se para São Paulo, onde há maior oferta de emprego. O livro aborda aspectos do processo de urbanização do Brasil.

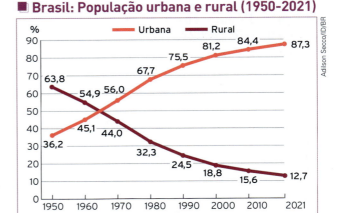

Fontes de pesquisa: IBGE. Sidra. Disponível em: https://sidra.ibge.gov.br/tabela/1288#resultado. Banco Mundial. Disponível em: https://data.worldbank.org/indicator/SP.URB.TOTL.IN.ZS?locations=BR. Acessos em: 30 maio 2023.

CRESCIMENTO ACELERADO E PROBLEMAS URBANOS

O processo de urbanização no Brasil ocorreu de modo acelerado, e muitas cidades surgiram e cresceram **sem planejamento**. A partir da crise econômica da década de 1980, sobretudo, as periferias das cidades – áreas onde os preços dos terrenos e os aluguéis costumam ser mais baixos – cresceram de maneira desordenada, com **pouca infraestrutura** urbana e **baixa oferta de serviços**. Veja a seguir alguns dos problemas que afligem as populações urbanas.

▲ Deslizamento de terra em área de encosta em Franco da Rocha (SP). Foto de 2022.

MORADIA

O Brasil apresenta elevado **déficit habitacional**, ou seja, é muito grande o número de pessoas que não têm acesso a moradias apropriadas. No meio urbano, o déficit habitacional é uma consequência, principalmente, da combinação entre o crescimento acelerado e sem planejamento e a pobreza, que dificulta o acesso da população com menor renda a um imóvel.

Parte significativa dessa população vive em favelas, em áreas de mananciais, às margens de rios e córregos – áreas sujeitas a enchentes – e em encostas de morros – sujeitas a desmoronamentos. Além disso, há um alto contingente de pessoas que vivem em **situação de rua**.

A falta de moradias adequadas, apesar de ser um problema antigo no Brasil, piorou com a chegada da pandemia de covid-19. A crise econômica agravada pela pandemia levou ao aumento do desemprego. Com a diminuição da renda, várias famílias não conseguiram mais manter seu modo de vida e tiveram de se mudar para locais com moradias mais precárias ou menos seguras.

Devido a esses mesmos fatores, durante a pandemia também aumentou o número de pessoas em situação de rua. O Brasil não tem um cadastro nacional da população em situação de rua, o que dificulta a estimativa desse quadro mais próxima da realidade. No entanto, cálculos aproximados do Instituto de Pesquisa Econômica Aplicada (Ipea) revelam que a população em situação de rua chegou a cerca de 281 mil pessoas em 2022. Desde 2012, ainda segundo o Ipea, o número de pessoas em situação de rua aumentou ano a ano.

manancial: área de nascente de rios ou de captação de água.

O que é **moeda social**? Qual é a importância de moedas alternativas para pessoas em situações de vulnerabilidade?

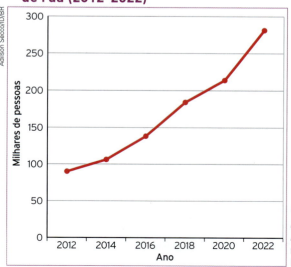

■ Brasil: População em situação de rua (2012-2022)

Fonte de pesquisa: Instituto de Pesquisa Econômica Aplicada (Ipea). *Estimativa da população em situação de rua no Brasil (2012-2022) – Publicação preliminar*. Brasília: Ipea, 2022. Disponível em: https://repositorio.ipea.gov.br/bitstream/11058/11604/1/NT_Estimativa_da_Populacao_Publicacao_Preliminar.pdf. Acesso em: 30 maio 2023.

VIOLÊNCIA

Nas últimas décadas, a violência urbana tem crescido, envolvendo principalmente a população jovem das periferias das grandes cidades. A desigualdade de renda e de oportunidades no Brasil, junto à **crise econômica**, ao **desemprego** elevado e ao crescimento de grupos armados de **narcotraficantes** e de **milícias**, tem submetido a população pobre das periferias a situações de violência.

TRANSPORTE

O transporte é um grande problema no cotidiano das grandes metrópoles. Os trabalhadores gastam muito tempo no deslocamento entre a moradia e o trabalho, seja pela grande distância percorrida, seja pelo tráfego intenso de veículos. Além disso, em geral, o transporte público tem custo alto e má qualidade.

A **superlotação** dos transportes públicos também é um grande problema para a mobilidade urbana no Brasil. Esse problema se agravou durante a pandemia de covid-19, pois os transportes públicos lotados se tornaram um ambiente propício à circulação do vírus, devido à falta de ventilação adequada e de distanciamento social. Moradores das periferias, que passam muitas horas no transporte coletivo e não puderam realizar trabalho remoto, foram os mais impactados por esse problema.

POLUIÇÃO

Uma das consequências da intensa industrialização, somada à grande concentração populacional em grandes cidades, é a **poluição atmosférica**. Provocada basicamente por veículos e indústrias, a poluição causa sérios problemas de saúde, o que pode reduzir a expectativa de vida.

SANEAMENTO BÁSICO

A carência de infraestrutura é um grave problema enfrentado pelas populações que vivem em centros urbanos brasileiros, especialmente as que residem nas periferias das cidades. O acesso ao saneamento básico – composto de redes de **abastecimento de água potável**, serviços de coleta e destinação do **lixo** e captação de **esgoto** – é muito precário.

O lixo produzido em grande escala e sem destinação adequada é descartado em rios e córregos, colocando em risco a saúde das pessoas que vivem próximo a esses lugares.

O investimento em redes de saneamento básico é fundamental para diminuir casos de doenças transmitidas pela água contaminada e por animais que se proliferam em áreas onde esse serviço é ineficiente (como mosquitos e ratos). Investir em saneamento básico é investir em saúde pública.

CIDADANIA GLOBAL

ACESSIBILIDADE URBANA

O tempo gasto com o deslocamento nas cidades não depende somente da dimensão da área urbana, mas também da distribuição e disponibilidade de serviços, emprego e áreas de lazer.

Em pesquisa realizada sobre as condições de transporte das principais cidades brasileiras, São Paulo aparece como a cidade com maior desigualdade entre ricos e pobres no tempo de deslocamento até o local trabalho (quanto menor o poder aquisitivo, mais tempo é gasto no deslocamento). A análise de aspectos raciais também revela disparidades: em Belo Horizonte, Curitiba e Campinas a população branca dispõe do dobro de serviços especializados de saúde que a população negra, disponíveis em deslocamentos a pé por até 60 minutos.

1. Discuta com os colegas e sugiram três ações a serem realizadas pelo poder público para reduzir o tempo gasto com deslocamento nas grandes cidades.

2. Em sua opinião, como a eficiência dos transportes urbanos pode afetar a qualidade de vida da população?

3. Levante informações sobre se há descontentamento da população quanto aos serviços de transporte público no seu município ou na capital do estado em que você vive. Busque notícias em revistas e jornais (impressos e *online*) sobre o valor das tarifas, a qualidade dos serviços, a existência de corredores de ônibus, entre outras informações que revelem a qualidade dos serviços de transporte público nesta cidade.

GRANDES METRÓPOLES

Muitas cidades são **polos de atração populacional**. Em 2022, de acordo com o IBGE, as dez cidades mais populosas do país eram listadas nesta ordem: São Paulo, Rio de Janeiro, Brasília, Salvador, Fortaleza, Belo Horizonte, Manaus, Curitiba, Recife e Goiânia.

Em muitos casos, o intenso crescimento deu origem a **regiões metropolitanas** – aglomerações urbanas nas quais uma cidade principal está interligada a outras, compartilhando com elas serviços de transporte, redes de distribuição de água ou de esgoto, entre outros.

Nas áreas metropolitanas, muitas vezes ocorre o fenômeno de **conurbação**, ou seja, as áreas urbanas de municípios vizinhos se expandem e se unem, sem que seja possível distinguir claramente os limites entre uma cidade e outra.

Outro fenômeno comum em grandes metrópoles brasileiras é a **verticalização**, que consiste no aumento da construção de edificações com muitos andares, consequência do crescimento populacional e do avanço das tecnologias de arquitetura e construção.

▲ O município de Londrina (PR) apresenta áreas de conurbação com municípios vizinhos, como Ibiporã, Tamarana e Cambé. Londrina (PR). Foto de 2023.

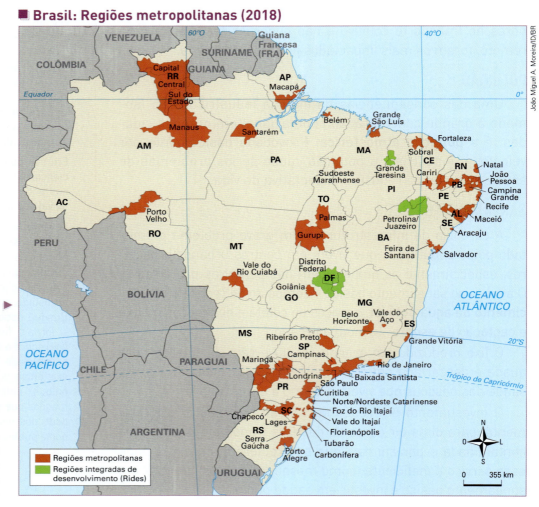

■ **Brasil: Regiões metropolitanas (2018)**

► As Regiões Integradas de Desenvolvimento (RIDEs) são aglomerações urbanas que envolvem áreas de mais de uma unidade da federação.

Fonte de pesquisa: *Atlas geográfico escolar*. 8. ed. Rio de Janeiro: IBGE, 2018. p. 145.

108

ATIVIDADES

Acompanhamento da aprendizagem

Retomar e compreender

1. Caracterize as primeiras cidades brasileiras do período colonial.
2. Explique o papel dos imigrantes na urbanização do Brasil.
3. Quais são os principais problemas gerados pela urbanização acelerada das grandes cidades brasileiras?
4. Cite três problemas ambientais decorrentes do processo de urbanização no Brasil e descreva-os.
5. Observe o gráfico e depois responda às questões.

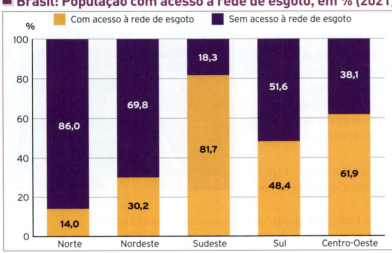

Fonte de pesquisa: Ministério do Desenvolvimento Regional. Secretaria Nacional de Saneamento. Sistema Nacional de Informações sobre Saneamento (SNIS). *Diagnóstico temático*: serviços de água e esgoto - visão geral. Brasília: SNIS, 2022. Disponível em: https://arquivos-snis.mdr.gov.br/REPUBLICACAO_DIAGNOSTICO_TEMATICO_VISAO_GERAL_AE_SNIS_2022.pdf. Acesso em: 30 maio 2023.

a) Qual era a região brasileira com mais acesso à rede de esgoto em 2021? E a com menos acesso?
b) Por que a falta de acesso a saneamento básico é um problema sério?

Aplicar

6. O cartum faz referência à temática do transporte público. Explique a crítica expressa por ele e a relação dessa crítica com a realidade das grandes cidades brasileiras.

◀ Cartum de Ricardo Manhães.

109

CONTEXTO
DIVERSIDADE

Um olhar indígena sobre o metrô de São Paulo

No texto a seguir, o escritor indígena Daniel Munduruku faz uma reflexão sobre o metrô da capital de São Paulo, importante meio de transporte da cidade e um dos símbolos da urbanização paulistana.

Uma das mais intrigantes invenções humanas é o metrô. Não digo que seja intrigante para o homem comum, acostumado com os avanços tecnológicos. Penso no homem da floresta, acostumado com o silêncio da mata, com o canto dos pássaros ou com a paciência constante do rio que segue seu fluxo rumo ao mar. [...]

Os índios sempre ficam encantados com a agilidade do grande tatu metálico. Lembro de mim mesmo quando cheguei a São Paulo. Ficava muito tempo atrás desse tatu, apenas para observar o caminho que ele fazia.

O tatu da floresta tem uma característica muito interessante: ele corre para sua toca quando se vê acuado pelos seus predadores.. [...]

O tatu metálico da cidade não tem este medo. É ele que faz o seu caminho, mostra a direção, rasga os trilhos como quem desbrava. É ele que segue levando pessoas para os seus destinos. [...]

[...] Pensei também no tempo de antigamente, quando o Tatuapé era um lugar de caça ao tatu. Índios caçadores entravam em sua mata apenas para saber onde estavam as pegadas do animal. [...].

Voltei a pensar no tatu da cidade, que não pode servir de alimento, mas é usado como transporte para a maioria das pessoas poder encontrar seu próprio alimento. Andando no metrô que seguia rumo ao Tatuapé, fiquei mirando os prédios que ele cortava como se fossem árvores gigantes de concreto. Naquele itinerário eu ia buscando algum resquício das antigas civilizações que habitaram aquele vale. Encontrei apenas urubus que sobrevoavam o trem [...]. Vi um gavião que voava indiferente por entre os prédios. Não vi nenhum tatu e isso me fez sentir saudades de um tempo em que a natureza imperava nesse pedaço de São Paulo habitado por índios Puris. [...]

Tatuapé. Daniel Munduruku. *Crônicas de São Paulo*: um olhar indígena. São Paulo: Callis, 2010. p. 15-16.

▲ Pessoas em estação de metrô na cidade de São Paulo (SP). Foto de 2021.

tatuapé: termo do tupi-guarani que significa "o caminho do tatu"; também é o nome de um bairro da cidade de São Paulo.

Para refletir

1. Como a urbanização pode alterar as paisagens? Responda com base no texto e em seus conhecimentos.

2. **SABER SER** O autor tem uma visão sobre o metrô e sua relação com São Paulo que possivelmente não é a mesma de outros habitantes. Por que é importante respeitar visões de mundo diferentes das nossas?

CAPÍTULO 2
TRANSPORTES E COMUNICAÇÃO

PARA COMEÇAR
Em sua opinião, de que maneira a qualidade da infraestrutura de transporte e de comunicação pode interferir no desenvolvimento econômico de um país ou de uma região? E na vida da população que vive nessa localidade?

INTEGRAÇÃO DO TERRITÓRIO NACIONAL

Nas primeiras décadas do século XX, o Brasil era predominantemente rural, e as áreas agroprodutoras eram relativamente independentes umas das outras. A partir de 1930, houve grande preocupação em integrar o país e desenvolver um **mercado interno** nacional menos regionalizado.

A necessidade de ocupação do território brasileiro foi tratada não apenas como questão de ordem econômica, mas também de **segurança nacional**. A vasta fronteira continental do país já havia sido motivo de disputas anteriores com países vizinhos por causa de seu escasso povoamento. A solução adotada para promover a integração nacional foi a construção de uma extensa **malha rodoviária**, ligando os pontos mais isolados do país aos centros economicamente mais dinâmicos.

A transferência da capital federal para o interior do território brasileiro, em 1960, também incentivou a migração da população e das atividades econômicas das zonas costeiras para essa área. Com a implantação de novas rodovias e de rotas aéreas que interligaram o Distrito Federal a diversas cidades brasileiras, **Brasília** transformou-se em um ponto de conexão aérea e terrestre, integrando a Região Centro-Oeste a outras regiões do país.

▼ A rodovia Belém-Brasília começou a ser construída em 1958. Na época de sua construção, foi chamada de "a rodovia da unidade nacional" por interligar a nova capital ao Norte do país. Trecho da Rodovia Belém-Brasília em Morrinhos (GO). Foto de 2021.

111

REDES DE TRANSPORTE

As dimensões continentais do Brasil e algumas de suas condições naturais, como a grande extensão dos rios navegáveis, possibilitam o desenvolvimento de diversas modalidades (ou modais) de transporte: **rodoviário**, **aquaviário** (fluvial e marítimo), **ferroviário**, **dutoviário** (dutos que levam gás, óleo e minérios) e **aéreo**.

TRANSPORTE RODOVIÁRIO

A partir da segunda metade do século XX, sobretudo, o Estado brasileiro optou pela ampliação da rede rodoviária para o transporte de pessoas e de mercadorias. Essa opção está diretamente ligada à implantação da indústria automobilística no Brasil, a partir da década de 1950.

O transporte de carga por rodovias tem **custo mais elevado** do que o de outros meios, pois o volume transportado por caminhões é pequeno se comparado ao volume que pode ser transportado por trens, barcos e navios. Além disso, o transporte rodoviário gera impactos no meio ambiente, pois, em sua maioria, utiliza gasolina e óleo *diesel*, derivados de combustíveis fósseis, que poluem o ar. Em muitos casos, ainda, áreas de vegetação são desmatadas para a construção de rodovias.

A forte dependência do transporte rodoviário – mais de 60% de tudo o que circula no país é transportado sobre rodas – pode desencadear crises de abastecimento, como a que ocorreu em maio de 2018. Após 11 dias de paralisação dos caminhoneiros, o abastecimento de alimentos e, principalmente, de combustíveis afetou todo o país.

■ Brasil: Principais rodovias (2021)

▲ As rodovias radiais partem de Brasília, capital federal, em direção às extremidades do país.

Fonte de pesquisa: Ministério da Infraestrutura. Disponível em: https://www.gov.br/dnit/pt-br/assuntos/planejamento-e-pesquisa/dnit-geo/mapas-multimodais/mapas-2021/br_2021.pdf. Acesso em: 30 maio 2023.

▶ A principal reivindicação dos caminhoneiros na paralisação de 11 dias, em maio de 2018, era a redução do preço do *diesel*. A greve evidenciou a dependência da modalidade rodoviária no transporte de mercadorias no Brasil. Caminhões bloqueiam parte da BR-408, em Paudalho, (PE). Foto de 2018.

TRANSPORTE FERROVIÁRIO

A expansão da malha ferroviária no Brasil iniciou-se no século XIX para escoar a produção cafeeira e, assim, concentra-se sobretudo no Sudeste. No entanto, devido à priorização do transporte rodoviário, a malha ferroviária não foi ampliada e, em muitos casos, foi abandonada ou desativada.

No Brasil, o transporte ferroviário é pouco utilizado para o deslocamento de pessoas. Os maiores investimentos nesse setor se concentram no **transporte de carga**. Em 2022, foi regulamentada a Lei das Ferrovias, cujo objetivo é a atração de investimentos provenientes do setor privado. Com isso, a intenção é construir novos trilhos e aproveitar trechos já existentes, mas que, atualmente, estão sem utilização.

TRANSPORTE AÉREO

No Brasil são utilizados principalmente ônibus e aviões para o transporte de passageiros por **longas distâncias** (superiores a 75 quilômetros). Até 2010, o transporte rodoviário era o mais utilizado pelas pessoas em viagens interestaduais longas. Posteriormente, o transporte aéreo passou a predominar. Isso pode ser explicado, em parte, pela redução do custo das passagens aéreas e pelo aumento do poder de consumo da população em geral.

O crescimento do transporte aéreo foi prejudicado pela crise econômica que atingiu o Brasil após 2015, com estabilização no número de passageiros transportados. Com a pandemia de covid-19, no ano de 2020 o número de passageiros foi 56% menor que o do ano anterior, segundo o Anuário do Transporte Aéreo.

■ Brasil: Ferrovias (2021)

Fonte de pesquisa: Ministério da Infraestrutura. Disponível em: https://www.gov.br/dnit/pt-br/assuntos/planejamento-e-pesquisa/dnit-geo/mapas-multimodais/mapas-2021/br_2021.pdf. Acesso em: 30 maio 2023.

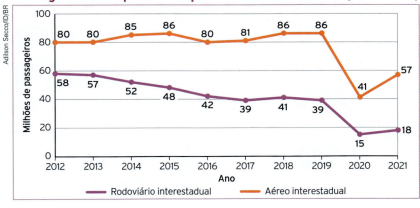

■ Brasil: Evolução do número de passageiros interestaduais de longa distância pelos transportes aéreo e rodoviário (2012-2021)

Entre 2019 e 2020, fica evidente a queda acentuada no número de passageiros tanto no transporte aéreo quanto no rodoviário devido às restrições impostas pela pandemia de covid-19.

Fonte de pesquisa: Agência Nacional de Aviação Civil (Anac). *Transporte Interestadual Regular de Passageiros – Aéreo e Rodoviário*. Disponível em: https://www.gov.br/anac/pt-br/assuntos/dados-e-estatisticas/mercado-do-transporte-aereo/transporte-interestadual-regular-de-passageiros-2013-aereo-e-rodoviario. Acesso em: 30 maio 2023.

TRANSPORTE FLUVIAL

Nos últimos anos, o Brasil procurou desenvolver o transporte fluvial de cargas com a criação de **hidrovias**, uma modalidade de custo menor que o do transporte rodoviário. Além disso, a rede hidrográfica com **rios navegáveis** é muito extensa no Brasil e possibilita a integração de diversas regiões, bem como a conexão com o litoral e com grandes portos marítimos.

A hidrovia Tietê-Paraná é responsável pelo transporte de grande parte da produção agrícola do Centro-Oeste e do Sul do país e favorece o comércio internacional com a Argentina e o Uruguai. A hidrovia Tocantins-Araguaia, com 2 700 quilômetros de extensão, estabelece uma importante ligação entre a Região Centro-Oeste e o sul do Pará, permitindo que se reduza o custo do escoamento da produção agrícola e de insumos.

▲ A Região Norte, por concentrar a rede hidrográfica com maior navegabilidade, era responsável, em 2021, por mais de 70% do transporte fluvial de cargas dentro do território brasileiro. O transporte fluvial também é muito utilizado pela população local.

Fonte de pesquisa: Ministério da Infraestrutura. Disponível em: https://www.gov.br/dnit/pt-br/assuntos/planejamento-e-pesquisa/dnit-geo/mapas-multimodais/mapas-2021/br_2021.pdf. Acesso em: 30 maio 2023.

TERMINAIS INTERMODAIS

No mundo atual, é cada vez mais importante que os meios de transporte sejam mais eficientes e rápidos. Nos portos e aeroportos, ocorre a **interligação** de diversos **meios de transporte** – que trazem ou levam matérias-primas, bens e mercadorias – com terminais ferroviários e rodoviários.

No Brasil, no entanto, ainda há carência de terminais intermodais eficientes. Os custos para a instalação e a manutenção desses terminais são elevados, e a modernização dos terminais já existentes também requer alto investimento.

A diminuição do tempo de espera para o carregamento de produtos nos terminais intermodais significa menor custo de estocagem e maior rapidez na circulação. Complexo portuário intermodal em São Simão (GO). Foto de 2020.

COMUNICAÇÕES NO BRASIL

O **telefone** foi introduzido no Brasil no século XIX. No início do século XX, o serviço de telefonia era restrito a poucas cidades. Em 1907, havia apenas 15 mil linhas telefônicas no país. Apenas em 1965 foi criada a Intelbras, empresa responsável por integrar e ampliar o sistema nacional de telefonia.

A introdução do **rádio** no Brasil, em 1922, mudou os costumes da população, **interligou o território nacional** e este ao mundo. Esse meio de comunicação popularizou-se rapidamente nas décadas de 1930 e 1940.

Na década de 1950, a **televisão** uniu a imagem ao som e promoveu novos hábitos na sociedade brasileira. Posteriormente, na década de 1970, com a **comunicação via satélite**, iniciaram-se as transmissões de televisão em rede nacional.

TELECOMUNICAÇÕES NO BRASIL

No início do século XX, o sistema de telecomunicações no Brasil era controlado por empresas particulares. Durante os anos 1960, esse sistema passou a ser responsabilidade do Estado; nos anos 1990, essa atividade foi privatizada, ou seja, as empresas de propriedade do Estado responsáveis por executá-la foram vendidas em leilões para companhias privadas.

O acesso à **internet** teve crescimento acelerado nos últimos anos, mas ainda se concentra em algumas regiões. Nas regiões Norte e Nordeste, o número de pessoas com acesso à internet é inferior em relação às regiões Centro-Oeste, Sul e Sudeste do Brasil. Segundo o IBGE, em 2021, na Região Nordeste, 85,2% dos domicílios tinham acesso à internet, enquanto, no Centro-Oeste, 93,4% estavam ligados à rede mundial de computadores.

A pandemia de covid-19 mostrou que o acesso à internet no Brasil é desigual, tanto em termos sociais quanto geográficos. O número de domicílios com acesso à internet é muito menor no interior do país, na periferia das grandes cidades e nas áreas rurais.

No contexto da pandemia, o aumento da demanda por internet de alta velocidade para as aulas virtuais e o trabalho remoto demonstrou que grande parte das famílias acessavam a internet por meio de rede de dados dos celulares, mais cara e menos veloz. Saiba mais sobre o acesso à internet no Brasil no infográfico das páginas seguintes.

CIDADANIA GLOBAL

DESIGUALDADES NO ACESSO À INTERNET

A população com acesso à internet cresce rapidamente no Brasil. Entre 2019 e 2021, a parcela de domicílios com internet passou de 71% para 82% do total. No entanto, a frequência e a qualidade do acesso variam muito entre classes sociais. A população com menor renda usa a internet, principalmente, por telefones celulares com planos pré-pagos, que restringem a velocidade do serviço após o limite de dados contratado ser atingido. Como consequência, muitos usuários passam parte do mês sem acesso pleno à rede.

1. Discuta com os colegas e respondam à questão: Como a falta de acesso à internet pode afetar a vida da população?

2. Realize uma busca de informação para identificar desigualdades no acesso à internet entre: a população rural e urbana; pessoas ou domicílios com diferentes níveis de renda; jovens, adultos e idosos.

Como se deu a implantação e a evolução dos **meios de comunicação no Brasil** desde o início do processo de colonização?

Crianças indígenas da etnia Guarani Mbya, da aldeia Mata Verde Bonita, estudando em casa com aula remota, por celular, em Maricá (RJ). Foto de 2021.

Comunicações no Brasil: a internet

Os meios de comunicação transmitem mensagens, informações e ideias. Eles possibilitam a interação de pessoas, empresas, grupos sociais e políticos, órgãos governamentais, etc., promovendo a integração do território nacional.

Dentre os meios de comunicação, a internet tem se destacado por sua conectividade e importância nas relações sociais e no mundo do trabalho. De maneira inédita, ela passou a viabilizar o contato entre as pessoas, em diferentes locais, praticamente em tempo real.

Como qualquer meio de comunicação, a internet necessita de infraestrutura física para funcionar: redes de fibra óptica, cabos submarinos, servidores de dados e satélites, entre outros dispositivos. Esses componentes estão distribuídos de forma desigual pelo Brasil e pelo mundo.

No infográfico a seguir, confira as diferentes formas de acesso à internet e a distribuição das principais redes de cabos que transmitem a informação pelo país.

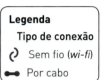

Legenda
Tipo de conexão
- Sem fio (*wi-fi*)
- Por cabo

Como acessamos a internet?

O diagrama mostra de modo simplificado o caminho percorrido pelos dados até chegar à rede principal da internet, formada por cabos de fibra óptica.

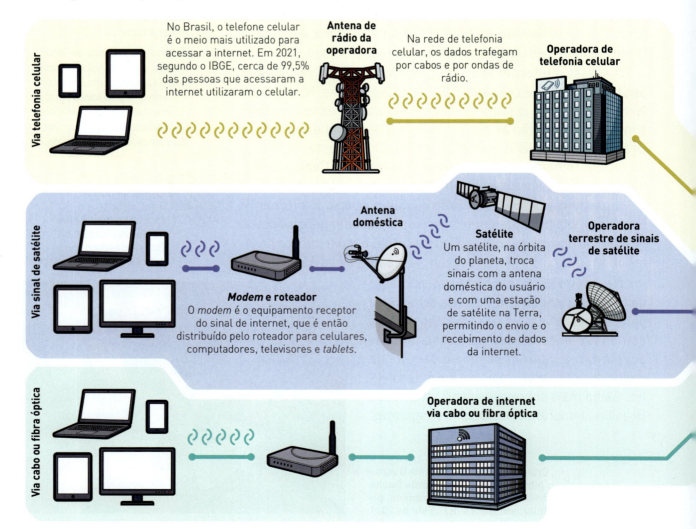

Brasil: Domicílios com acesso à banda larga fixa por região (2021)

Região	Não possui serviço de banda larga (%)	Possui serviço de banda larga (%)
Sul	~18	~82
Sudeste	~28	~72
Centro-Oeste	~28	~72
Nordeste	~37	~63
Norte	~38	~62

banda larga: conexão à internet com maior velocidade e capacidade de tráfego de dados, podendo ser: **fixa** (acessada de um ponto fixo, como uma residência ou empresa, via cabo, fibra óptica, satélite ou rádio) ou **móvel** (via celulares e *tablets*).

Em todas as regiões brasileiras, mais da metade dos domicílios possuem acesso à **banda larga fixa**. Entre as residências brasileiras com esse tipo de acesso à internet, há grande desigualdade na velocidade de conexão.

Brasil: Rede de internet por fibra óptica (2020)

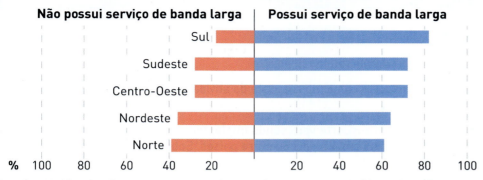

O mapa mostra as principais redes de cabos de fibra óptica pelos quais trafegam as informações da internet.

Na Região Norte, a floresta Amazônica impõe desafios à implantação de uma rede de cabos de fibra óptica. Por isso, o acesso à internet fora das capitais situadas nessa região é feito, de maneira geral, por ondas de rádio e por sinal de satélite.

Fonte de pesquisa: União Internacional de Telecomunicações (UIT). Disponível em: https://bbmaps.itu.int/bbmaps/. Acesso em: 28 mar. 2023.

Há concentração de redes de acesso à internet no Sudeste, no Sul e em parte do Nordeste. Já no Norte, em áreas mais afastadas do litoral do Nordeste, e em parte do Centro-Oeste, há áreas sem essas redes, o que limita o acesso à rede e a **velocidade da internet**. Esse tipo de desigualdade espacial é um **fator que influencia a instalação ou não de empresas e de instituições de pesquisa em determinadas áreas**.

Algumas capitais são pontos de conexão das redes nacionais com as de outros países. Essa conexão é feita por meio de **cabos submarinos**.

Centrais de serviços de internet

A partir dessas centrais, todo o tráfego de dados da internet é feito por redes de fibra óptica de longa distância, que conectam as centrais de serviço de internet e ligam as redes brasileiras às de outros países.

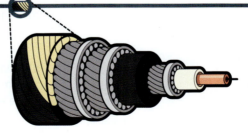

Rede principal de fibra óptica

Centrais de serviços de internet

Fibras ópticas são finos fios de vidro ou de materiais plásticos, com grande capacidade de conduzir sinais luminosos. Elas são protegidas por camadas de outros materiais, como silicone e aço.

Fontes de pesquisa: IBGE. *Atlas nacional digital do Brasil 2016*. Disponível em: http://www.ibge.gov.br/apps/atlas_nacional/; Centro Regional de Estudos para o Desenvolvimento da Sociedade da Informação (Cetic). TIC domicílios 2021. Disponível em: https://cetic.br/pt/tics/domicilios/2021/domicilios/A5/. Acessos em: 30 maio 2023; Hervé Théry e Neli Aparecida de Mello. *Atlas do Brasil*: disparidades e dinâmicas do território. 2. ed. São Paulo: Edusp, 2014; Marcelo Paiva da Motta. *Geografia da internet no Brasil*: redes técnicas e espaço. Rio de Janeiro: 2011. 176 f. Dissertação (Mestrado em Geografia) – Universidade Federal do Rio de Janeiro (UFRJ), Rio de Janeiro.

117

ATIVIDADES

Acompanhamento da aprendizagem

Retomar e compreender

1. Qual é o meio de transporte predominante no Brasil?

2. Você considera o meio de transporte citado na resposta da atividade anterior o mais adequado para o país? Por quê?

3. A intermodalidade dos meios de transporte vem sendo implantada em diversos lugares do mundo para facilitar o fluxo de mercadorias em um país ou entre países. Sobre as características do transporte intermodal, responda às questões a seguir.
   a) De que maneira os terminais intermodais facilitam e agilizam a circulação de mercadorias?
   b) Por que há poucos terminais intermodais no Brasil?

Aplicar

4. Observe a tabela e, depois, responda às questões.

BRASIL E REGIÕES: DOMICÍLIOS COM BENS E SERVIÇOS DE INFORMAÇÃO E COMUNICAÇÃO, EM % DO TOTAL (2021)

	Acesso à internet		Televisão
	Microcomputador	Celular	Televisão
Brasil	42,2	99,5	95,5
Norte	26,9	99,6	90,7
Nordeste	27,0	99,5	93,4
Sudeste	49,8	99,5	97,3
Sul	50,8	99,5	96,9
Centro-Oeste	43,9	99,6	94,7

Fonte de pesquisa: IBGE. Pesquisa Nacional por Amostra de Domicílios Contínua (Pnad): 2021. Disponível em: https://www.ibge.gov.br/estatisticas/sociais/trabalho/17270-pnad-continua.html?edicao=34949&t=resultados. Acesso em: 30 maio 2023.

a) Qual é o meio de comunicação menos utilizado pela população brasileira? Em que região do país ele é mais utilizado?

b) Que aparelho eletrônico é mais utilizado no Brasil para acessar a internet? Quais são as regiões brasileiras que mais acessam a rede por esse aparelho?

c) O acesso à internet por microcomputadores está distribuído igualmente entre as regiões brasileiras? Comente.

d) Você acessa a internet? Em caso afirmativo, qual aparelho eletrônico você usa para isso?

5. Observe o gráfico e, depois, responda às questões.

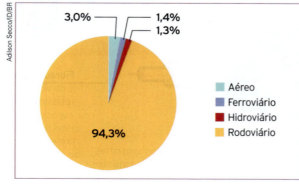

Brasil: Emissões de dióxido de carbono (2021)

a) Segundo o gráfico, qual meio de transporte emite a maior quantidade de dióxido de carbono?

b) Quais medidas poderiam ser tomadas para diminuir a poluição atmosférica decorrente da emissão de dióxido de carbono?

Fonte de pesquisa: Observatório Nacional de Transporte e Logística (ONTL). *Anuário estatístico de transporte — Meio ambiente*. Disponível em: https://ontl.epl.gov.br/paineis-analiticos/painel-do-anuario-estatistico/meio-ambiente/. Acesso em: 30 maio 2023.

CAPÍTULO 3
TRABALHO E SOCIEDADE

PARA COMEÇAR
Você sabe de que maneira podemos avaliar as condições de vida da população de um país ou de uma região? Quais são os principais problemas sociais do Brasil?

Como as desigualdades no país se manifestam nos **rendimentos dos domicílios brasileiros**?

PIB E RENDA *PER CAPITA*

O **Produto Interno Bruto** (**PIB**) é a soma dos valores de todos os bens e serviços produzidos no país durante um ano, englobando os três setores da economia: o setor **primário** (agricultura, pecuária e extrativismo), o setor **secundário** (indústria e construção civil) e o setor **terciário** (prestação de serviços e comércio). O valor do PIB indica a riqueza econômica de um país.

O PIB do Brasil era de 8,7 trilhões de reais, em 2021, recuperando-se após sofrer queda pela pandemia de covid-19. Apesar de o PIB do Brasil estar entre os maiores do mundo, existe no país grande **desigualdade** de distribuição das riquezas, o que chamamos de **concentração de renda**.

A renda *per capita* equivale à divisão total das rendas de toda a população pelo número de habitantes do país. O resultado representa a quantia em dinheiro que cada habitante receberia caso a renda nacional fosse dividida entre toda a população. Anualmente, o IBGE divulga a renda domiciliar *per capita*, que consiste na divisão do total da renda domiciliar pelo total de moradores. Em 2021, a renda domiciliar *per capita* no Brasil foi de R$ 1 367 mensais.

A crise econômica agravada pela pandemia de covid-19 piorou esse cenário. Em 2020, com o auxílio emergencial, 12 milhões de pessoas viviam em **pobreza extrema**, com renda mensal *per capita* inferior a R$ 145. Estimativas do IBGE apontam que, sem esse auxílio, mais de 27 milhões de brasileiros estariam em situação de pobreza extrema durante o mesmo período.

▼ No Brasil, a renda média dos trabalhadores rurais (setor primário) é menor que a dos trabalhadores urbanos. Colheita de batata-doce, em Marabá Paulista (SP). Foto de 2022.

ESCOLARIDADE

A **educação** é um dos fatores mais importantes para o desenvolvimento econômico e social de um país. O investimento em educação também é fundamental para a erradicação da pobreza. A formação escolar e o nível de escolaridade são essenciais para que as pessoas entrem no mercado de trabalho e sejam **mais bem remuneradas**. Além disso, o cidadão que tem acesso à educação conhece melhor seus **direitos** e **deveres**, tornando-se capaz de atuar de modo mais consciente na sociedade em que vive.

O Brasil tem alcançado melhorias em relação à escolaridade: em 2019, cerca de 6% dos brasileiros com 15 ou mais anos de idade eram **analfabetos**, enquanto, no ano 2000, a proporção era de mais de 13%, conforme pode ser observado no gráfico.

CIDADANIA GLOBAL

A UNIVERSALIZAÇÃO DO ENSINO NO BRASIL

No Brasil, durante muito tempo a educação foi acessível apenas à elite econômica. Nas últimas décadas, o Estado vem tomando medidas para universalizar o acesso à educação básica. Segundo o IBGE, em 2021 o ensino para crianças entre 6 e 14 anos de idade estava praticamente universalizado (99%). Agora, discuta com os colegas as questões a seguir.

1. Em sua opinião, por que é importante garantir o acesso à educação para todos?
2. Qual é a relação entre a garantia do acesso à educação e o combate às desigualdades sociais?

■ **Brasil: Taxa de analfabetismo entre pessoas de 15 anos ou mais (1940-2019)**

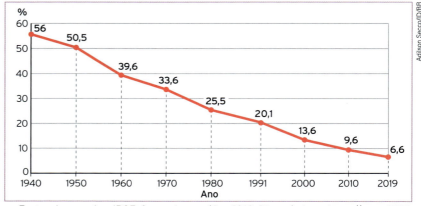

Fontes de pesquisa: IBGE. Censo demográfico 2010. Disponível em: https://censo2010.ibge.gov.br/. IBGE. IBGE Educa - Educação. Disponível em: https://educa.ibge.gov.br/jovens/conheca-brasil/populacao/18317-educacao.html. Acessos em: 28 mar. 2023.

A pandemia de covid-19 alterou o quadro da educação brasileira a partir de 2020. Milhões de estudantes de escolas públicas e particulares tiveram de assistir a aulas remotamente em casa, o que revelou a desigualdade de acesso à internet e à estrutura adequada para estudo nas residências. Esse fator, aliado à crise econômica agravada pela pandemia, levou ao aumento da evasão escolar e dificultou o processo de aprendizado para milhões de crianças e adolescentes. Com a progressiva volta ao ensino presencial, serão necessários sobretudo investimentos públicos para suprir as dificuldades enfrentadas pelos estudantes durante os anos de ensino a distância.

◄ Estudante assiste à aula remota em casa, em Sorocaba (SP). Foto de 2021.

CONDIÇÕES DE VIDA E IDH

Nas últimas décadas, até meados dos anos 2010, se verificou uma tendência de redução da desigualdade social no Brasil. Desde então, no entanto, a pobreza voltou a crescer no país. Além disso, há problemas muito graves para resolver, como garantir educação de qualidade para todos e adequado atendimento de saúde para a maioria da população.

Um dos indicadores mais utilizados para medir o progresso social de um país é o **Índice de Desenvolvimento Humano (IDH)**, criado pela ONU. Esse índice engloba três aspectos: educação, saúde e renda. O IDH varia de 0 a 1: quanto mais próximo de 1, maior o nível de desenvolvimento humano de um local.

Veja, no diagrama a seguir, os indicadores que compõem o Índice de Desenvolvimento Humano.

▲ Com base nesses dados, são definidos os Índices de Desenvolvimento Humano (IDH) de países, unidades federativas, regiões, municípios ou mesmo bairros.

Em 2021, o país com maior IDH era a Suíça, com índice de 0,962. No mesmo ano, o Brasil ficou em 87º lugar, em uma lista de 191 países, com um IDH de 0,754. Esse índice era, então, maior que a média mundial e colocava o Brasil entre os países com **desenvolvimento humano elevado**.

Apesar de o índice ter crescido pouco nos últimos anos, o IDH brasileiro aumentou significativamente de 1990 a 2021. Observe a evolução desse índice no gráfico a seguir.

■ Brasil: Evolução do IDH (1990-2021)

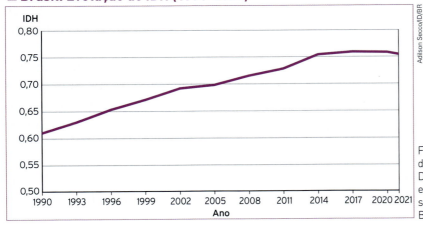

Fonte de pesquisa: Programa das Nações Unidas para o Desenvolvimento (Pnud). Disponível em: https://hdr.undp.org/data-center/specific-country-data#/countries/BRA. Acesso em: 30 maio 2023.

CIDADANIA GLOBAL

DESIGUALDADES INTERNAS

O IDH do Brasil representa uma média nacional. É importante lembrar que existe desigualdade entre as regiões, estados e municípios brasileiros. Institutos de economia calculam um índice a partir dos indicadores dos municípios, estados e até regiões metropolitanas, chamado de IDHM (Índice de Desenvolvimento Humano Municipal). Em 2021, o IDHM do Distrito Federal era de 0,814, enquanto o IDHM do Maranhão era 0,676. Além disso, também há desigualdades até mesmo dentro das cidades (diferenças entre o centro e as periferias das grandes metrópoles, por exemplo).

1. Busque informações para conhecer o IDHM calculado para o estado em que você vive. Identifique se esse índice é classificado como muito alto, alto, médio, baixo ou muito baixo, e compare esse dado com o IDH nacional.

MERCADO DE TRABALHO

A demanda e a oferta de empregos ocorrem no mercado de trabalho. As dinâmicas que se desenvolvem nesse mercado, influenciadas por questões políticas e econômicas, dão origem a condições como o desemprego e o trabalho informal.

POPULAÇÃO ECONOMICAMENTE ATIVA (PEA)

A População Economicamente Ativa (PEA) é formada pela **população com idade apta para trabalhar** (entre 15 e 65 anos), incluindo tanto as pessoas que trabalham quanto aquelas que estão temporariamente desempregadas.

Até a década de 1960, quando a população brasileira era predominantemente rural, a PEA se concentrava no setor primário (sobretudo na agropecuária). Devido à industrialização e ao êxodo rural, um grande número de migrantes passou a trabalhar em outros setores da economia nas cidades. Atualmente, o setor que mais emprega trabalhadores é o terciário, já que houve grande crescimento do comércio e da oferta de serviços nas últimas décadas.

DESEMPREGO

O desemprego ocorre quando a oferta de vagas de trabalho é menor que a procura. Há dois tipos de desemprego: o estrutural e o conjuntural. O **desemprego estrutural** é resultado da substituição da mão de obra humana por máquinas. A robotização das indústrias, por exemplo, gera esse tipo de desemprego. O **desemprego conjuntural** se relaciona a crises econômicas, a quedas na produção e nas vendas de produtos ou, ainda, a fatores naturais, como secas e geadas. Esses fatores podem causar demissões.

O desemprego no Brasil agravou-se nos anos 1980 e 1990, quando houve fraco crescimento econômico. Nos anos 2000 e no início dos anos 2010, o país viveu bons momentos de desenvolvimento econômico e de oferta de emprego. Porém, a partir de 2015, o desemprego

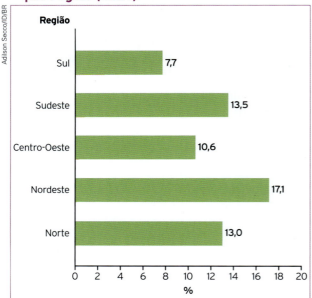

■ Brasil: Taxa média de desemprego por região (2021)

Fonte de pesquisa: IBGE. Pnad Contínua: Painel. Disponível em: https://painel.ibge.gov.br/pnadc/. Acesso em: 28 mar. 2023.

voltou a crescer no país devido à **crise política e econômica**. Em 2018, a taxa de desemprego chegou a 13,1%. Em 2020, a **pandemia** de covid-19 agravou a crise econômica. A suspensão das atividades presenciais e o fechamento de empresas levou ao aumento de desemprego, que atingiu 14% da PEA em 2020, ou cerca de 13,8 milhões de pessoas. Esse quadro tornou-se mais grave pela elevação da inflação no Brasil durante a pandemia, o que aumentou o custo de vida e os índices de fome (insegurança alimentar grave).

MULHERES NO MERCADO DE TRABALHO

A força de trabalho feminina no Brasil apresentou mudanças significativas a partir da segunda metade do século XX. Até a década de 1970, a participação das mulheres no mercado de trabalho não chegava a 30%. A maior parte da população feminina se dedicava exclusivamente aos trabalhos domésticos. Nos últimos anos, no entanto, a situação mudou significativamente: em 2019, a taxa de participação de mulheres na força de trabalho foi de 54,5%, segundo o IBGE.

O aumento do nível de escolaridade e a **queda da taxa de fecundidade** resultaram na expansão da força de trabalho feminina.

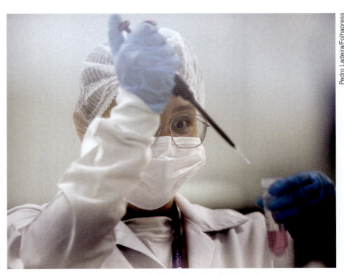

▲ Cientista trabalhando em laboratório, em Brasília (DF). Foto de 2021.

Desigualdades de gênero, no entanto, ainda persistem. Apesar da crescente presença feminina no mercado de trabalho e de as mulheres terem, em média, nível de instrução maior, em geral elas ganham salários mais baixos que os homens empregados nas mesmas funções. Segundo o IBGE, essa situação se agravou durante a pandemia de covid-19. As mulheres foram as mais afetadas pelo aumento do desemprego devido à pandemia.

No início de 2021, a taxa de desocupação entre as mulheres era 46% maior do que entre os homens. Esse problema atinge especialmente as mulheres jovens, de 14 a 29 anos. A taxa média de desemprego de mulheres jovens, em 2020, chegou a 28,3%; entre homens jovens essa taxa foi cerca de 20%. O problema se agrava ainda mais entre mulheres negras e que vivem nas periferias das grandes cidades.

Além do desemprego, durante a pandemia as mulheres foram mais afetadas em relação às violências de gênero. Os índices de violência doméstica aumentaram a partir de 2020, no período da pandemia e com a crise econômica.

Dupla jornada de trabalho

Nos últimos anos, os homens têm participado mais das tarefas domésticas. No entanto, essa mudança é lenta. Grande parte das mulheres ainda tem dupla jornada de trabalho, isto é, além de trabalhar fora de casa, tem de fazer todo o serviço da própria residência.

Em parte, isso se dá em razão da herança cultural relacionada à divisão de tarefas, em que os homens trabalhavam fora e as mulheres cuidavam das funções domésticas. A realidade agora é outra, mas essa divisão ainda influencia muitas estruturas familiares.

■ **Brasil: Horas semanais médias dedicadas a tarefas domésticas e a cuidado de pessoas por sexo (2019)**

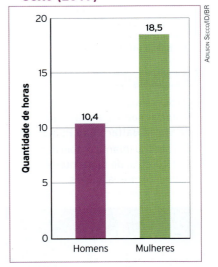

Fonte de pesquisa: IBGE. Estatísticas de gênero: Indicadores sociais das mulheres. Disponível em: https://www.ibge.gov.br/estatisticas/multidominio/genero/20163-estatisticas-de-genero-indicadores-sociais-das-mulheres-no-brasil.html?=&t=resultados. Acesso em: 28 mar. 2023.

TRABALHO INFANTIL

O trabalho infantil é aquele realizado por **menores de 16 anos**. A lei brasileira só permite que o jovem trabalhe a partir dos 14 anos e apenas na condição de aprendiz da futura profissão. Apesar dessa determinação legal, o Brasil é um dos países da América Latina que mais exploram o trabalho infantil.

A pobreza familiar é o principal fator que leva as crianças e os adolescentes a trabalhar. Nos últimos anos, têm sido realizados esforços para eliminar o trabalho infantil, porém ainda há, por todo o país, muitas crianças que ajudam no sustento da família. Segundo o IBGE, em 2019 havia, no Brasil, 1,8 milhão de crianças e adolescentes entre 5 e 17 anos de idade que trabalhavam.

O trabalho infantil é um problema grave porque priva as crianças e os jovens de direitos, como o lazer, e interrompe seus estudos. Com isso, dificilmente esses cidadãos conseguem qualificação posterior para o mercado de trabalho, que exige profissionais com grau de instrução cada vez maior.

▲ Em 1990, foi promulgado o Estatuto da Criança e do Adolescente (ECA), documento que estabelece os direitos das crianças e dos adolescentes do país, como o direito à vida, à alimentação, à educação, à saúde, à dignidade, à liberdade, à convivência familiar e comunitária, ao lazer, à cultura, ao esporte e à profissionalização. Porém, no Brasil, muitas crianças não têm esses direitos respeitados, como aquelas que são obrigadas a trabalhar para ajudar no sustento da família. Cartaz de combate ao trabalho infantil, 2022.

PARA EXPLORAR

Os operários com dentes de leite: histórias sobre o trabalho infantil, de Sigrid Baffert. São Paulo: SM.
O trabalho infantil é abordado em três relatos, de diferentes épocas e em diferentes países.

TRABALHO INFORMAL

O trabalho informal é aquele em que o trabalhador não tem a carteira de trabalho assinada por um empregador e, portanto, não está protegido pela regulamentação dos órgãos governamentais. Isso gera grandes problemas, pois esses trabalhadores não têm garantidos os **direitos previstos pelas leis trabalhistas**, como aposentadoria e férias remuneradas. Esses trabalhadores foram muito afetados pela quarentena imposta pela pandemia de covid-19 em 2020 e 2021.

A principal medida para combater o trabalho informal é o estímulo ao crescimento econômico, que leva as empresas a investir e a contratar trabalhadores com carteira assinada. Também são importantes a melhoria da qualidade da educação (que facilita a entrada de jovens no mercado de trabalho formal) e a fiscalização rigorosa de empresas que descumprem as leis trabalhistas.

◄ No Brasil, de acordo com a Pesquisa Nacional por Amostra de Domicílios Contínua (Pnadc), em meados de 2022, cerca de 40% dos trabalhadores eram informais. Vendedor ambulante de amendoim, em Caruaru (PE). Foto de 2022.

ATIVIDADES

Acompanhamento da aprendizagem

Retomar e compreender

1. Em que setores da economia atuam os trabalhadores mostrados nestas fotos?

▲ Ibotirama (BA). Foto de 2022.

▲ Betim (MG). Foto de 2020.

2. Como a melhora do nível educacional pode ajudar a reduzir a pobreza?
3. Diferencie o desemprego estrutural do desemprego conjuntural.
4. Quais são as principais dificuldades enfrentadas pelos trabalhadores informais?

Aplicar

5. O gráfico mostra dados sobre a diferença de renda entre homens e mulheres entre 2012 e 2019.

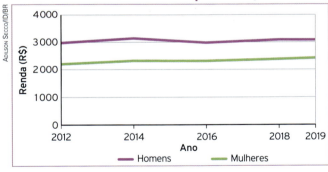

Brasil: Renda média anual por sexo (2012-2019)

a) Qual gênero apresentou maior renda média no período apresentado? Como você concluiu isso?

b) Relacione os dados do gráfico com a desigualdade de gênero no mercado de trabalho no Brasil.

Fonte de pesquisa: IBGE. Sidra. Disponível em: https://sidra.ibge.gov.br/tabela/5436#resultado. Acesso em: 28 mar. 2023.

6. Observe a tabela e elabore um texto comparando o IDH e o PIB *per capita* do Brasil com os dos países selecionados.

CLASSIFICAÇÃO DO IDH E PIB *PER CAPITA* DE PAÍSES SELECIONADOS (2021)		
País	Classificação do IDH	Valor do PIB *per capita* (em dólares)
Grécia	33º	20 192
Barein	35º	26 563
Argentina	47º	10 636
Malásia	62º	11 109
Brasil	87º	70 507

Fontes de pesquisa: United Nations Development Programme (UNDP). Human development report 2021/2022. New York: UNDP, 2022. Disponível em: https://hdr.undp.org/system/files/documents/global-report-document/hdr2021-22pdf_1.pdf; Banco Mundial. Disponível em: https://data.worldbank.org/indicator/NY.GDP.PCAP.CD?locations=GR-BH-AR-BR-MY. Acessos em: 30 maio 2023.

REPRESENTAÇÕES

Cartografia digital e mapas colaborativos

Cada vez mais pessoas têm acesso à internet. O maior contato das pessoas com a tecnologia possibilita o uso e a produção de mapas por cidadãos comuns e não apenas por especialistas. Nesse contexto, surge a chamada **cartografia colaborativa**.

A cartografia colaborativa é realizada com base em dados levantados por várias pessoas, de maneira descentralizada. Geralmente, os mapas criados dessa forma têm uma base cartográfica sobre a qual são representados os dados, que serão organizados por uma empresa ou por um aplicativo. As informações apresentadas podem mudar praticamente em tempo real.

O mapa a seguir, por exemplo, apresenta as condições de trânsito no centro e em áreas próximas na cidade de Aracaju, Sergipe, às 14 horas e 44 minutos do dia 28 de março de 2023. Observe-o.

■ **Aracaju (SE): Condições do trânsito no centro da cidade, em 28 mar. 2023**

▲ No mapa, as linhas verdes indicam as ruas e as avenidas menos congestionadas, e as linhas vermelhas, o tráfego de veículos lento e congestionado.

Fonte de pesquisa: Google Maps. Disponível em: https://www.google.com.br/maps/@-10.9111422,-37.0508985,15z/data=!5m1!1e1. Acesso em: 28 mar. 2023.

Para a construção desse mapa, foram utilizadas informações transmitidas por telefones celulares de usuários de um aplicativo de localização. Com base nas informações obtidas, o programa registra a posição e o número de usuários concentrados em um local em determinado momento e, assim, estima as condições do trânsito nas principais vias.

Muitas organizações não governamentais (ONGs), grupos de pesquisa e coletivos sociais têm usado mapas colaborativos para informar e ajudar as pessoas a fazer escolhas em seu dia a dia. Os mapas elaborados por essas associações permitem reinterpretar o território de acordo com o objetivo de cada grupo ou de cada comunidade. Alguns deles, por exemplo, delimitam áreas de interesse e propõem roteiros de viagem.

Observe este exemplo de mapa colaborativo, que mostra a localização de pontos de coletas para doações durante a pandemia de covid-19 na cidade do Rio de Janeiro e em municípios próximos, permitindo às pessoas identificar e localizar esses pontos próximos dos locais onde residem.

■ **Cidade do Rio de Janeiro e municípios próximos: Pontos de coleta de doações (2020)**

Fonte de pesquisa: Conselho de Arquitetura e Urbanismo do Rio de Janeiro. Disponível em: https://www.caurj.gov.br/mapa-colaborativo-localiza-pontos-necessitados-de-ajuda-em-tempos-de-quarentena/. Acesso em: 28 mar. 2023.

Pratique

1. Em sua opinião, quais são as vantagens dos mapas colaborativos?

2. Compare os dois exemplos de mapa mostrados nesta seção e identifique uma semelhança e uma diferença entre eles.

3. Forme dupla com um colega. Façam uma pesquisa sobre aplicativos e *sites* que disponibilizam plataformas de elaboração de mapas colaborativos. Escolham um tema que interesse a vocês e proponham o mapeamento do tema escolhido. Pode-se fazer, por exemplo, o mapeamento das construções históricas do município onde vivem ou de locais onde há troca de figurinhas de determinado álbum, entre outras opções.

ATIVIDADES INTEGRADAS

Analisar e verificar

1. O déficit habitacional é um grave problema no Brasil, especialmente nas grandes cidades. O gráfico a seguir apresenta a composição do déficit habitacional, que leva em consideração a precariedade do domicílio, a coabitação familiar (quando mais de uma família vive no mesmo imóvel) e os custos excessivos com aluguel. Analise-o e responda às questões.

■ **Brasil: Composição do déficit habitacional, por regiões (2019)**

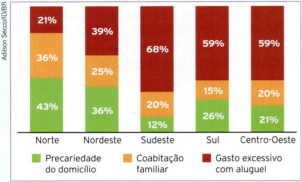

Fonte de pesquisa: Fundação João Pinheiro. *Déficit habitacional no Brasil 2016-2019*. Disponível em: http://fjp.mg.gov.br/wp-content/uploads/2021/04/21.05_Relatorio-Deficit-Habitacional-no-Brasil-2016-2019-v2.0.pdf. Acesso em: 28 mar. 2023.

   a) De modo geral, qual foi o principal componente do déficit habitacional nas regiões do Brasil? Há alguma exceção? Se sim, qual?
   b) Explique as causas do déficit habitacional no Brasil.

2. Observe o gráfico e responda às questões.

■ **Brasil: Participação dos modais no transporte de cargas (dezembro de 2022)**

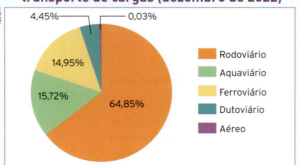

Fonte de pesquisa: Confederação Nacional do Transporte (CNT). *Boletins técnicos CNT* – Janeiro de 2023. Disponível em: https://www.cnt.org.br/boletins. Acesso em: 28 mar. 2023.

   a) Qual é a participação percentual do modal ferroviário no transporte de cargas no Brasil?
   b) Sendo o Brasil um país de território extenso, a malha ferroviária seria um modal eficiente para o transporte de cargas e pessoas em longas distâncias. No entanto, ela não é tão utilizada como poderia. Explique por que isso ocorre.
   c) Qual é a relação entre a maior utilização do transporte rodoviário, em vez de outros modais, e o processo de integração nacional brasileiro?

3. Leia o trecho a seguir e depois responda às questões.

> A diminuição do tráfego de veículos na capital paulista devido à greve dos caminhoneiros [2018] fez com que a poluição do ar caísse pela metade, segundo [...] [o] Instituto de Estudos Avançados da Universidade de São Paulo (IEA-USP).
>
> [...]
>
> "Isso é uma observação que ainda vamos desenvolver em estudo, mas o fato é que a cidade conseguiu registar dias com qualidade do ar dentro do padrão considerado bom pela Organização Mundial da Saúde (OMS), o que é uma exceção", afirma o médico patologista Paulo Saldiva, diretor do IEA.
>
> Marina Pinhoni. Poluição do ar em SP cai pela metade com greve de caminhoneiros, diz instituto. *G1*, 30 maio 2018. Disponível em: https://g1.globo.com/sp/sao-paulo/noticia/poluicao-do-ar-em-sao-paulo-cair-pela-metade-com-greve-de-caminhoneiros-diz-instituto.ghtml. Acesso em: 30 maio 2023.

   a) Na situação relatada, o que contribuiu para a melhoria da qualidade do ar na capital paulista?
   b) Em sua opinião, quais medidas deveriam ser tomadas para que o ar das grandes cidades tivesse melhor qualidade?

4. O cartum a seguir, de Moacir Knorr Guterres (conhecido como Moa), expressa um problema comum na educação pública brasileira. Analise a imagem e responda às questões.

Acompanhamento da aprendizagem

▲ Moa. *Jornal do Comércio*, Porto Alegre, 5 ago. 2007.

a) Que problema é ironizado nesse cartum?

b) Explique como esse problema prejudica a qualidade da educação.

c) Pense em outros problemas relacionados à educação e explique como eles afetam a qualidade do ensino.

Criar

5. Observe o gráfico a seguir e faça o que se pede.

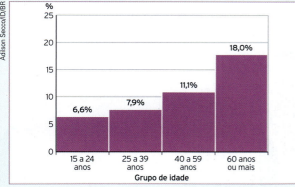

Brasil: Taxa de analfabetismo entre pessoas de 15 anos de idade ou mais, segundo grupos de idade (2019)

Fonte de pesquisa: IBGE. *Pesquisa Nacional por Amostra de Domicílios Contínua*: educação 2019. Rio de Janeiro: IBGE, 2020. Disponível em: https://biblioteca.ibge.gov.br/visualizacao/livros/liv101736_informativo.pdf. Acesso em: 28 mar. 2023.

- Formule hipóteses para explicar por que, quanto maior a idade, maior a tendência ao analfabetismo.

6. Leia o trecho de uma notícia a seguir. Depois, faça o que se pede.

> A pandemia lançou 159 milhões de crianças na pobreza, revertendo tendência animadora de redução desse quadro social, e aumentou para 160 milhões o número de crianças no mundo submetidas ao trabalho infantil. [...]
>
> Daniella Longuinho. Crianças sofreram com violência, abuso e trabalho infantil na pandemia. *Rádio Agência Nacional*, 1º jan. 2022. Disponível em: https://agenciabrasil.ebc.com.br/radioagencia-nacional/direitos-humanos/audio/2021-12/na-pandemia-criancas-sofreram-com-violencia-abuso-e-trabalho-infantil. Acesso em: 30 maio 2023.

- Com base no que você estudou sobre o trabalho infantil, redija um texto curto explicando em que consiste esse tipo de trabalho, sua principal causa e os problemas sociais por ele gerados.

7. Observe o cartum e, depois, responda às questões.

▲ Cartum de Humberto de Araújo.

a) Qual é a crítica que o cartum faz em relação à sociedade brasileira?

b) Em sua opinião, que soluções poderiam ser criadas para resolver o problema apontado e possibilitar boas condições de vida a todos os brasileiros?

129

CIDADANIA GLOBAL
UNIDADE 4

10 REDUÇÃO DAS DESIGUALDADES

Retomando o tema

As condições de vida da população são diretamente afetadas pela disponibilidade de serviços e infraestrutura. Nesta unidade, você e os colegas estudaram a distribuição de redes de transporte e comunicação no Brasil, analisaram o processo de urbanização, identificaram os principais problemas urbanos no país e puderam reconhecer desigualdades sociais que afetam especialmente alguns grupos da sociedade. Reduzir a desigualdade dentro dos países e entre eles é um dos Objetivos de Desenvolvimento Sustentável, o ODS 10.

1. Qual é a relevância do levantamento de dados estatísticos para a elaboração de políticas públicas? Dê sua opinião.

2. No Brasil, com base no que você estudou na unidade, quais são os grupos mais afetados pelas desigualdades no acesso a oportunidades de emprego, meios de comunicação e serviços de saúde, educação, saneamento básico e segurança pública?

3. Como o poder público, as empresas, as associações e os indivíduos podem contribuir para a redução de desigualdades no país?

Geração da mudança

- É comum, nas grandes cidades, que os muros apresentem pinturas ou cartazes com reivindicações sociais. Agora, vocês vão criar um mural sobre as desigualdades sociais no Brasil. Cada grupo deverá escolher um tema de estudo. Com o auxílio do professor, combinem previamente o formato e a quantidade de cartazes a serem criados para a montagem do mural e definam padrões de formatação para os textos e os dados que serão apresentados: o tamanho da fonte, as cores de fundo e do texto, etc. Cada grupo deverá criar pelo menos um cartaz com dados sobre o tema escolhido e sugestões de mudança para a situação representada.

- Após a montagem do mural, convidem familiares e amigos para visitar a escola e tomar conhecimento das informações presentes no mural.

Autoavaliação

REGIÃO NORTE

UNIDADE 5

PRIMEIRAS IDEIAS

1. O que você sabe a respeito da Região Norte?
2. Quais tipos de vegetação podem ser encontrados na Região Norte?
3. Como se deu o processo de ocupação dessa região brasileira por povos não indígenas?
4. Quais recursos naturais são abundantes na Região Norte?

Conhecimentos prévios

Nesta unidade, eu vou...

CAPÍTULO 1 — Região Norte: características físicas

- Conhecer a extensão e a abrangência da Região Norte.
- Conhecer o clima, a vegetação, o relevo e a hidrografia da Região Norte.
- Conhecer a exploração hidrelétrica da região.
- Identificar a Amazônia Legal e a Amazônia Internacional.

CAPÍTULO 2 — Região Norte: ocupação e população

- Analisar o processo de ocupação da Região Norte.
- Conhecer projetos desenvolvimentistas governamentais na região.
- Identificar aspectos relativos à urbanização na região.
- Reconhecer o papel da floresta equatorial Amazônica no equilíbrio climático e a importância do uso sustentável de seus recursos naturais para a economia regional e para a manutenção de comunidades tradicionais.

CAPÍTULO 3 — Região Norte: economia

- Conhecer a importância do extrativismo vegetal na região.
- Compreender as atividades mineradoras e o Projeto Grande Carajás na região.
- Analisar a atividade agropecuária e a expansão da fronteira agrícola.
- Identificar a importância da agricultura de baixa emissão de carbono no contexto das mudanças climáticas.
- Compreender o que é a Zona Franca de Manaus.
- Interpretar imagens de satélite.

INVESTIGAR

- Verificar as transformações espaciais por meio da análise de imagens de satélite.

CIDADANIA GLOBAL

- Refletir sobre a paisagem da Amazônia diante de dois possíveis cenários do futuro, levando em conta a implementação ou não de ações de atenuação dos efeitos das mudanças climáticas.

131

LEITURA DA IMAGEM

1. O que é possível identificar nessa foto?
2. Os troncos presentes na foto caíram naturalmente ou foram cortados pelos seres humanos? Como é possível fazer tal afirmação?
3. Em sua opinião, qual é a importância do trabalho de órgãos e agentes de fiscalização ambiental?

CIDADANIA GLOBAL

É curioso pensar que as florestas interagem com a atmosfera, não é? Geralmente associamos a mudança nos gases presentes na atmosfera à emissão de poluentes por indústrias e automóveis, mas a vegetação, o solo, os oceanos e os animais (inclusive nós, humanos) também capturam e emitem substâncias gasosas para a camada de ar que envolve a Terra.

As florestas tropicais, como a floresta Amazônica, reúnem uma grande variedade de plantas e animais. Desmatamentos e queimadas causam a morte e a decomposição de seres vivos, o que provoca a emissão de gás carbônico (CO_2) e outros gases de efeito estufa na atmosfera.

1. Explique como as florestas influenciam o clima.
2. Como as mudanças climáticas podem afetar os seres vivos? Formule hipóteses.

Nesta unidade, serão discutidas ações humanas que promovem conservação ou degradação ambiental. Você vai refletir acerca da influência dessas atividades sobre os climas e as condições de vida na Terra.

Como a **Amazônia** regula o clima do planeta?

Agente do Instituto Brasileiro do Meio Ambiente e dos Recursos Naturais (Ibama) inspeciona árvores extraídas da floresta Amazônica durante operação de combate ao desmatamento em Placas (PA). Foto de 2023.

133

CAPÍTULO 1
REGIÃO NORTE: CARACTERÍSTICAS FÍSICAS

PARA COMEÇAR

O que você sabe acerca das características naturais da Região Norte? Por que a Amazônia é considerada uma área de grande biodiversidade? Quais são as principais ameaças à floresta Amazônica?

ASPECTOS NATURAIS

A extensa área que forma a Região Norte (cerca de 45% do território brasileiro) está dividida em sete estados: Acre, Amapá, Amazonas, Pará, Rondônia, Roraima e Tocantins. A interação dos fatores que atuam na caracterização física da Região Norte, como relevo, clima, hidrografia, vegetação, etc., compõe um rico quadro natural (veja o mapa da página a seguir).

CLIMA E VEGETAÇÃO

A localização da Região Norte em baixas latitudes condiciona a ocorrência de elevadas **temperaturas** ao longo de todo o ano. As **chuvas** frequentes e abundantes nessa região ocorrem, entre outros fatores, pelas condições da circulação das massas de ar e pela baixa altitude.

Essas características, principalmente a intensa **umidade**, decorrente também da grande extensão da rede hidrográfica, criaram condições propícias ao desenvolvimento da enorme biodiversidade encontrada na **floresta equatorial Amazônica**, que está presente em quase toda a região. Além da floresta equatorial, a Região Norte apresenta outras vegetações, como o **Cerrado** (Tocantins, Amazonas, Pará, Amapá, Rondônia e Roraima), uma estreita faixa de **campos** (Amapá e Pará) e a **vegetação litorânea** (áreas costeiras do Amapá e do Pará).

▼ A floresta Amazônica é composta de árvores altas e frondosas – com copas entrelaçadas – entre as quais se intercalam espécies vegetais de pequeno e médio porte. Vista aérea da floresta Amazônica em Marechal Thaumaturgo (AC). Foto de 2021.

RELEVO E HIDROGRAFIA

O relevo da Região Norte caracteriza-se por terrenos com **baixas altitudes** – planícies e depressões –, delimitados por planaltos em suas porções norte e sul. Observe no mapa que, nessa região, predominam terrenos com até 200 metros de altitude.

A Região Norte apresenta uma **extensa rede hidrográfica**. O relevo com pouca declividade facilita a navegação. Os rios e os estreitos curso de água que adentram a densa mata nativa, chamados **igarapés**, são as principais vias de comunicação e de transporte de pessoas e mercadorias na Região Norte. Por esses rios, escoa-se parte da soja produzida na Região Centro-Oeste e dos minérios extraídos na Região Norte, destinados à exportação. Além disso, as populações ribeirinhas dependem da pesca nesses rios para sobreviver.

A **bacia Amazônica**, formada pelo rio Amazonas e por seus caudalosos afluentes, se estende por outros países (Venezuela, Colômbia, Equador, Peru e Bolívia) e tem a maior parte de sua área em território brasileiro. O Amazonas é o maior rio do mundo em extensão e em volume de água.

Outra importante bacia hidrográfica da Região Norte é a **bacia Tocantins-Araguaia**, cujos rios nascem no estado de Goiás e deságuam na baía da ilha de Marajó, nas proximidades de Belém, no Pará.

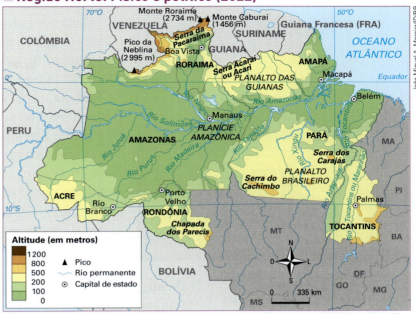

■ Região Norte: Físico e político (2022)

Fontes de pesquisa: *Atlas geográfico escolar*. 8. ed. Rio de Janeiro: IBGE, 2018. p. 88, 90; IBGE Países. Disponível em: https://paises.ibge.gov.br/#/. Acesso em: 31 maio 2023.

declividade: inclinação de um terreno em relação a um plano horizontal.

caudaloso: que tem um grande volume de água.

135

Exploração hidrelétrica

▲ A usina hidrelétrica Belo Monte, quarta maior do mundo em capacidade de geração de energia elétrica, chegou à sua plena operação em 2019. A obra foi muito questionada devido aos impactos causados ao meio ambiente e às populações indígenas e ribeirinhas da região. Represa da usina Belo Monte, em Altamira (PA). Foto de 2022.

O aproveitamento hidrelétrico dos rios da Região Norte é baixo, dadas as características de relevo da região. As principais usinas hidrelétricas são: **Tucuruí**, no rio Tocantins; **Samuel**, no rio Jamari; e **Balbina**, no rio Uatumã (estas duas últimas localizadas na bacia hidrográfica Amazônica). A construção de barragens das hidrelétricas nos terrenos baixos da Amazônia provoca o alagamento de imensas áreas, ameaçando a biodiversidade e forçando o deslocamento da população local.

A necessidade de geração de energia elétrica para sustentar o desenvolvimento industrial e rural levou o governo federal a planejar a construção de novas usinas na região, como as de **Santo Antônio** e **Jirau**, no rio Madeira, em Rondônia, e a de **Belo Monte**, no rio Xingu, no Pará.

Para a aprovação dos projetos de implantação de usinas hidrelétricas, são feitos estudos de impacto ambiental que visam orientar o desenvolvimento de estratégias para minimizar danos. Mesmo assim, esses projetos na bacia Amazônica têm provocado críticas de muitos especialistas, que questionam a viabilidade econômica e ambiental dessas usinas.

AMAZÔNIA LEGAL E AMAZÔNIA INTERNACIONAL

A **Amazônia Legal** (estabelecida por lei em 1953) é a área de atuação da Superintendência do Desenvolvimento da Amazônia (Sudam), órgão de planejamento que visa estabelecer políticas regionais que promovam o desenvolvimento inclusivo e sustentável da região. A Amazônia Legal inclui os estados da Região Norte, mais o Mato Grosso e parte do Maranhão. Veja o mapa ao lado.

Já a **Amazônia Internacional** refere-se à área ocupada originalmente pela floresta equatorial no Brasil e também em territórios do Peru, Equador, Suriname, da Bolívia, Colômbia, Venezuela, Guiana e Guiana Francesa.

Fonte de pesquisa: Vera L. de M. Caldini; Leda Ísola. *Atlas geográfico Saraiva*. São Paulo: Saraiva, 2013. p. 73.

ATIVIDADES

Acompanhamento da aprendizagem

Retomar e compreender

1. Quais são os principais tipos de vegetação da Região Norte?
2. Que condições naturais favorecem a alta biodiversidade da floresta Amazônica?
3. Caracterize o relevo da Região Norte.
4. Quais são as principais bacias hidrográficas da Região Norte?
5. Analise este climograma de Manaus. Em seguida, com base nos dados apresentados e no que você estudou neste capítulo, caracterize o clima da Região Norte.

■ **Manaus (AM): Climograma**

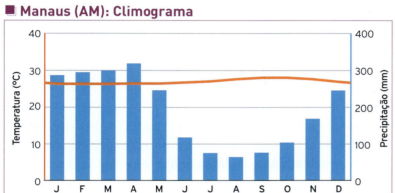

Fonte de pesquisa: Instituto Nacional de Meteorologia (Inmet). Disponível em: https://portal.inmet.gov.br/normais. Acesso em: 2 fev. 2023.

6. Observe o mapa *Amazônia Legal e Internacional*, na página anterior, para responder às questões.
   a) Que países e território vizinhos ao Brasil são abrangidos pela Amazônia Internacional?
   b) Quais estados da Região Norte são inteiramente abrangidos pela Amazônia Legal?
   c) Cite os outros estados brasileiros abrangidos pela Amazônia Legal.

Aplicar

7. Observe a foto. Em seguida, com base na situação mostrada na imagem, escreva um texto que explique a influência dos rios na organização social e nas atividades cotidianas das populações amazônicas.

◀ Ribeirinhos no rio Amazonas, em Iranduba (AM). Foto de 2020.

137

CAPÍTULO 2
REGIÃO NORTE: OCUPAÇÃO E POPULAÇÃO

PARA COMEÇAR
Como se deu o processo de integração econômica da Região Norte ao restante do país? O que você sabe acerca da população dessa região brasileira?

OCUPAÇÃO DA REGIÃO NORTE

A ocupação da Região Norte por povos não indígenas se iniciou, em grande parte, pelo extrativismo vegetal das chamadas **drogas do sertão** (baunilha, urucum, guaraná, pimenta, cacau, entre outras), que, no século XVI, eram muito procuradas na Europa para tintura, uso medicinal e tempero. O acesso à região deu-se fundamentalmente pela navegação do rio Amazonas e de seus afluentes. Essa atividade econômica entrou em decadência em fins do século XVIII.

No fim do século XIX e início do século XX, com o advento da indústria e do automóvel, houve grande fluxo migratório para a região devido ao **extrativismo do látex**, matéria-prima da borracha. Essa atividade gerava muita riqueza, atraindo grandes empresas estrangeiras e também milhares de migrantes, principalmente da Região Nordeste, que se dirigiam à Amazônia em busca de trabalho.

Nesse período, desenvolveram-se importantes centros urbanos, como Manaus (capital do Amazonas), Belém (capital do Pará) e Rio Branco (capital do Acre).

▼ O extrativismo do látex chegou a ser a segunda atividade mais importante da economia brasileira, só perdendo para a cafeicultura. O teatro Amazonas, inaugurado em 1896, é um símbolo da riqueza gerada por essa atividade extrativa. Teatro Amazonas, em Manaus (AM). Foto de 2021.

PROJETOS GOVERNAMENTAIS

A partir da década de 1960, houve a implementação de uma série de projetos visando à integração da Região Norte ao restante do país, pois a economia dessa região era, em grande parte, local e praticamente isolada da economia nacional.

Um dos primeiros projetos foi a construção da rodovia **Belém-Brasília**, em cujo entorno abriram-se extensas áreas para a prática da agricultura e da pecuária.

As rodovias **Cuiabá-Santarém** e **Transamazônica** também foram construídas para integrar a região e estimular sua colonização. Entre outros projetos de colonização, previa-se a distribuição de terras a pequenos agricultores nas margens das rodovias. No entanto, o investimento foi direcionado à grande propriedade agropecuária e à exploração mineral, mediante subsídios governamentais e ligados a empresas estrangeiras.

Esses projetos possibilitaram o deslocamento de pessoas de outras regiões brasileiras, o que gerou um grande fluxo migratório para a Região Norte. Por outro lado, foram responsáveis também pelo desmatamento de grandes áreas florestais e pela apropriação de terras habitadas por povos tradicionais, como os indígenas e os quilombolas.

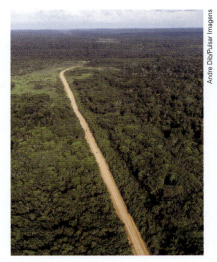

▲ Trecho da rodovia Transamazônica (BR-230), no Parque Nacional Juruena, em Apuí (AM). Foto de 2020.

subsídio governamental: benefício concedido pelo governo a produtores para manter seus preços competitivos diante da concorrência.

POPULAÇÃO E URBANIZAÇÃO

A Região Norte é uma das regiões **menos populosas** do Brasil – apresentava 18 906 962 habitantes em 2021. É também a região **menos povoada**, com densidade demográfica de quase 5 hab./km². Sua população está concentrada nas margens dos rios e nas grandes cidades.

As duas maiores cidades da região são **Manaus** e **Belém**. Na atualidade, o eixo de urbanização acompanha as grandes rodovias construídas na década de 1970, como a Transamazônica.

Em Rondônia, houve um grande fluxo de migrantes vindos principalmente do Rio Grande do Sul. Foram criadas cidades que logo se tornaram importantes no estado, como Ariquemes, Ji-Paraná e Cacoal. Mais recentemente, a construção das usinas hidrelétricas Santo Antônio e Jirau, no rio Madeira, e Belo Monte, no rio Xingu, estimularam migrações de pessoas para trabalhar nessas obras.

No Pará, o crescimento das cidades foi um dos mais marcantes. Ananindeua, por exemplo, situada na Região Metropolitana de Belém, tinha 22 mil habitantes em 1970 e passou a ter 540 mil em 2021 – atualmente, essa cidade é a segunda maior do estado. Destacam-se também as cidades de Marabá, Santarém, Altamira e Tucuruí.

Como são os principais **centros urbanos da Região Norte**?

▼ O município de Belém, capital do estado do Pará, tinha uma população de 1,5 milhão de habitantes em 2021. Em primeiro plano, vista do mercado Ver-o-Peso, em Belém (PA). Foto de 2022.

CIDADANIA GLOBAL

FLORESTA EM PÉ

A conservação dos ecossistemas da Amazônia é importante para que muitas populações garantam sua subsistência e mantenham seus hábitos culturais. Por isso, manter a floresta em pé é uma das causas defendidas por indígenas, extrativistas e quilombolas, que cumprem um importante papel na proteção da floresta.

1. Busque dados sobre o desmatamento na Amazônia. Compare a área desmatada em Terras Indígenas e não indígenas.
2. Discuta com os colegas a seguinte questão: as populações tradicionais da Amazônia devem ter prioridade na exploração dos recursos naturais presentes na floresta?
3. Elabore hipóteses sobre como as populações mencionadas acima podem ser afetadas por mudanças climáticas.

O modo de vida dos povos da floresta caracteriza-se pelo uso sustentável dos recursos naturais. Mulheres descascam castanha-do-pará em cooperativa em comunidade ribeirinha em Laranjal do Jari (AP). Foto de 2022.

POPULAÇÕES TRADICIONAIS

Existem diversas populações tradicionais que vivem na Região Norte, como os **indígenas**, os **quilombolas** e os **povos da floresta**, e muitas delas retiram da floresta Amazônica o que necessitam para o próprio sustento.

Povos indígenas

Como as demais regiões brasileiras, a Região Norte já era ocupada por povos indígenas antes da chegada dos portugueses. Apesar do extermínio de grande parte dessas populações, ainda existem várias etnias indígenas na região, com língua e cultura próprias. O censo demográfico de 2010 mostrou que a Região Norte é a que mais concentra a população indígena no Brasil: cerca de 38% do total (342 836 pessoas).

A maioria desses povos vive em **Terras Indígenas**, mas muitos moram em cidades, integrados ao modo de vida urbano.

Comunidades quilombolas

Diversas **comunidades quilombolas**, formadas por descendentes de africanos escravizados, também vivem na Região Norte. Os escravizados foram levados a essa região no século XVIII, para trabalhar principalmente nas lavouras de cana-de-açúcar, arroz, algodão e cacau, oriundos diretamente de vários países da África ou de outras regiões do Brasil.

Atualmente, há cerca de 370 comunidades quilombolas na Região Norte, das quais cerca de 260 estão no Pará. Foi no município de Oriximiná, nesse estado, que, pela primeira vez, uma comunidade quilombola recebeu o título coletivo de suas terras, em 1995. Os quilombolas extraem ou cultivam parte do alimento que consomem, como peixes e frutos, com o uso de técnicas que conservam ou pouco degradam o meio ambiente.

Povos da floresta

As populações que vivem principalmente do extrativismo vegetal (como os **seringueiros** e os **castanheiros**) e os **ribeirinhos** (que praticam a agricultura de subsistência e a pesca artesanal) se autodenominam **povos da floresta**.

Inseridos em diferentes culturas, esses povos se organizam em comunidades relativamente isoladas e mantêm uma **relação sustentável** com a natureza, pois dependem dela para sobreviver. Extraem da floresta o que necessitam (como o açaí, o buriti, a castanha-do-pará, etc.) sem provocar grandes desmatamentos ou a contaminação dos rios. Assim, contribuem para a preservação ambiental.

ATIVIDADES

Retomar e compreender

1. Por que a atividade de extração do látex intensificou a ocupação da Região Norte?

2. Qual era o objetivo dos projetos governamentais implantados na segunda metade do século XX na Região Norte? De que modo eles favoreceram a ocupação dessa região brasileira?

3. Observe o mapa. Em seguida, responda às questões.

■ Região Norte: Densidade demográfica (2010)

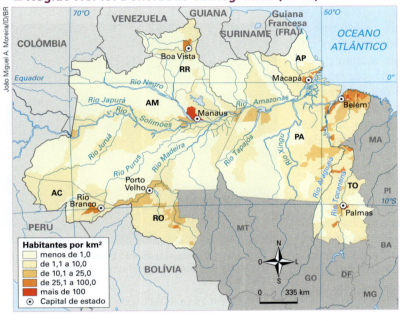

Fonte de pesquisa: *Atlas geográfico escolar*. 8. ed. Rio de Janeiro: IBGE, 2018. p. 112.

a) Onde estão localizadas as maiores concentrações populacionais da Região Norte?

b) Qual foi a importância dos rios para o processo de ocupação da Região Norte por povos não indígenas?

4. Cite algumas populações tradicionais da Região Norte. Por que elas ajudam na conservação da floresta Amazônica?

Aplicar

5. A partir da década de 1970, grandes rodovias foram construídas para integrar a Região Norte ao restante do Brasil. Essas obras, porém, são uma ameaça à floresta Amazônica. Observe, a seguir, a imagem de satélite que mostra um trecho da rodovia Transamazônica (BR-230) entre o município de Anapu e o distrito de Bom Jardim, no município de Pacajá, no Pará. Depois, responda às questões.

a) Por que a construção de rodovias contribui para o desmatamento?

b) Qual é a relação entre as rodovias e a urbanização na Amazônia?

◀ Na imagem de satélite, as áreas em verde representam a vegetação; as áreas em bege, locais onde a vegetação foi retirada. Nessa imagem de 2021, observa-se trecho da rodovia Transamazônica entre Anapu (PA) e Pacajá (PA).

141

CONTEXTO
DIVERSIDADE

Os povos indígenas na Amazônia

Mesmo depois de terem suas terras demarcadas e tituladas, conforme previsto pela Constituição de 1988, os povos indígenas enfrentam graves desafios para continuar a viver segundo os seus costumes. Sobre o assunto, leia a seguir o trecho de uma notícia.

A Terra Indígena Yanomami, maior reserva indígena do Brasil, completa 30 anos de demarcação [...]. Mas, diante do aumento desenfreado de garimpos ilegais dentro do território onde vivem mais de 28 mil yanomami, da destruição ambiental, dos casos de doença e violência, a celebração destas três décadas ocorre em forma de luta e resistência em defesa da reserva.

Com cerca de 10 milhões de hectares distribuídos no Amazonas e em Roraima, onde fica a maior parte, a Terra Yanomami tem 371 comunidades de difícil acesso espalhadas ao longo da densa floresta Amazônica. O povo Yanomami é considerado de recente contato com a população não indígena. Além disso, na reserva há, ainda, indígenas isolados, sem contato ou influência externa.

Embora as condições geográficas os tornem isolados, isso não impede o avanço acelerado do garimpo. Em um ano, a devastação ambiental cresceu 46%, percentual histórico desde a demarcação [...].

A situação em que vivem os yanomami é tão séria que foi considerada de "extrema gravidade e urgência" [...] pela Comissão Interamericana de Direitos Humanos (CIDH). O órgão solicitou à Corte Interamericana de Direitos

▲ Crianças yanomami tomando banho e brincando no rio Maturacá, em São Gabriel da Cachoeira (AM). Foto de 2022.

Humanos (Corte IDH) uma intervenção com medidas provisórias para proteger os direitos à vida do povo Yanomami. [...]

[...] a Terra Yanomami é alvo de garimpeiros que buscam ouro, cassiterita e outros minérios. [...]

A presença dos invasores causa desmatamento, provoca poluição dos rios e impacta diretamente na saúde dos yanomami que vivem nas comunidades — sem contar os conflitos armados. [...]

Yara Ramalho; Valéria Oliveira. Terra Yanomami completa 30 anos com maior devastação da história causada pelo garimpo. *G1*, 25 maio 2022. Disponível em: https://g1.globo.com/rr/roraima/noticia/2022/05/25/terra-yanomami-completa-30-anos-com-maior-devastacao-da-historia-causada-pelo-garimpo.ghtml. Acesso em: 7 fev. 2023.

Para refletir

1. De acordo com a notícia, quais problemas o povo Yanomami enfrenta ainda hoje?
2. **SABER SER** Forme dupla com um colega. Na opinião de vocês, como o Estado pode agir para garantir que o povo Yanomami e os demais povos indígenas se desenvolvam segundo o seu modo de vida?

CAPÍTULO 3
REGIÃO NORTE: ECONOMIA

PARA COMEÇAR

Quais são as principais atividades econômicas praticadas na Região Norte? Em sua opinião, é possível haver desenvolvimento econômico com preservação do meio ambiente?

 Pesquisas na área de **biotecnologia** têm desenvolvido produtos a partir da fauna e da flora da Amazônia. Você conhece algum desses produtos?

▼ O açaí é um fruto extraído de uma palmeira nativa da floresta Amazônica, o açaizeiro. O extrativismo do açaí é fonte de renda para muitas populações tradicionais. Moradia de ribeirinho com açaizal ao fundo, em Breves (PA). Foto de 2022.

EXTRATIVISMO VEGETAL

A **extração de madeira** é uma importante atividade econômica praticada na Região Norte. Essa atividade deve ser realizada de forma legal, com licença de exploração emitida por órgãos governamentais reguladores. A madeira extraída é utilizada principalmente na indústria moveleira e na construção civil.

No entanto, a exploração da madeira também ocorre por meio do **desmatamento ilegal**. Muitos madeireiros atuam sem nenhum tipo de permissão ou com licenças falsas. Essa prática preocupa autoridades nacionais e entidades internacionais, pois tem crescido nos últimos anos e é uma grande ameaça à floresta Amazônica. A dificuldade de fiscalização e a força política e econômica daqueles que praticam o desmatamento impedem que sejam rapidamente punidos e que se combata a devastação florestal.

A Região Norte também concentra grande parte do extrativismo vegetal não madeireiro praticado no país. Destaca-se na região a extração de dois gêneros alimentícios: a **castanha-do-pará** e o **açaí**. Em 2018, o Pará foi o maior produtor brasileiro de açaí obtido por meio do extrativismo (66,5% da produção total nacional).

ATIVIDADE MINERADORA

A Região Norte apresenta grandes reservas de **recursos minerais**, como ferro, ouro, bauxita e cassiterita, e também minérios utilizados em novas aplicações tecnológicas, como o nióbio, o manganês e o titânio. Isso garante a essa região grande relevância mundial na atividade extrativista.

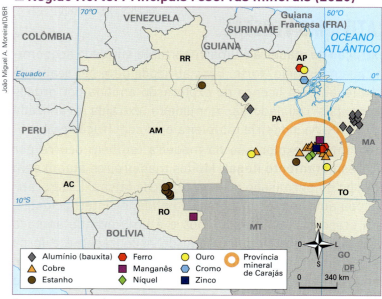

■ Região Norte: Principais reservas minerais (2020)

Fonte de pesquisa: *Anuário mineral brasileiro*: principais substâncias metálicas, 2021. Brasília: Ministério de Minas e Energia, Agência Nacional de Mineração (ANM), 2021. Disponível em: https://www.gov.br/anm/pt-br/centrais-de-conteudo/publicacoes/serie-estatisticas-e-economia-mineral/anuario-mineral/anuario-mineral-brasileiro/amb-2021-ano-base-2020.pdf. Acesso em: 2 fev. 2023.

Com o apoio do Estado, empresas estrangeiras montaram grandes projetos de mineração na região, voltados, por exemplo, à exploração de cassiterita no Amazonas e em Rondônia; de nióbio, no Amazonas; de diamante, em Roraima; de bauxita, no vale do rio Trombetas, no Pará; e de ouro, no Amapá. A exploração de manganês na serra do Navio, no Amapá, de onde praticamente todo o minério já foi extraído, provocou grande problema ambiental na região devido à contaminação dos recursos hídricos por substâncias tóxicas.

Também se destaca o **Projeto Grande Carajás**, no Pará, que tem um dos maiores potenciais minerais do Brasil, com imensas jazidas de minério de ferro, manganês, cobre, bauxita, níquel, cassiterita e ouro. Esse projeto também visa à exploração agropecuária e florestal.

A exploração mineral não é feita apenas por grandes empresas. Ainda hoje existem os **garimpos**, nos quais ouro, cassiterita e diamante são extraídos de forma artesanal e com baixíssima tecnologia. O mais famoso dos garimpos brasileiros foi o de **Serra Pelada**, no Pará, que atraiu milhares de trabalhadores de várias partes do Brasil para a extração de ouro, na década de 1980.

▶ Área de exploração mineral do Projeto Grande Carajás em Marabá (PA). Foto de 2020.

AGROPECUÁRIA

A atividade agropecuária tem crescido na Região Norte com a **expansão da fronteira agrícola**. A ocupação das terras no Centro-Oeste por lavouras bastante valorizadas, como as de soja, algodão, café e cana-de-açúcar, tem levado muitos criadores de gado a deslocar seus rebanhos para novas terras, mais baratas e distantes, na Amazônia.

A **pecuária extensiva** é uma das principais atividades agropecuárias realizadas no Pará, em Rondônia e no Tocantins. Outros produtos que se destacam são: o arroz (no Pará e no Tocantins), a soja (com destaque para o sul do Pará e Rondônia), a mandioca (com destaque para o Pará), o feijão (no Tocantins) e o café (em Rondônia).

A expansão da fronteira agrícola na Região Norte também está associada ao desmatamento da floresta Amazônica. Os campos de pastagens muitas vezes são abertos por meio de **queimadas**, processo em que o fogo consome praticamente toda a vegetação. As queimadas são motivadas pelo interesse em estabelecer novas pastagens e lavouras.

Os problemas ambientais decorrentes das queimadas na Amazônia são imensos: degradação da fauna e da flora, empobrecimento do solo e emissão de grande quantidade de gases de efeito estufa. Além disso, o avanço das atividades agropecuárias provoca degradação porque o frágil solo amazônico, sem a proteção da floresta, danifica-se rapidamente, obrigando os agropecuaristas a buscar novas áreas, o que alimenta um ciclo de destruição. Além dos problemas ambientais, o desmatamento e as queimadas da Amazônia afetam a economia do país, pois há boicotes internacionais a produtos brasileiros oriundos das áreas de destruição da Amazônia.

O gráfico, a seguir, mostra a quantidade de focos de incêndio na Amazônia Legal nos últimos anos, segundo o Instituto Nacional de Pesquisas Espaciais (Inpe).

CIDADANIA GLOBAL

AGRICULTURA DE BAIXA EMISSÃO DE CARBONO

Pesquisadores defendem que é possível ampliar a produção agropecuária sem desmatamento. Para isso, seria preciso: recuperar áreas já desmatadas pela pecuária; integrar lavouras e criação de animais à floresta; aproveitar dejetos e resíduos da pecuária para gerar energia; investir em florestas comerciais; e adotar técnicas de cultivo que dispensam o uso de fertilizantes químicos, entre outras medidas.

1. Faça um levantamento de informações na internet sobre agricultura de baixa emissão de carbono. Em seguida, explique o que esse modelo de produção representa para o impedimento de mudanças climáticas.

2. Em sua opinião, conhecer a origem da carne e dos produtos agrícolas são atitudes que valorizam iniciativas sustentáveis? Justifique sua resposta.

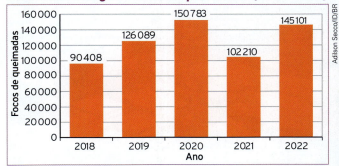

Amazônia Legal: Focos de queimadas (2018-2022)

- 2018: 90 408
- 2019: 126 089
- 2020: 150 783
- 2021: 102 210
- 2022: 145 101

Fonte de pesquisa: Instituto Nacional de Pesquisas Espaciais (Inpe). Programa Queimadas. Monitoramento dos focos ativos por região. Disponível em: https://queimadas.dgi.inpe.br/queimadas/portal-static/estatisticas_estados/. Acesso em: 2 fev. 2023.

▲ Área da floresta Amazônica desmatada e queimada em Maués (AM). Foto de 2020.

ZONA FRANCA DE MANAUS

Manaus, capital do Amazonas, é hoje um importante **centro industrial** do país. Isso se deve à criação, em 1957, da Zona Franca de Manaus. A área funcionava inicialmente como um porto livre. Dez anos depois, em 1967, o governo federal editou um decreto que concedia diversos incentivos fiscais, como a isenção de impostos às empresas que se instalassem nessa área.

O objetivo era atrair indústrias e também estimular o comércio e as atividades agropecuárias na Amazônia Ocidental, definida naquele mesmo ano como área abrangida pelos seguintes estados: Acre, Amazonas, Rondônia e Roraima. Ao estimular o desenvolvimento econômico da Região Norte, o governo federal pretendia incentivar a sua ocupação, promover a **integração** dessa região ao restante do país e garantir a soberania das fronteiras nacionais.

A Zona Franca de Manaus é administrada pela **Superintendência da Zona Franca de Manaus (Suframa)**, órgão vinculado ao Ministério da Economia, que controla os incentivos fiscais concedidos às empresas e estabelece estratégias de desenvolvimento para a Amazônia Ocidental.

Com a instalação da Zona Franca de Manaus, muitas empresas, tanto importadoras como exportadoras, aproveitaram os incentivos fiscais e a mão de obra barata para se instalar nessa área. Muitos empregos foram gerados, incentivando também o desenvolvimento de outros setores, como o comércio e o turismo.

Na área da Zona Franca de Manaus, está instalado o **Polo Industrial de Manaus (PIM)**, considerado um dos mais modernos da América Latina, com **indústrias de tecnologia de ponta** que atuam sobretudo nos setores químico, eletroeletrônico e de veículos de duas rodas.

O dinamismo desse polo industrial atraiu grande contingente de pessoas, e o crescimento acelerado e a falta de planejamento urbano de Manaus geraram muitos problemas, como ausência de moradias adequadas e falta de infraestrutura.

> **PARA EXPLORAR**
>
> **Suframa Invest**
> Navegue pelo *site* e saiba mais sobre a Zona Franca de Manaus: sua história, criação e as potencialidades econômicas da Amazônia Ocidental (formada por Acre, Amazonas, Rondônia e Roraima). Disponível em: https://www.gov.br/suframa/pt-br/assuntos/suframa-invest-2. Acesso em: 2 fev. 2023.

decreto: resolução ou ato administrativo assinado pelo Poder Executivo colocando em prática uma lei.

Vista aérea do Polo Industrial de Manaus, em Manaus (AM). Foto de 2022.

ATIVIDADES

Retomar e compreender

1. Observe o mapa a seguir e responda às questões.

Brasil: Extração de madeira (2021)

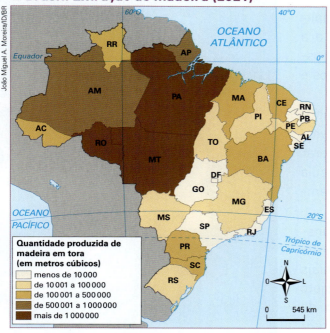

Fonte de pesquisa: IBGE. Sidra. Disponível em: https://sidra.ibge.gov.br/tabela/289#resultado. Acesso em: 2 fev. 2023.

a) Quais são os dois principais estados da Região Norte em relação à quantidade de extração de madeira em tora? Em qual estado dessa região essa atividade apresenta menor quantidade de madeira em tora extraída?

b) Com base na resposta anterior, em qual atividade agropecuária os estados em questão se destacam? Como é conhecida a região onde se situam, tendo por base a expansão da atividade agropecuária?

2. Explique o que é a Zona Franca de Manaus e quais de seus segmentos concentram o maior número de empresas.

3. Relacione as atividades econômicas praticadas na Região Norte com o desmatamento da floresta Amazônica.

Aplicar

4. Observe a tabela a seguir e, com base no que foi estudado neste capítulo, responda às questões.

BRASIL: MAIORES PRODUTORES DE FERRO, MANGANÊS, COBRE E ALUMÍNIO, EM TONELADAS (2020)							
Ferro		Manganês		Cobre		Alumínio (bauxita)	
Minas Gerais	322 672 284	Pará	2 152 995	Pará	58 217 233	Pará	38 766 310
Pará	193 646 519	Mato Grosso do Sul	503 889	Goiás	29 385 917	Minas Gerais	1 758 050

Fonte de pesquisa: Brasil. *Anuário mineral brasileiro*: principais substâncias metálicas, 2021. Brasília: Ministério de Minas e Energia, Agência Nacional de Mineração (ANM), 2021. Disponível em: https://www.gov.br/anm/pt-br/centrais-de-conteudo/publicacoes/serie-estatisticas-e-economia-mineral/anuario-mineral/anuario-mineral-brasileiro/amb-2021-ano-base-2020.pdf. Acesso em: 2 fev. 2023.

a) Analise a posição do estado do Pará em relação à produção bruta de alguns dos principais minérios extraídos no Brasil.

b) Que região do Pará se destaca por apresentar grandes reservas de recursos minerais, como o ferro e o manganês?

c) Com um colega, faça um levantamento de informações – em *sites* da internet, jornais e revistas – sobre os impactos ambientais decorrentes de grandes projetos de exploração mineral, como os implementados na Região Norte.

147

REPRESENTAÇÕES

Interpretação de imagens de satélite

As imagens de satélite têm inúmeras aplicações para a **análise**, o **planejamento** e a **organização** do espaço geográfico. Elas possibilitam a observação de diferentes pontos e amplas áreas desse espaço.

As imagens de satélite podem ser utilizadas, por exemplo, por programas governamentais, com a finalidade de monitorar as transformações em grandes áreas cuja observação a olho nu ou por agentes em campo seria muito difícil.

Um dos principais exemplos de transformação da paisagem é o desmatamento. O Instituto Nacional de Pesquisas Espaciais (Inpe) desenvolve, desde 1988, o projeto de Monitoramento do Desmatamento da Floresta Amazônica Brasileira por Satélite (Prodes), que acompanha a evolução do desmatamento nessa área. O mesmo instituto mantém, ainda, o sistema de Detecção de Desmatamento em Tempo Real (Deter), que funciona como ferramenta de fiscalização diária de focos de desmatamento.

As imagens de satélite também podem ser utilizadas para:

- estudos de análise do uso e da ocupação do solo (vegetação, culturas, mineração, pastagens, áreas urbanas, etc.);
- observação de ocorrência de queimadas e de incêndios ou deslizamentos de encostas;
- identificação de áreas em que haja atividades criminosas – localização de aeroportos clandestinos e de áreas de plantio e de armazenagem de drogas.

Essas aplicações das imagens de satélite, no entanto, pressupõem uma **interpretação** correta dos elementos presentes na superfície terrestre. Esses elementos podem ser identificados pelas diferenças de **cor**, **textura**, **tamanho** e **forma** que apresentam.

Observe o esquema acima, que mostra como os tipos de uso e de cobertura do solo aparecem na imagem de satélite.

A área de mineração aparece na imagem de satélite em tons de marrom-claro e marrom-escuro (solo exposto) e com textura enrugada.

▲ Imagem de satélite de parte do município de Parauapebas (PA), 2017.

Os tons de azul, verde-escuro, cinza-escuro e preto combinados com a textura lisa em imagens de satélite mostram a existência de água, identificando rios, lagos, represas e oceanos. Esse elemento pode aparecer com formas irregulares, como no exemplo do lago mostrado, ou em forma linear retilínea ou curvilínea, no caso de rios.

A área urbana se apresenta em tons de bege e em cores próximas a essa, com textura ligeiramente enrugada e formas geométricas. Esse tipo de uso do solo geralmente aparece ao longo de estradas e de rodovias.

Os tons de verde-escuro e a textura enrugada indicam a presença de vegetação.

Fotografias: 2023 Digital Globe/Google Earth

Pratique

1. A imagem de satélite apresentada permite identificar expressivo desmatamento na área representada? Explique como você chegou a essa conclusão.

2. Elabore um croqui do uso e da cobertura do solo do trecho de Parauapebas representado na imagem de satélite. Coloque uma folha de papel transparente (por exemplo, papel vegetal) sobre a imagem e faça uma cópia dela, contornando os diferentes elementos identificados (área de mineração, área urbana, vegetação, solo exposto, corpos d'água e estradas). Em seguida, pinte esses elementos e elabore uma legenda que identifique cada um deles.

Você consegue identificar elementos naturais e humanos na superfície terrestre por meio de **imagens de satélites**?

149

INVESTIGAR

Espaço em transformação nas imagens de satélite

Para começar

Como vimos anteriormente, as imagens de satélite são muito úteis para os pesquisadores, pois, observando-as, as transformações ocorridas na superfície terrestre tornaram-se ainda mais evidentes. Veja as imagens a seguir.

▲ Comparando as imagens, é possível observar a expansão da cidade de Porto Velho (RO). A imagem da esquerda é de 1984, e a da direita, de 2023. Note também as transformações ocorridas em um trecho do rio Madeira, como consequência da construção da usina hidrelétrica Santo Antônio.

O problema

Quais mudanças ocorreram recentemente no espaço geográfico brasileiro?

A investigação

- **Procedimento:** documental.
- **Instrumento de coleta:** análise documental.

Material

- computador com acesso à internet;
- programa de edição de imagens.

Procedimentos

Parte I – Pesquisa de imagens

1. Formem grupos de até cinco integrantes. Com o auxílio do professor, cada grupo escolherá um local a ser pesquisado.
2. Consultem os acervos de imagens de satélite disponíveis na internet. Reúnam o máximo de imagens que conseguirem do local escolhido pelo grupo.

Parte II – Tratamento das imagens

1. Nomeiem e identifiquem cada imagem, informando o local retratado e a data em que foi obtida pelo satélite.
2. Para que todas as imagens apresentem a mesma área da superfície terrestre, pode ser necessário ajustar o enquadramento. Isso pode ser feito mediante programas de edição de imagem, com as ferramentas de corte (*crop*, em inglês). Caso vocês tenham reunido imagens de tamanhos diferentes, também será necessário redimensioná-las, para que fiquem do mesmo tamanho. Desse modo, a comparação de imagens será mais fácil e precisa.

Parte III – Análise das imagens

1. Em grupo, analisem e interpretem as imagens, respeitando sequencialmente as datas em que foram obtidas pelos satélites. Discutam as transformações percebidas pelos integrantes do grupo.
2. Elaborem uma lista das mudanças que se destacam e registrem a data em que cada uma delas surge na imagem. Essa lista deve ser entregue ao professor na ocasião da apresentação da pesquisa.

Questões para discussão

1. Houve dificuldade na interpretação das imagens de satélite?
2. Os elementos retratados nas imagens foram interpretados do mesmo modo por todos os integrantes do grupo?
3. Conversem sobre a seguinte questão: Como as imagens influenciam a compreensão dos resultados de uma pesquisa?

Comunicação dos resultados

Apresentação das imagens à turma

O grupo pode apresentar os resultados em uma projeção da sequência de imagens ou mediante compartilhamento digital. Ao final da apresentação, pode-se apresentar também uma linha do tempo das mudanças registradas.

PARA EXPLORAR

Google Earth Engine
Site que mostra sequências temporais de imagens de satélites. Nele, é possível encontrar imagens obtidas a partir de 1984. Disponível em: https://earthengine.google.com/timelapse/. Acesso em: 2 fev. 2023.

Yasmin Ayumi/ID/BR

DICA

- Lembrem-se de informar as datas e as fontes das imagens de satélite.
- Vocês podem apresentar os resultados de modo dinâmico, com a montagem de pequenas animações em formato GIF, que podem ser criadas em *sites* ou em aplicativos para *smartphones* e *tablets*.

151

ATIVIDADES INTEGRADAS

Analisar e verificar

1. Observe a foto e responda às questões.

Manaus (AM). Foto de 2021.

   a) O que essa imagem mostra?
   b) Considerando a foto e o que você aprendeu a respeito da Região Norte, qual seria a melhor opção de transporte para promover a integração dessa região ao restante do país? Explique.

2. Leia o texto e, em seguida, responda às questões.

> [...] As pastagens, em comparação com outros usos do solo, parecem ser a principal ferramenta para a ocupação de terras públicas na Amazônia, em especial em regiões de fronteira de desmatamento [...].
>
> [...] Cerca de 44% do desmatamento anual nos dois últimos anos (2019 e 2020) no bioma Amazônia ocorreu em terras públicas [Terras Indígenas, Unidades de Conservação e terras públicas não destinadas].
>
> [...] Dos 21 milhões de hectares desmatados [...], a menor proporção ocorreu nas glebas já destinadas - 6% no caso das Terras Indígenas e 7% no caso das Unidades de Conservação [...]. Isso mostra que as TIs [Terras Indígenas] e as UCs [Unidades de Conservação] são as categorias fundiárias mais preservadas da Amazônia [...].
>
> Em 2020, por exemplo, a pecuária era o principal uso do solo em 75% das áreas desmatadas das florestas públicas não destinadas [...].
>
> [...] é preciso rapidamente destinar florestas públicas tal qual determina a Lei de Gestão de Florestas Públicas, de 2006. Os dados reforçam a importância da proteção desses territórios, mesmo que ambas as categorias sofram intensa pressão de invasores. Este é um caminho comprovadamente eficiente para pacificar o uso e a ocupação da terra, e em conjunto com as ações de comando e controle pode frear os níveis de desmatamento ilegal na região [...].
>
> Caroline S. C. Salomão e outros. Nota Técnica. Amazônia em chamas. Desmatamento, fogo e pecuária em terras públicas. Instituto de Pesquisa Ambiental da Amazônia (Ipam), out. 2021. Disponível em: https://ipam.org.br/wp-content/uploads/2022/05/Amazo%CC%82nia-em-Chamas-8-pecua%CC%81ria-pt.pdf. Acesso em: 2 fev. 2023.

   a) De acordo com o texto, qual atividade econômica ocupava a maioria das áreas desmatadas das florestas públicas em 2020?
   b) Em quais áreas de florestas públicas ocorreram menores índices de desmatamento?
   c) Segundo o texto, o que deve ser feito para diminuir o desmatamento da floresta Amazônica? Com mais um colega, justifiquem a resposta por meio de argumentos.

Criar

3. Observe o mapa a seguir e, depois, responda às questões.

Amazônia Legal: Desmatamento (2018)

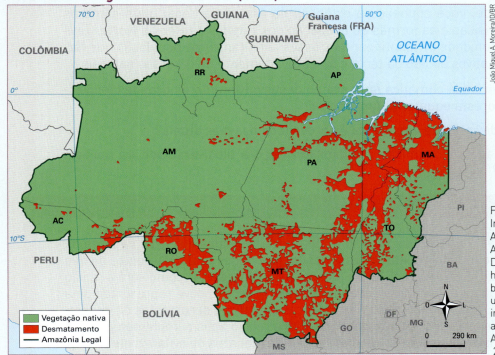

a) Quais áreas da Amazônia Legal são mais afetadas pelo desmatamento?

b) De acordo com o Instituto de Pesquisa Ambiental da Amazônia (Ipam), 43% do desmatamento da Amazônia Legal em 2018 ocorria em propriedades privadas (médias e grandes), 32% em pequenas propriedades, 2% em Unidades de Conservação e 1% em Terras Indígenas. O restante ocorria em outras áreas. Qual é a importância das Terras Indígenas e das Unidades de Conservação para a preservação da floresta Amazônica?

c) Escreva um texto argumentativo sobre a importância da preservação da floresta Amazônica e da criação de Unidades de Conservação para a manutenção do modo de vida de populações tradicionais amazônicas.

4. A floresta Amazônica apresenta grande biodiversidade. No entanto, estima-se que apenas 10% das espécies nativas desse bioma foram estudadas e catalogadas. Alguns cientistas acreditam que espécies locais ainda desconhecidas tenham grande potencial econômico. Sobre o assunto, registre no caderno hipóteses sobre as vantagens econômicas e sociais do desenvolvimento de pesquisas científicas sobre a biodiversidade amazônica.

5. **SABER SER** Há grande polêmica em torno da construção das hidrelétricas Santo Antônio e Jirau, no rio Madeira, em Rondônia, e Belo Monte, no rio Xingu, no Pará, por causa dos impactos ambientais e sociais decorrentes dessas obras. Reunidos em grupos, levantem informações em livros, *sites*, revistas e artigos de opinião sobre os efeitos positivos e os efeitos negativos dessas obras. Elaborem cartazes informativos com os argumentos levantados e afixem suas produções em um mural da escola ou da sala de aula. Se possível, divulguem as informações em redes sociais e/ou no *site* da escola.

CIDADANIA GLOBAL

UNIDADE 5

13 AÇÃO CONTRA A MUDANÇA GLOBAL DO CLIMA

Retomando o tema

Nesta unidade, você conheceu a extensão da Amazônia Legal, bem como as características físicas e as formas de ocupação dos estados da Região Norte. Teve também a oportunidade de identificar interesses conflitantes da população que habita a região, relativos ao uso da terra e ao aproveitamento de recursos naturais.

1. Qual característica climática favoreceu o desenvolvimento da grande biodiversidade na floresta equatorial Amazônica?
2. Como a biodiversidade amazônica é aproveitada nos dias atuais?
3. Quais atividades econômicas colocam em risco a biodiversidade da floresta Amazônica?

Geração da mudança

- Filmes, séries de ficção ou mesmo a literatura, baseados em fatos capazes de transformar o mundo, muitas vezes propõem realidades muito diferentes da que conhecemos. Dessa vez, você fará o mesmo para representar como será a região Amazônica daqui a 200 anos. Desenhe dois cenários: um deve representar uma paisagem da Amazônia em caso de mudanças climáticas decorrentes da intensificação do efeito estufa; o outro deve mostrar a região após a implementação de ações de conservação bem-sucedidas, que foram capazes de evitar os efeitos das mudanças climáticas. Em ambos, considere as características do clima e, abaixo de cada desenho, descreva as ações sociais que provocaram aquele cenário.
- Compartilhe sua criação com os colegas em sala de aula.

Autoavaliação

REGIÃO NORDESTE

UNIDADE 6

PRIMEIRAS IDEIAS

1. Você sabe quais climas e formações vegetais ocorrem na Região Nordeste?
2. Uma região pode ser dividida em sub-regiões?
3. Quais atividades vêm se destacando no quadro econômico nordestino?

Conhecimentos prévios

Nesta unidade, eu vou...

CAPÍTULO 1 — Região Nordeste: aspectos gerais

- Conhecer a divisão em sub-regiões do Nordeste por meio de mapa e compreender as características gerais dessas regiões, com destaque para aspectos físico-naturais.
- Buscar informações sobre os impactos socioeconômicos do projeto de transposição do rio São Francisco.

CAPÍTULO 2 — Região Nordeste: ocupação e população

- Estudar o processo de ocupação da Região Nordeste desde o período do Brasil Colônia.
- Conhecer o processo de urbanização da Região Nordeste e suas principais cidades.
- Analisar as condições de vida da população da Região Nordeste.
- Compreender aspectos relativos aos povos tradicionais do Nordeste.
- Descrever aspectos relativos a festividades organizadas pela população no muncípio onde vivo.

CAPÍTULO 3 — Região Nordeste: economia

- Analisar aspectos da economia da Região Nordeste com foco em seu recente crescimento econômico e em características das atividades agropecuárias e do turismo.
- Relacionar a estrutura fundiária com a desigualdade social na Região Nordeste.
- Verificar a existência de turismo sustentável no município onde vivo, avaliando suas iniciativas.
- Analisar relações entre a cartografia e a literatura.

CIDADANIA GLOBAL

- Reconhecer a importância da participação popular e do poder público na preservação dos patrimônios natural e cultural, de forma geral e no município onde vivo.
- Propor práticas sustentáveis que possam ser implementadas por profissionais do turismo, por empresas e pelo poder público, a fim de gerar empregos, preservar o meio ambiente e promover a cultura no município onde vivo.

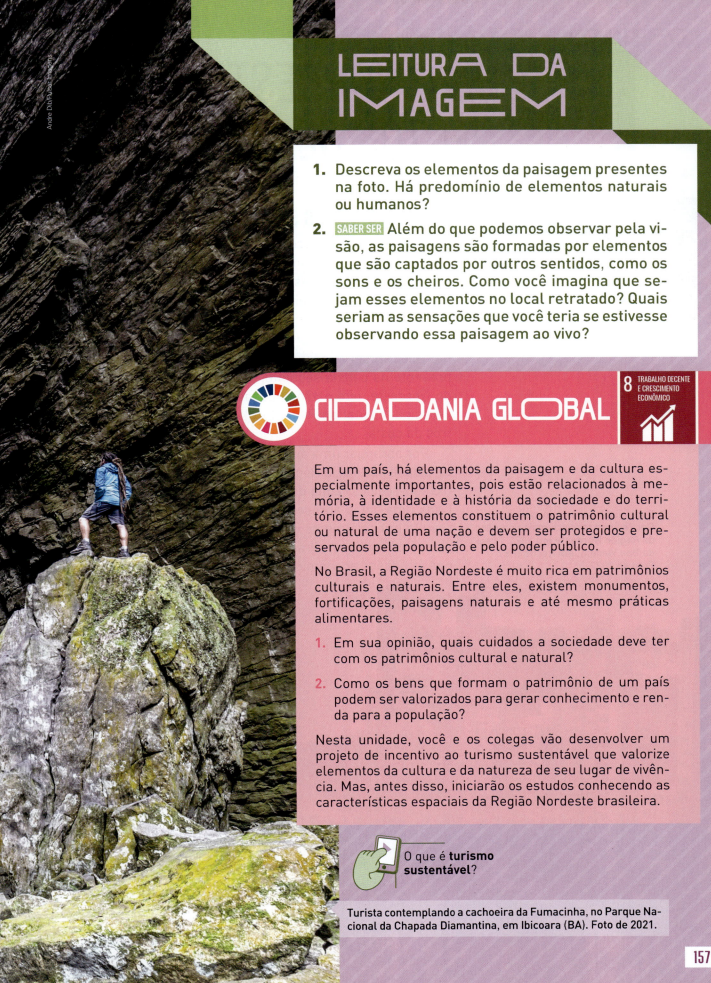

LEITURA DA IMAGEM

1. Descreva os elementos da paisagem presentes na foto. Há predomínio de elementos naturais ou humanos?

2. **SABER SER** Além do que podemos observar pela visão, as paisagens são formadas por elementos que são captados por outros sentidos, como os sons e os cheiros. Como você imagina que sejam esses elementos no local retratado? Quais seriam as sensações que você teria se estivesse observando essa paisagem ao vivo?

CIDADANIA GLOBAL

8 TRABALHO DECENTE E CRESCIMENTO ECONÔMICO

Em um país, há elementos da paisagem e da cultura especialmente importantes, pois estão relacionados à memória, à identidade e à história da sociedade e do território. Esses elementos constituem o patrimônio cultural ou natural de uma nação e devem ser protegidos e preservados pela população e pelo poder público.

No Brasil, a Região Nordeste é muito rica em patrimônios culturais e naturais. Entre eles, existem monumentos, fortificações, paisagens naturais e até mesmo práticas alimentares.

1. Em sua opinião, quais cuidados a sociedade deve ter com os patrimônios cultural e natural?

2. Como os bens que formam o patrimônio de um país podem ser valorizados para gerar conhecimento e renda para a população?

Nesta unidade, você e os colegas vão desenvolver um projeto de incentivo ao turismo sustentável que valorize elementos da cultura e da natureza de seu lugar de vivência. Mas, antes disso, iniciarão os estudos conhecendo as características espaciais da Região Nordeste brasileira.

O que é **turismo sustentável**?

Turista contemplando a cachoeira da Fumacinha, no Parque Nacional da Chapada Diamantina, em Ibicoara (BA). Foto de 2021.

157

CAPÍTULO 1
REGIÃO NORDESTE: ASPECTOS GERAIS

PARA COMEÇAR

Você conhece a Região Nordeste? O que você sabe dessa região? Quais são as sub-regiões do Nordeste?

NORDESTE E SUAS SUB-REGIÕES

A Região Nordeste corresponde a 18,2% do território nacional e é a segunda região mais populosa do Brasil, com mais de 57 milhões de habitantes. Abrange nove estados: Alagoas, Bahia, Ceará, Maranhão, Paraíba, Pernambuco, Piauí, Rio Grande do Norte e Sergipe.

A população do Nordeste está mais concentrada na faixa litorânea. Observe, no mapa *Região Nordeste: Sub-regiões (2022)*, presente na página seguinte, que, das nove capitais estaduais do Nordeste, oito estão situadas no litoral. A única exceção é Teresina, capital do Piauí, localizada a cerca de 270 quilômetros da costa.

Por abranger uma área extensa e complexa, com grande diversidade natural, a Região Nordeste pode ser dividida em quatro sub-regiões: **Zona da Mata**, **Sertão**, **Agreste** e **Meio-Norte**. Cada uma delas apresenta formas de ocupação distintas. Isso resulta principalmente da influência de suas características físicas (como relevo, clima e vegetação) sobre o desenvolvimento das atividades econômicas.

▼ O município pernambucano do Recife era o terceiro mais populoso da Região Nordeste em 2021. Praia da Boa Viagem, em Recife (PE). Foto de 2022.

ZONA DA MATA

A Zona da Mata corresponde à faixa litorânea oriental do Nordeste, que vai do sul da Bahia ao Rio Grande do Norte. Essa sub-região concentra o maior contingente populacional do Nordeste. Nela se encontram grandes **centros urbanos e industriais** e se desenvolve o cultivo de cana-de-açúcar, laranja, banana, fumo e cacau.

O relevo da Zona da Mata é formado por **planícies costeiras** e por **tabuleiros litorâneos**. Por receber os ventos úmidos do oceano Atlântico, essa sub-região apresenta clima **tropical úmido**, com temperaturas elevadas ao longo do ano e chuvas concentradas no inverno.

A vegetação nativa que ocorre nessa sub-região é a **Mata Atlântica**, por isso o nome Zona da Mata. A maior parte da vegetação dessa mata, no entanto, foi devastada, em um processo que teve início com a extração de **pau-brasil** pelos colonizadores portugueses, no século XVI, e prosseguiu com a introdução da monocultura da **cana-de-açúcar**.

Até os dias atuais, a produção de cana-de-açúcar tem destaque na Zona da Mata. É praticada em grandes fazendas, sobretudo nos estados de Alagoas, Pernambuco e Paraíba, e destina-se principalmente à produção de etanol e de açúcar para exportação. No sul da Bahia, desenvolveu-se também o cultivo do cacau.

Região Nordeste: Sub-regiões (2022)

O regime de chuvas está entre os principais elementos de divisão sub-regional no Nordeste. As sub-regiões mais úmidas são a Zona da Mata, que recebe massas de ar úmidas do oceano Atlântico, e o Meio-Norte, sob influência das massas de ar equatoriais da Amazônia.

Fontes de pesquisa: Manuel Correia de Andrade. *A terra e o homem no Nordeste.* 8. ed. São Paulo: Cortez, 2011. p. 320; IBGE Países. Disponível em: https://paises.ibge.gov.br/#/. Acesso em: 29 maio 2023.

PARA EXPLORAR

Fundação Joaquim Nabuco – Pesquisa Escolar

Nesse *site*, destinado a pesquisas escolares, há materiais de apoio sobre a sociedade, a cultura e a história do Brasil e de suas regiões. Disponível em: https://www.gov.br/fundaj/pt-br. Acesso em: 2 fev. 2023.

Os tabuleiros litorâneos são uma forma de relevo sedimentar e de baixa altitude e apresentam topos planos e encostas geralmente íngremes, conhecidas como falésias, que sofrem a ação da erosão marinha. Falésias na praia de Carro Quebrado, no município de Barra de Santo Antônio (AL). Foto de 2022.

SERTÃO

O Sertão é a maior sub-região do Nordeste. Nele há o predomínio do **clima tropical semiárido**, que é o mais seco do Brasil, com chuvas escassas e irregulares, elevada evaporação das águas e longos períodos de estiagem, que duram de seis a oito meses no ano.

Em virtude da falta de chuvas e das altas temperaturas, muitos dos rios da região são **temporários**, ou seja, secam durante a estiagem. Para armazenar as águas de rios e riachos, são construídos açudes ou represas. No entanto, nos períodos de seca, essas construções são insuficientes para resolver o problema do abastecimento de água.

O relevo do Sertão é marcado por **depressões**, formas em que predominam processos erosivos e que apresentam altitudes mais baixas que as áreas do entorno.

A vegetação característica do Sertão é a **Caatinga**, que ocupa a área de clima semiárido do Nordeste. Essa vegetação reúne espécies vegetais de pequeno e médio portes cujas características lhes permitem sobreviver em situações de escassez de água, como o umbuzeiro, o mandacaru, o xique-xique e a coroa-de-frade.

A atividade econômica de maior destaque é a **pecuária** (bovina, caprina e ovina). A **agricultura familiar** também ocupa grande parte da população sertaneja. Nas áreas mais úmidas, desenvolve-se a agricultura comercial de arroz, milho, feijão, mandioca e algodão.

Com o emprego de alta tecnologia, são possíveis o plantio de soja no oeste baiano e a fruticultura irrigada, que se desenvolve especialmente no vale do rio São Francisco (BA e PE), mas também é realizada em outras áreas, como no eixo Açu-Mossoró (RN) e no vale do rio Jaguaribe (CE). A produção fruticultora destina-se, em grande parte, à exportação, além de abastecer o mercado interno e também a indústria alimentícia.

▲ A vegetação da Caatinga é muito diversa e tem espécies arbustivas e arbóreas de pequeno e médio portes, como os cactos xique-xique em destaque na imagem. Caatinga em Petrolina (PE). Foto de 2022.

> **PARA EXPLORAR**
>
> **Articulação Semiárido Brasileiro (ASA)**
>
> O *site* da rede de organizações que apoia a convivência com o semiárido dispõe de informações sobre as populações dessa sub-região nordestina, como reportagens sobre iniciativas civis contra a seca. Disponível em: https://www.asabrasil.org.br/. Acesso em: 3 fev. 2023.

◀ Nas terras irrigadas com as águas do rio São Francisco, destaca-se a vitivinicultura (cultivo de uvas para a produção de vinho). Mulheres colhendo uvas em Petrolina (PE). Foto de 2022.

AGRESTE

Situado entre a Zona da Mata e o Sertão, o Agreste tem características de **zona de transição** entre o litoral, mais úmido, e o interior, mais seco. Por isso, apresenta porções semiáridas, com vegetação típica da Caatinga, e porções úmidas, com vegetação mais densa. Geralmente, o Agreste é associado à área do **planalto da Borborema**, onde as altitudes são mais elevadas. No entanto, estende-se além desse planalto (compare o mapa desta página com o mapa da página 159).

No Agreste, predominam pequenas e médias propriedades agrícolas, nas quais se pratica a **policultura**, destacando-se os cultivos de algodão e café, e também se desenvolve a **pecuária leiteira**. Grande parte dessa produção é voltada para o abastecimento do próprio Agreste, da Zona da Mata e do Sertão.

Nessa sub-região, localizam-se importantes cidades, como Feira de Santana e Vitória da Conquista, na Bahia; Garanhuns e Caruaru, em Pernambuco; e Campina Grande, na Paraíba.

■ Nordeste: Físico e político (2022)

Fontes de pesquisa: Gisele Girardi; Jussara Vaz Rosa. *Atlas geográfico do estudante*. São Paulo: FTD, 2016. p. 86-87; IBGE Países. Disponível em: https://paises.ibge.gov.br/#/. Acesso em: 29 maio 2023.

MEIO-NORTE

O Meio-Norte engloba o estado do Maranhão e parte do estado do Piauí. É uma **zona de transição** entre a floresta Amazônica e o Sertão. A pluviosidade aumenta de leste para oeste, passando de áreas da Caatinga (leste) para a floresta equatorial (oeste).

No Meio-Norte, encontra-se a **mata dos cocais**, com a presença de palmeiras como a carnaúba e o babaçu, bases do extrativismo vegetal praticado nessa sub-região. Na produção agrícola, destacam-se os cultivos de soja, arroz, mandioca, milho e banana.

As maiores cidades dessa sub-região são Teresina e Parnaíba, no Piauí, e São Luís e Imperatriz, no Maranhão, importantes centros comerciais e de serviços. São Luís destaca-se na atividade portuária com Itaqui, principal porto para a exportação dos minérios vindos da serra de Carajás, no Pará.

A Região Nordeste apresenta grande **diversidade paisagística**. Cite algumas espécies vegetais encontradas nessa região do Brasil.

▶ Mata dos cocais em São Raimundo Nonato (PI). Foto de 2021.

ATIVIDADES

Acompanhamento da aprendizagem

Retomar e compreender

1. Quais são as sub-regiões nordestinas? Descreva as principais características de cada uma delas.

2. Como se deu a ocupação da Zona da Mata? Quais aspectos físicos dessa sub-região contribuíram para torná-la a mais populosa do Nordeste?

3. Sobre o Meio-Norte, responda:
   a) Por que essa sub-região é considerada uma zona de transição?
   b) Quais são os principais produtos agrícolas cultivados nessa sub-região?

4. Sobre as características físico-naturais das sub-regiões do Nordeste, responda às questões.
   a) Qual sub-região se encontra na transição entre a Mata Atlântica e a Caatinga?
   b) Quais são os principais elementos que diferenciam as sub-regiões do Nordeste?

Aplicar

5. Faça a correspondência entre os climogramas e as sub-regiões nordestinas listadas a seguir. Justifique sua resposta.

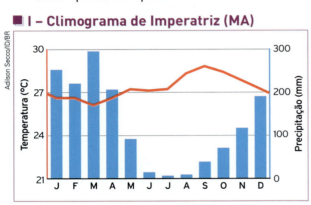
■ I – Climograma de Imperatriz (MA)

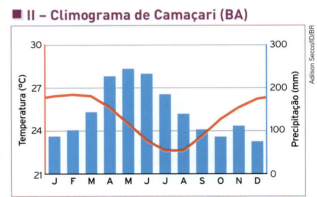
■ II – Climograma de Camaçari (BA)

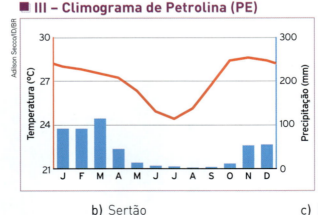
■ III – Climograma de Petrolina (PE)

Fonte de pesquisa: Instituto Nacional de Meteorologia (Inmet). Normais Climatológicas do Brasil. Disponível em: https://portal.inmet.gov.br/normais. Acesso em: 3 fev. 2023.

a) Zona da Mata
b) Sertão
c) Meio-Norte

6. Um caminhão vai transportar mercadorias para algumas capitais do Nordeste. Ele sai da capital mais ao sul da Zona da Mata, faz uma entrega no litoral do Sertão e segue viagem até o interior do Meio-Norte, onde descarrega o restante de sua carga. Considerando esse trajeto e incluindo o local de saída, por quais capitais nordestinas o caminhão pode ter passado? Para responder a essa questão, consulte o mapa *Região Nordeste: Sub-regiões (2022)*, na página 159.

GEOGRAFIA DINÂMICA

Transposição das águas do rio São Francisco

O rio São Francisco destaca-se por ser um rio perene que atravessa o Sertão nordestino, onde, em decorrência do clima semiárido, a maior parte dos rios é intermitente, ou seja, seca nos períodos de estiagem.

Uma das alternativas apontadas para diminuir o efeito das secas no Nordeste é a transposição das águas do São Francisco, ligando-o a rios temporários do Sertão.

Foto aérea de canal que faz parte do Eixo Norte do projeto de transposição do rio São Francisco, em Mauriti (CE). Foto de 2022.

A transposição consiste na captação e no direcionamento das águas do rio a outras bacias hidrográficas por meio de canais artificiais e estações de bombeamento.

A ideia de transpor os limites da bacia hidrográfica do São Francisco tem como objetivo garantir o abastecimento de localidades do Sertão nordestino que sofrem com a escassez de água. Assim, o São Francisco contribuiria para o enchimento de açudes, o desenvolvimento de atividades agrícolas e o abastecimento de cidades sertanejas nos estados de Ceará, Pernambuco, Rio Grande do Norte e Paraíba.

O projeto gerou polêmicas, e seus críticos afirmavam que as obras beneficiariam principalmente os grandes fazendeiros e os políticos da região, além de provocar sérios problemas ambientais.

O projeto, lançado em 2007, apresenta dois eixos: o Eixo Norte, com cerca de 260 quilômetros de comprimento, capta águas do rio São Francisco no município de Cabrobó (PE) e as leva até bacias hidrográficas dos estados do Ceará, da Paraíba e do Rio Grande do Norte; e o Eixo Leste, com extensão de 217 quilômetros, capta água do rio São Francisco em Floresta (PE) e cruza o Sertão pernambucano em direção ao rio Paraíba, que banha o estado de mesmo nome.

No início de 2022, com o avanço das obras do Eixo Norte, as águas do São Francisco chegaram pela primeira vez ao Rio Grande do Norte, pelo município de Jardim de Piranhas.

Em discussão

1. Procure em jornais, revistas ou na internet artigos que apresentem as consequências da transposição do rio São Francisco, observadas por pesquisadores que estudam o tema sob diversos aspectos, como impactos ambientais na flora e na fauna, desenvolvimento de atividades econômicas na região, entre outros. Por fim, escreva um relatório com suas descobertas.

CAPÍTULO 2
REGIÃO NORDESTE: OCUPAÇÃO E POPULAÇÃO

PARA COMEÇAR

O que você sabe a respeito do processo de ocupação da Região Nordeste? Você conhece alguma grande cidade nordestina? Se sim, como você descreveria essa cidade?

CARACTERÍSTICAS DA OCUPAÇÃO

O Nordeste foi a primeira região brasileira a ser colonizada pelos portugueses. A extração de pau-brasil e o comércio de açúcar, no período colonial, levaram à ocupação do litoral nordestino.

OCUPAÇÃO DA ZONA DA MATA

Em meados do século XVI, a Zona da Mata nordestina já era a região mais povoada e economicamente mais dinâmica da Colônia. A **cana-de-açúcar** havia se adaptado muito bem ao **clima quente e úmido** e ao solo de **massapé**, altamente fértil. Essa atividade contou com conhecimentos e mão de obra de africanos escravizados. Também foram importantes nesse processo a grande disponibilidade de lenha na mata nativa, para alimentar os engenhos de açúcar, e a maior proximidade entre o litoral nordestino e a Europa, em comparação com o sul da Colônia.

A produção de açúcar foi a principal atividade econômica entre os séculos XVI e XVII e proporcionou intenso dinamismo ao Nordeste. De 1534 a 1763, **Salvador** foi a capital e também a maior cidade do Brasil Colônia.

Fontes de pesquisa dos mapas: Cláudio Vicentino. *Atlas histórico*: geral e Brasil. São Paulo: Scipione, 2011. p. 102; José Jobson de A. Arruda. *Atlas histórico básico*. São Paulo: Ática, 2007. p. 43.

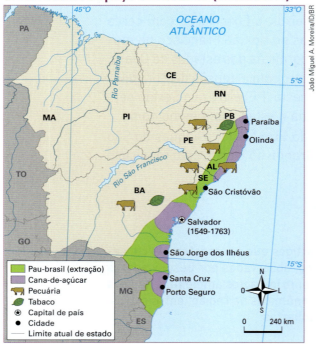

Nordeste: Espaço econômico (século XVI)

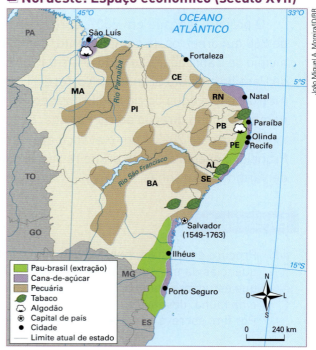

Nordeste: Espaço econômico (século XVII)

164

OCUPAÇÃO DO AGRESTE E DO SERTÃO

A ocupação do Agreste e do Sertão esteve muito ligada à atividade **pecuária**, baseada principalmente no sistema de **parceria** entre fazendeiros e vaqueiros. Nesse sistema, os vaqueiros (homens livres, em sua maioria mestiços) ficavam com parte das crias do gado como pagamento pelos serviços prestados ao fazendeiro.

A pecuária no Agreste e no Sertão atingiu o ápice em meados do século XVIII, abastecendo áreas de mineração em Minas Gerais e os centros mais populosos do Nordeste.

No interior do atual estado da Bahia, a **mineração** de ouro e de diamantes ganhou importância nesse mesmo século. O grande afluxo de pessoas para as áreas de garimpo estimulou o surgimento de vilas que, posteriormente, deram origem a cidades.

OCUPAÇÃO DO MEIO-NORTE

O Meio-Norte teve sua ocupação baseada no **extrativismo vegetal** e, principalmente, no plantio do **algodão**, iniciado no século XIX. Esse produto destinava-se à exportação e abastecia a indústria têxtil que crescia em diversos pontos do mundo desde a Revolução Industrial, iniciada na Inglaterra no século XVIII.

A extração da carnaúba, no Piauí, e a do babaçu, no Maranhão, foram importantes para a ocupação dessa sub-região. Até os dias atuais, essas atividades constituem uma fonte de recursos para esses estados. A cera da folha da carnaúba é utilizada para a produção de tintas, plásticos e cosméticos, e suas folhas e caule são aproveitados na construção civil.

> **PARA EXPLORAR**
>
> *Faces do Sertão*, de Luís Fernando Pereira. São Paulo: Escala Educacional.
>
> O livro conta a história de Ivan e Jorge, dois amigos que viajam juntos pela Caatinga em busca da família de Jorge. A obra retrata paisagens nordestinas.

Fontes de pesquisa dos mapas: Cláudio Vicentino. *Atlas histórico*: geral e Brasil. São Paulo: Scipione, 2011. p. 102; José Jobson de A. Arruda. *Atlas histórico básico*. São Paulo: Ática, 2007. p. 43.

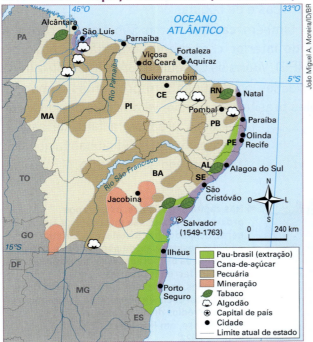

Nordeste: Espaço econômico (século XVIII)

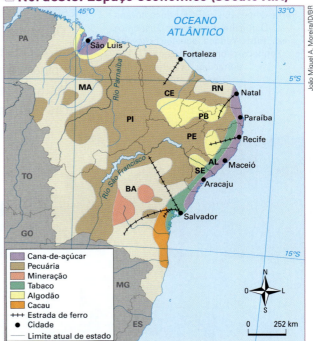

Nordeste: Espaço econômico (século XIX)

URBANIZAÇÃO NO NORDESTE

Desde os primeiros séculos do período colonial, muitas vilas e cidades foram fundadas na região que hoje corresponde ao Nordeste. Porém, foi somente a partir da década de 1980 que a **população urbana** superou a população rural nessa região.

No Nordeste brasileiro, a concentração fundiária, a seca e a industrialização estão entre as principais causas do deslocamento de pessoas do campo para as cidades. Esse movimento migratório também contribuiu para a maior concentração populacional na faixa litorânea, em especial nas cidades do Agreste e da Zona da Mata.

GRANDES CIDADES NORDESTINAS

Atualmente, as cidades mais populosas do Nordeste correspondem às suas três metrópoles: **Salvador**, **Fortaleza** e **Recife**.

Salvador é a maior cidade nordestina. O setor petroquímico, ligado ao polo de Camaçari, trouxe grande dinamismo para a Região Metropolitana de Salvador. Nela, vivem mais de 3,9 milhões de habitantes e se concentra cerca de 80% da indústria baiana.

A capital cearense Fortaleza, por sua vez, obteve grande crescimento devido ao incentivo e ao desenvolvimento das atividades turísticas e à sua condição de polo regional, o que foi favorecido por importantes investimentos na infraestrutura de transporte e na indústria.

Já Recife teve grande desenvolvimento na década de 1970, em virtude da instalação de complexos industriais na cidade, com incentivos do governo federal. Atualmente, apresenta alguns polos industriais dinâmicos nos setores têxtil, de eletrodomésticos, de cerâmicas e de bebidas.

Destacam-se também **capitais** como São Luís, Teresina e Natal e **cidades do interior** com grande importância regional: Campina Grande (PB), Vitória da Conquista (BA) e Imperatriz (MA).

As grandes cidades nordestinas têm problemas comuns a outras metrópoles brasileiras, como a valorização desigual dos terrenos urbanos, a falta de saneamento básico, o déficit habitacional, o desemprego e a violência.

O *MANGUEBEAT*

O *manguebeat* é um movimento musical que surgiu nos anos 1990 na periferia do Recife, Pernambuco. Assim como no *hip-hop*, que se desenvolveu principalmente na Região Sudeste, as letras das canções de *manguebeat* apresentam os problemas que acometem a periferia de uma grande cidade.

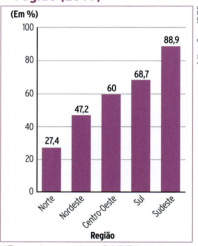

Brasil: Domicílios com coleta de esgoto, por região (2019)

Fonte de pesquisa: IBGE Educa Jovens. Domicílios brasileiros. Disponível em: https://educa.ibge.gov.br/jovens/conheca-o-brasil/populacao/21130-domicilios-brasileiros.html. Acesso em: 6 fev. 2023.

◂ Nas capitais litorâneas, os terrenos próximos às praias são mais caros e, em geral, ocupados por instalações turísticas e edifícios residenciais da população de renda mais alta. Já os moradores de menor renda vivem em terrenos urbanos menos valorizados, localizados em áreas periféricas, onde há carência de serviços de saneamento básico. Prédios de alto padrão na orla da praia Mansa, em Fortaleza (CE). Foto de 2022.

CONDIÇÕES DE VIDA

As regiões Norte e Nordeste apresentam, em geral, piores indicadores sociais quando comparadas às demais regiões brasileiras. No caso do Nordeste, a decadência da economia açucareira, a partir de meados do século XVII, e a alta concentração de terras e riqueza foram alguns dos fatores que contribuíram para o empobrecimento da população, assim como para a manutenção de históricas **desigualdades sociais**.

O **dinamismo econômico recente**, no entanto, resultou em melhorias nas condições de vida da população. De acordo com o Ministério da Saúde, órgão do governo federal, nos anos recentes, a taxa de mortalidade infantil na Região Nordeste apresentou redução expressiva. Em 2000, a média da região era de 35,9 por mil nascidos vivos, ou seja, para cada mil crianças nascidas vivas, pelo menos 35 morriam antes de completar 1 ano. Em 2019, esse número baixou para 15,2 por mil. Apesar dessa melhora significativa, o Nordeste é a segunda região brasileira com o pior índice de mortalidade infantil, atrás apenas da Região Norte.

O Nordeste foi a região com maior redução da **taxa de analfabetismo** nos últimos anos: em 2002, 24,9% da população acima de 15 anos não era alfabetizada; esse índice caiu para 13,9% em 2019.

Observe os gráficos a seguir, que ilustram o fenômeno da taxa de analfabetismo de acordo com as regiões brasileiras, considerando também as diferenças entre as pessoas brancas e negras. Ainda que a taxa de analfabetismo tenha diminuído no Nordeste, a região ainda é a que apresenta os maiores índices. Além disso, também é possível observar as diferenças nas taxas entre as pessoas brancas e negras, em especial, na Região Nordeste, onde essa diferença é muito acentuada.

> ### PARA EXPLORAR
>
> *Central do Brasil*. Direção: Walter Salles. Brasil, 1998 (105 min).
> O filme conta a história de uma professora aposentada, que trabalha escrevendo cartas para analfabetos, e de um menino cuja mãe morre atropelada nas imediações da estação de trem Central do Brasil, no Rio de Janeiro. A professora decide ajudar o menino a encontrar o pai que ele nunca conheceu, no interior do Nordeste.
>
> **Museu Cais do Sertão – Recife (PE)**
> Com o objetivo de homenagear a cultura e preservar as histórias do povo sertanejo, o museu utiliza a tecnologia para proporcionar uma imersão no universo dessa população.
> **Informações**: https://visit.recife.br/o-que-fazer/atracoes/museus/museu-cais-do-sertao. Acesso em: 6 fev. 2023.
> **Localização**: Av. Alfredo Lisboa, s/n – Recife Antigo. Recife (PE).

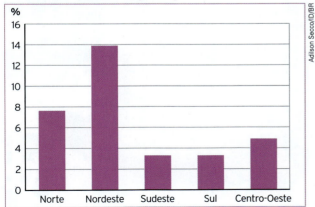

Brasil: Taxa de analfabetismo por região – 15 anos ou mais (2019)

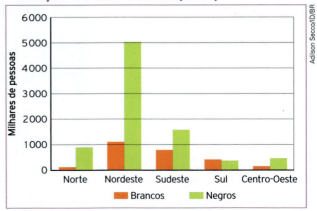

Brasil: Analfabetos por região, segundo cor e raça – 15 anos ou mais (2019)

Fontes de pesquisa dos gráficos: *Pesquisa Nacional por Amostra de Domicílios Contínua*: educação 2019. Disponível em: https://biblioteca.ibge.gov.br/visualizacao/livros/liv101736_informativo.pdf; IBGE. Sidra. Disponível em: https://sidra.ibge.gov.br/tabela/7112. Acessos em: 6 fev. 2023.

POVOS TRADICIONAIS DO NORDESTE

Desde o período colonial até os dias atuais, as **populações indígenas** são submetidas a grande violência no Brasil. O contato entre os indígenas e os colonizadores, no entanto, também proporcionou grande troca cultural e de conhecimentos sobre o território brasileiro. Assim como em outras regiões do país, no Nordeste há populações indígenas que preservam seu modo de vida e se fazem presentes na realidade social e política do país. Segundo dados do Censo Demográfico 2010, 25,9% do total de indígenas viviam na Região Nordeste.

As atividades econômicas desenvolvidas no Nordeste, tal como a forma de ocupação dessa região, propiciaram o surgimento de diversas comunidades tradicionais. Frequentemente afetada pela seca, a população que vive no Sertão, conhecida como **sertaneja**, desenvolveu estratégias para ocupar o espaço de modo mais produtivo. Assim, formaram-se as comunidades **fundo de pasto**, que convivem na Caatinga, onde as terras são de uso comum para os moradores da comunidade e, geralmente, destinadas à pecuária de caprinos. As manifestações culturais sertanejas foram retratadas em filmes e em livros e se espalharam pelo Brasil. O repente, por exemplo, é uma manifestação cultural característica dessa sub-região.

Também há comunidades tradicionais nordestinas relacionadas às atividades extrativistas. As **catadoras de mangaba**, por exemplo, são, em sua maioria, mulheres que trabalham na coleta dessa fruta adotando técnicas que visam à conservação da mangabeira. Há, ainda, diversas outras comunidades tradicionais, como as das **quebradeiras de coco babaçu**.

No Nordeste, também são numerosas as **comunidades remanescentes de quilombos**. A Bahia é o estado com o maior número de comunidades desse tipo reconhecidas no Brasil.

CIDADANIA GLOBAL

FESTAS TRADICIONAIS NORDESTINAS

As festas tradicionais do Nordeste atraem turistas nordestinos e de todas as regiões brasileiras – e até de fora do país – interessados em conferir apresentações musicais, teatrais, de dança, participar de brincadeiras e apreciar produtos culinários. Os festejos são praticados por povos e comunidades tradicionais da região e também estão amplamente enraizados na população nordestina em geral.

Algumas dessas celebrações manifestam aspectos do folclore e do sincretismo religioso brasileiro, ou seja, foram criadas com elementos de várias culturas, que originaram novas crenças e símbolos culturais. Festas como o Bumba Meu Boi, no Maranhão, e a da lavagem da escadaria da Igreja de Nossa Senhora do Bonfim, em Salvador (BA), são exemplos dessas celebrações.

1. No município onde você vive, há alguma festividade organizada pela população? Se sim, descreva as características do evento, como data, motivo da celebração, grupos envolvidos na organização e origem dos visitantes.

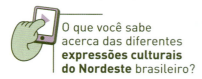

O que você sabe acerca das diferentes **expressões culturais do Nordeste** brasileiro?

repente: canto em que artistas improvisam versos, muitas vezes acompanhados por algum instrumento musical, como a viola.

A agricultura familiar é uma importante fonte de renda das populações tradicionais do Nordeste. Mulher e criança na comunidade quilombola Serra Negra, em Palmeiras (BA). Foto de 2022.

ATIVIDADES

Retomar e compreender

1. Observe esta foto e, em seguida, descreva a importância histórica que a atividade econômica nela retratada tem para o Sertão e o Agreste nordestinos.

▲ Jacaraú (PB). Foto de 2021.

2. Sobre as cidades da Região Nordeste, responda às questões.
   a) Quais são as cidades mais populosas?
   b) Cite alguns problemas urbanos enfrentados pela população que vive nas grandes cidades nordestinas.

3. Com relação às condições de vida da população nordestina, responda:
   a) O que revelam os indicadores relacionados à qualidade de vida da população desde o início dos anos 2000 até os anos recentes?
   b) Em sua opinião, é possível afirmar que essas mudanças ocorreram de maneira igual entre as populações tradicionais?

Aplicar

4. Analise o gráfico e responda às questões.

■ **Brasil: Taxa de desemprego por região (2012-2019)**

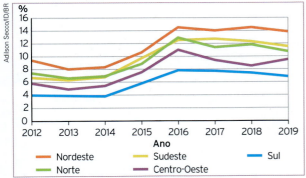

Fonte de pesquisa: IBGE. Sidra. Pesquisa Nacional por Amostra de Domicílios Contínua trimestral. Disponível em: https://sidra.ibge.gov.br/tabela/4093. Acesso em: 6 fev. 2023.

   a) Quais informações são apresentadas no gráfico?
   b) Qual é a região brasileira que apresenta a maior taxa de desemprego ao longo do período representado no gráfico? Explique.

5. Com base no que você estudou no capítulo, descreva como a urbanização influencia as condições de vida da população nordestina atualmente.

6. O mapa a seguir mostra os índices de desenvolvimento humano calculados para cada bairro do município de Fortaleza, capital do Ceará. Analise-o e responda às questões.

■ **Fortaleza: Índice de Desenvolvimento Humano (2010)**

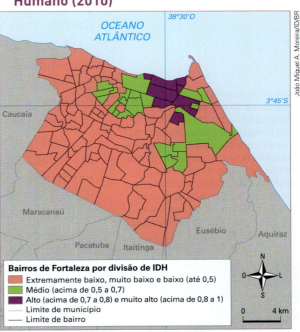

Fonte de pesquisa: Prefeitura de Fortaleza. *Desenvolvimento humano, por bairro, em Fortaleza*. Ceará: Fortaleza, 2014. Disponível em: http://salasituacional.fortaleza.ce.gov.br:8081/acervo/documentById?id=22ef6ea5-8cd2-4f96-ad3c-8e0fd2c39c98. Acesso em: 6 fev. 2023.

   a) Quais são os aspectos sociais considerados no cálculo do IDH?
   b) Descreva as informações mostradas no mapa: Onde estão localizados os bairros com maiores índices de desenvolvimento humano? E os bairros com menor IDH?
   c) O mapa revela alguma desigualdade no espaço urbano? Explique.

169

CAPÍTULO 3
REGIÃO NORDESTE: ECONOMIA

PARA COMEÇAR
Quais são as atividades econômicas mais desenvolvidas no Nordeste? A atividade turística é relevante para essa região?

CRESCIMENTO RECENTE DA ECONOMIA

A economia nordestina vem crescendo mais do que a média brasileira neste início de século, o que tem atraído um grande número de empresas para a região. Entre os fatores de atração que ocasionaram o desenvolvimento econômico nordestino estão os **incentivos fiscais**, como a redução de impostos, a existência de **mão de obra abundante** e o **aumento do potencial de consumo** da população nas últimas décadas, além da maior **proximidade dos mercados** estadunidense e europeu, em comparação com as outras regiões brasileiras.

A atuação de órgãos públicos no planejamento e na distribuição de recursos também é fundamental para o crescimento da região. A Superintendência de Desenvolvimento do Nordeste (**Sudene**), por exemplo, desenvolve projetos e gerencia investimentos financeiros, incentivando a economia regional.

Muitos dos centros industriais e agrícolas do Nordeste estão localizados no interior e têm sua produção voltada para a **exportação**. Destacam-se a produção de **calçados** e de produtos **têxteis** e **petroquímicos** e o **agronegócio** – em especial o cultivo de soja, no oeste baiano e no sul do Piauí e do Maranhão, e o de frutas, em Pernambuco e na Bahia.

▼ Nos últimos anos, muitas indústrias se instalaram no Nordeste brasileiro. Esse fato tem propiciado mais dinamismo à economia da região. Os setores industriais que mais têm crescido são os de refino de petróleo, produção de etanol, produtos químicos, têxteis, alimentícios e bebidas. Refinaria de petróleo em São Francisco do Conde (BA). Foto de 2021.

TRANSFORMAÇÕES NA AGRICULTURA

Os principais produtos agrícolas cultivados no Nordeste são: cana-de-açúcar, soja, milho, frutas (como manga, melão, uva, banana, laranja, cacau e coco), algodão e feijão. Grande parte da produção agrícola nordestina vem sendo submetida a um processo de **modernização agroindustrial** e abastece tanto o mercado nacional quanto o internacional.

Atualmente, a agricultura nordestina passa por significativas transformações: embora a agricultura familiar ainda seja muito importante, recentemente têm se destacado os projetos de culturas irrigadas nas margens do rio São Francisco e em áreas onde se utilizam técnicas modernas no cultivo de frutas para exportação (manga, melão, uva e goiaba) e de soja (no oeste da Bahia e no sul do Maranhão e do Piauí). Ainda que proporcionem grande crescimento econômico para essas áreas, tais transformações nas atividades agrícolas não têm sido acompanhadas pela distribuição de renda necessária à melhoria da condição de vida da maior parte da população que nelas vivem.

> **PARA EXPLORAR**
>
> **WWF – Por dentro do Matopiba**
> Na página da ONG WWF, há um artigo com informações sobre a área conhecida como Matopiba, considerada a mais nova fronteira agrícola do Brasil. Disponível em: https://www.wwf.org.br/?60465/Por-Dentro-do-Matopiba#. Acesso em: 6 fev. 2023.

 Há diferentes **técnicas de irrigação de cultivo**. Quais você conhece? Quais utilizam a água de modo consciente?

A área compreendida entre os estados do Maranhão, do Tocantins, do Piauí e da Bahia, denominada **Matopiba**, tem apresentado grande crescimento do cultivo de soja, milho e algodão, sendo reconhecida como a nova fronteira agrícola do Brasil. A ampliação da agricultura nessa área coloca em risco trechos do Cerrado e da Caatinga.

▲ A pulverização das lavouras é realizada mediante a aplicação de inseticidas para combater, por exemplo, pragas que prejudicam o desenvolvimento das plantas. Trator com pulverizador em plantação de algodão no Matopiba, em Correntina (BA). Foto de 2019.

QUESTÃO DA TERRA

A alta **concentração fundiária** representa um dos principais problemas no campo da Região Nordeste. Muitas vezes, o prestígio político garante vantagens econômicas aos latifundiários, que exercem forte autoridade sobre as populações locais. A influência política desses grandes proprietários de terra ("coronéis") ficou conhecida como **coronelismo**.

Muitos movimentos sociais propõem a **reforma agrária** como medida para diminuir a pobreza e as imensas desigualdades sociais. Apesar de no Nordeste haver assentamentos rurais, a resistência dos latifundiários à redistribuição mais justa da terra ainda é muito grande.

POLÍGONO DAS SECAS

Desde o início do século XX, foram criados órgãos federais, como o Departamento Nacional de Obras Contra a Seca (Dnocs), para atuar em relação aos problemas causados pela seca. Em 1936, para fins de planejamento, o governo federal delimitou o **polígono das secas**. Atualmente, a delimitação da área semiárida baseia-se nas médias pluviométricas, no risco de ocorrência de seca e no balanço hídrico dos municípios (medido pela diferença entre os níveis de precipitação e de evapotranspiração).

A seca não é apenas um fenômeno natural, mas também um problema político-social, pois as ações públicas para combatê-la muitas vezes acabam beneficiando apenas as elites locais, aumentando a pobreza e a dependência das populações. Em muitos casos, a construção de açudes e poços nas grandes propriedades e a apropriação indevida de verbas públicas destinadas ao combate à seca reforçaram o poder dos latifundiários e beneficiaram os políticos ligados a eles. Tais práticas ficaram conhecidas como **indústria da seca**.

■ Semiárido brasileiro

Fonte de pesquisa: Ministério da Integração e do Desenvolvimento Regional. *Nova delimitação do semiárido brasileiro.* Disponível em: https://antigo.mdr.gov.br/images/stories/ArquivosSNPU/Biblioteca/publicacoes/cartilha_delimitacao_semi_arido.pdf. Acesso em: 7 fev. 2023.

ATIVIDADE TURÍSTICA

O turismo também é um importante componente da economia nordestina. Mais de um quarto da população nordestina ocupada trabalha em atividades de turismo (hospedagem, alimentação, transporte, etc.).

Desde os anos 1990, o turismo no Nordeste recebe **incentivo governamental**, com a promoção de campanhas de divulgação e de melhorias de infraestrutura em áreas de expansão turística. A relativa proximidade dos Estados Unidos e da Europa, o clima quente e a existência de **infraestrutura aeroportuária** são fatores que incentivam o investimento das grandes redes mundiais de hotéis na região, sobretudo no litoral.

Além das praias, outros atrativos contribuem para a relevância do turismo para a economia nordestina. O turismo histórico-cultural (Salvador e Olinda), o Carnaval (Salvador, Recife e Olinda) e as festas juninas (Campina Grande e Caruaru), além do turismo religioso (Juazeiro do Norte), levam milhares de pessoas a viajar para o Nordeste, em diferentes épocas do ano.

A atividade turística, porém, também apresenta aspectos negativos: muitas vezes, a construção de hotéis não respeita a legislação ambiental vigente, devastando a vegetação e agredindo o meio ambiente. Além disso, têm ocorrido a concentração de renda e a expulsão da população pobre em muitas áreas que atraem investimentos turísticos.

CIDADANIA GLOBAL

TURISMO SUSTENTÁVEL

Muitas atividades turísticas impactam negativamente os lugares onde são praticadas. Como alternativa, o turismo sustentável vem sendo desenvolvido no Brasil com foco na proteção dos patrimônios natural e cultural.

1. Verifique, no município onde você vive, se há serviços de turismo sustentável. Se houver, avalie se as iniciativas zelam pela conservação ambiental e pela cultura local e se há participação da população local na prestação de serviços e na gestão das atividades turísticas.

2. Busque notícias que registrem os efeitos negativos do turismo no Brasil. Faça um resumo de cada notícia e proponha soluções sustentáveis para os problemas descritos.

ATIVIDADES

Retomar e compreender

1. O polígono das secas foi delimitado para favorecer o planejamento do combate aos problemas decorrentes da estiagem na área que engloba o Sertão nordestino. Sobre o polígono das secas, faça o que se pede.
   a) Caracterize o clima dessa área.
   b) Cite os estados nordestinos que estão incluídos nesse polígono.
   c) Explique o que significa a "indústria da seca" e que relação ela estabelece com o clima.

2. Qual é a importância do turismo para a economia do Nordeste? Cite três fatores que contribuem para o fortalecimento da atividade turística nessa região.

3. Por que a questão fundiária é um grande problema na Região Nordeste?

4. Comente a influência do planejamento estatal para o desenvolvimento econômico do Nordeste.

Aplicar

5. Entre 2003 e 2019, o Nordeste ampliou sua participação industrial no Brasil – o percentual de indústrias dessa região passou de 10% para 12,5% do total brasileiro. Analise os gráficos a seguir e responda às questões.

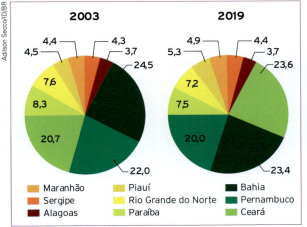

Fonte de pesquisa: IBGE. Pesquisa Industrial Anual - Empresa 2019. Disponível em: https://www.ibge.gov.br/estatisticas/economicas/industria/9042-pesquisa-industrial-anual.html?=&t=resultados. Acesso em: 7 fev. 2023.

a) Quais estados apresentavam maior participação industrial em 2003? E em 2019?
b) Descreva as variações observadas entre 2003 e 2019.

6. Observe os mapas e relacione as áreas de destaque na produção de frutas, no norte da Bahia e no oeste de Pernambuco, com o aproveitamento das águas do rio São Francisco.

Brasil: Fruticultura (2017)

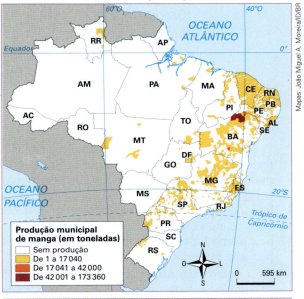

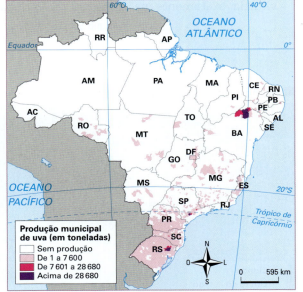

Fonte de pesquisa dos mapas: IBGE. *Atlas Nacional Digital do Brasil 2017*. Disponível em: https://www.ibge.gov.br/apps/atlas_nacional/pdf/259%20-%20Fruticultura%202017.pdf. Acesso em: 7 fev. 2023.

REPRESENTAÇÕES

Mapas e literatura

Quando lemos obras de ficção, é comum encontrarmos nomes de locais reais. Trata-se de locais geralmente conhecidos pelo autor, em que as características da paisagem despertaram sua inspiração ou se adequavam ao que imaginou para a sua história.

A literatura brasileira apresenta muitos exemplos nesse sentido: as paisagens do Sertão nordestino foram descritas em obras de Graciliano Ramos, e Erico Verissimo ambientou muitos de seus romances em paisagens do Rio Grande do Sul. Identificar esses locais em mapas é uma maneira de nos aprofundarmos na história e imaginarmos as paisagens descritas pelos autores.

A seguir, leia um trecho da obra *Romance d'A pedra do reino e o príncipe do sangue do vai-e-volta*, do escritor paraibano Ariano Suassuna, e observe o mapa que representa uma área à qual o autor faz referência no livro.

Nesse momento, um homem alto, magro e forte, de olhos castanhos, com a calma, a energia e a mansidão aparente dos Sertanejos mais corajosos, destacou-se [...] e aproximou-se do Doutor. Era o Chefe e o Capitão-Mor da tropa [...], o célebre Luís Pereira de Sousa, mais conhecido como Luís do Triângulo, por causa de sua pequena fazenda pajeuzeira "O Triângulo". [...]

O outro fato importante, ligado a Luís do Triângulo, era de que ele possuía uma terra, situada exatamente na fronteira da Paraíba com Pernambuco, para os lados do Sertão do Piancó. Nessa terra, fica a famosa Serra do Reino, na qual se erguem aquelas duas enormes pedras, estreitas, compridas e paralelas, que os nossos Sertanejos consideram sagradas, por serem as torres do Castelo [...] soterrado por um cruel encantamento, do qual somente o sangue nos poderia livrar, acabando de uma vez com a miséria do Sertão e fazendo todos nós felizes, ricos, belos, poderosos, eternamente jovens e imortais.

Ariano Suassuna. *Romance d'A pedra do reino e o príncipe do sangue do vai-e-volta*. 9. ed. Rio de Janeiro: José Olympio, 2007. p. 37-38.

■ **Sertões nordestinos: Cariri paraibano, Sertão do Pajeú e Cariri cearense**

Fonte de pesquisa: *Atlas das representações literárias de regiões brasileiras*. Rio de Janeiro: IBGE, 2009. v. 2. p. 135.

João Cabral de Melo Neto (1920-1999) é um dos mais importantes escritores brasileiros. No poema "O rio", é descrito o trajeto do rio Capibaribe em Pernambuco, da nascente à foz, em Recife. Leia alguns trechos desse poema e, em seguida, analise o mapa.

O rio

Da lagoa da Estaca a Apolinário
[...]
Eu já nasci descendo
a serra que se diz do Jacarará,
entre caraibeiras
de que só sei por ouvir contar
[...].
Desde tudo que me lembro,
lembro-me bem de que baixava
entre terras de sede
que das margens me vigiavam.
[...]
Saltei até encontrar
as terras fêmeas da Mata.
[...]

De Apolinário a Poço Fundo
[...]
Deixando vou as terras
de minha primeira infância. [...]
Deixando para trás
as fazendas que vão ficando. [...]
Vou andando lado a lado
de gente que vai retirando;
vou levando comigo
os rios que vou encontrando. [...]

De Ilhetas ao Petribu
Parece que ouço agora
que vou deixando o Agreste:
"Rio Capibaribe,
que mau caminho escolheste.
Vens de terra de sola,
curtidas de tanta sede,
vais para terra pior,

que apodrece sob o verde. [...]
Na Mata, a febre, a fome
até os ossos amolecem".
Penso: o rumo do mar
sempre é melhor para quem desce.

Encontro com o canavial
No outro dia deixava
o Agreste, na Chá do Carpina.
Entrava por Paudalho,
terra já de cana e de usinas.
Via plantas de cana
com sua lâmina fina [...].
[...]
Foram terras de engenho,
agora são terras de usina. [...]

O Rio – *In: Morte e vida Severina*, de João Cabral de Melo Neto. Rio de Janeiro: Alfaguara, 2016.
© by herdeiros de João Cabral de Melo Neto.

Fonte de pesquisa: Governo do Estado de Pernambuco. CPHR. Agência Estadual de Meio Ambiente. Disponível em: http://www2.cprh.pe.gov.br/bacia-do-rio-capibaribe/. Acesso em: 7 fev. 2023.

Pratique

1. Observe o mapa acima novamente e identifique:
   a) as sub-regiões nordestinas pelas quais o rio Capibaribe passa;
   b) a localização das mudanças espaciais narradas pelo rio no poema de João Cabral de Melo Neto.

2. Considerando o conteúdo estudado nesta unidade, interprete os versos "Foram terras de engenho, / agora são terras de usina".

ATIVIDADES INTEGRADAS

Analisar e verificar

1. Com base na foto e no texto a seguir, elabore um texto comentando os impactos positivos e negativos do turismo para a Região Nordeste.

▲ Turistas em pequenos barcos e se banhando em área de recifes de corais, em Ipojuca (PE). Foto de 2022.

[...] Nos últimos dias de 2021 [...] uma festa irregular nas piscinas naturais da Praia de Marceneiro, município de Passo de Camaragibe, no litoral norte de Alagoas, Área de Proteção Ambiental (APA) Costa dos Corais pode ter causado impactos irreversíveis ao ecossistema marinho, já que muitas espécies usam esses locais para descanso, interação e reprodução.

Segundo Miguel Mies, coordenador de pesquisas do Projeto Coral Vivo, entre os problemas associados com o turismo predatório em ambiente recifal, estão a poluição com resíduos sólidos, que podem parar no trato digestório de corais; vazamento ou despejo de combustível [...] por embarcações; pisoteamento por turistas que podem gerar danos e morte; ancoragem de barcos sobre os recifes, de maneira a quebrar e destruir corais [...].

O turismo sem gerenciamento pode causar severos danos às populações de corais [...]. É importante reforçar que o turismo em regiões recifais [gera] desenvolvimento socioeconômico na região, [mas deve ser] "devidamente gerenciado, fiscalizado e sustentável ambientalmente", ressalta Mies. [...]

Adriana Pimentel. O turismo e seus impactos na biodiversidade costeira do Nordeste. *Agência Envolverde*, 8 fev. 2022. Disponível em: https://envolverde.com.br/o-turismo-e-seus-impactos-na-biodiversidade-costeira-do-nordeste/. Acesso em: 8 fev. 2023.

2. As melhorias no saneamento básico, as campanhas de vacinação e de aleitamento materno e o maior acesso da população aos serviços de saúde têm contribuído para a redução da mortalidade infantil no Brasil, com efeitos muito positivos na Região Nordeste. Analise o gráfico a seguir, que retrata essas mudanças nas diferentes regiões brasileiras, e faça o que se pede.

■ **Brasil: Taxa de mortalidade infantil (2000 e 2019)**

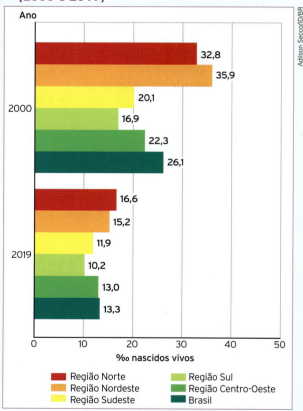

Fonte de pesquisa: Ministério da Saúde. Secretaria de Vigilância em Saúde. Boletim Epidemiológico 37, v. 52. n. 37, out. 2021. Disponível em: https://www.gov.br/saude/pt-br/centrais-de-conteudo/publicacoes/boletins/epidemiologicos/edicoes/2021/boletim_epidemiologico_svs_37_v2.pdf. Acesso em: 8 fev. 2023.

a) Que região brasileira apresentava a maior taxa de mortalidade infantil em 2000? E em 2019?

b) Em 2019, quais regiões apresentavam mortalidade infantil superior à média nacional?

c) Escreva um texto avaliando o desempenho da Região Nordeste e do Brasil nos diferentes anos e indique ações que poderiam ser tomadas para melhorar esse indicador.

Acompanhamento da aprendizagem

3. Observe a foto, leia o texto e faça o que se pede.

▲ Mulher quebrando cocos de babaçu no povoado Sangue, em Uruçuí (PI). Foto de 2022.

[...][o governo do estado do Piauí fará a] entrega do Título Definitivo de Propriedade Coletiva do Território Tradicional de Quebradeiras de Coco [...], na região de Esperantina, Campo Largo do Piauí e São João do Arraial [...].

As trabalhadoras rurais quebradeiras de coco babaçu somam mais de 300 mil mulheres que vivem em função do extrativismo do babaçu, nas regiões da Caatinga e do Cerrado [...]. Essas trabalhadoras rurais lutam incessante e historicamente pela manutenção de sua fonte de trabalho e do sustento de suas famílias e contra a exploração e perseguição de fazendeiros [...] que cercam as terras, pressionando e impedindo o livre acesso das trabalhadoras aos babaçuais. [...]

Para fortalecer suas reivindicações, as mulheres criaram o Movimento Interestadual das Quebradeiras de Coco Babaçu (MIQCB) [...]. O MIQCB luta pelo direito à terra e à palmeira de babaçu para que possam trabalhar e manter a natureza estável e pelo reconhecimento das quebradeiras de coco como uma categoria profissional.

[Na região] vivem 67 famílias [...] que compõem a comunidade tradicional que reivindica a propriedade do imóvel onde vivem e trabalham há muitas décadas, extraindo seu sustento da árvore do babaçu. [...]

Gorete Gonzaga. Quebradeiras de Coco de Esperantina receberão título de terras. Governo do Piauí, 30 mar. 2022. Disponível em: https://www.pi.gov.br/noticias/quebradeiras-de-coco-de-esperantina-receberao-titulo-de-terras/. Acesso em: 8 fev. 2023.

a) Quais são os objetivos do MIQCB?

b) **SABER SER** Por que o título de posse da terra é importante para as quebradeiras de coco babaçu?

c) Como a atividade mostrada na foto e descrita no texto contribuiu para a ocupação do território nordestino?

4. Nos últimos anos, as práticas agrícolas que evitam o uso de fertilizantes e pesticidas artificiais vêm ganhando importância. A agroecologia (como ficou conhecido esse conjunto de práticas), além de buscar maior aproveitamento da terra, promove o menor impacto possível ao meio ambiente. Essas técnicas têm ajudado a evitar a devastação da Caatinga, uma vez que muitas famílias que antes se dedicavam à produção de carvão a partir de espécies vegetais hoje se dedicam à agricultura agroecológica. Com base nessas informações e em seus conhecimentos, quais são as vantagens das atividades agrícolas com baixo impacto ambiental? Em sua resposta, considere os conceitos de biodiversidade e de sustentabilidade.

Criar

5. Para minimizar os efeitos da seca no semiárido, é comum que se construam barragens, açudes e cisternas como meio de armazenar água. Com um colega, busque informações sobre as iniciativas de combate à seca no Nordeste realizadas pela população e pelo poder público. Em seguida, elaborem um texto para registrar suas descobertas.

▲ Cisterna construída para a captação de água das chuvas na comunidade quilombola Mimbó, em Amarante (PI). A construção dessa cisterna faz parte do Programa de Formação e Mobilização Social para a Convivência com o Semiárido. Foto de 2022.

CIDADANIA GLOBAL
UNIDADE 6

Retomando o tema

Nesta unidade, você estudou a importância do turismo para a economia do Nordeste, além de tomar conhecimento de outras atividades realizadas nos estados nordestinos. Agora, você e os colegas vão refletir sobre o turismo sustentável como meio de promover o crescimento econômico no lugar em que vivem, conforme previsto no ODS 8 – Trabalho decente e crescimento econômico.

1. Como a diversidade paisagística pode contribuir para promover o turismo?
2. No município onde você vive, há locais de interesse ecológico, histórico ou cultural? Esses locais já são valorizados como atrações turísticas?
3. Dê exemplos de atividades do setor turístico que possam gerar emprego e contribuir para o crescimento econômico do município onde você vive.
4. Cite práticas de turismo sustentáveis que sejam pertinentes aos locais turísticos de seu município.

Geração da mudança

- Com base nas informações coletadas e nas reflexões que vocês fizeram ao longo desta unidade, reúnam-se em grupos e elaborem um projeto de incentivo ao turismo no município onde vocês vivem. O projeto deve ter como objetivo implementar práticas turísticas sustentáveis para gerar empregos, promover a cultura local, preservar o meio ambiente e atrair visitantes do próprio município, do estado e até mesmo de outras regiões do país.

- O projeto deverá ser escrito em forma de relatório e encaminhado a gestores públicos e autoridades competentes do município, como prefeito, vereadores e secretário do meio ambiente e/ou da cultura, assim como para demais interessados, como trabalhadores do setor de turismo do município (guias autônomos, proprietários de hotéis e de restaurantes, agentes de viagem, entre outros).

Autoavaliação

REGIÃO SUDESTE

UNIDADE 7

PRIMEIRAS IDEIAS

1. O que você sabe a respeito da Região Sudeste?
2. Quais são os principais tipos de clima dessa região?
3. Como essa região tornou-se a mais populosa do Brasil?
4. Quais são as principais características da economia do Sudeste brasileiro?

Conhecimentos prévios

Nesta unidade, eu vou...

CAPÍTULO 1 — Região Sudeste: características físicas

- Caracterizar os aspectos naturais da Região Sudeste.
- Identificar características do relevo da região, relacionando-as ao potencial para a geração de energia hidrelétrica, bem como sua influência no clima regional.
- Compreender a influência de eventos climáticos extremos na região.
- Reconhecer a importância da gestão dos recursos hídricos e dos serviços de saneamento básico para a população, com especial atenção ao abastecimento humano e à saúde pública.

CAPÍTULO 2 — Região Sudeste: ocupação e população

- Relacionar o processo de ocupação do Sudeste ao desenvolvimento de atividades econômicas.
- Entender que o cultivo de café estimulou o desenvolvimento da industrialização.
- Compreender o uso das águas subterrâneas.
- Analisar a distribuição espacial da população.

CAPÍTULO 3 — Região Sudeste: cidades e economia

- Reconhecer a força econômica das metrópoles nacionais Rio de Janeiro e São Paulo.
- Caracterizar os aspectos econômicos do Sudeste em relação à agropecuária, à extração mineral, às atividades comerciais e de serviços e à indústria.
- Descobrir qual é a destinação do lixo gerado na minha residência.
- Compreender os mapas temáticos que representam relações de ordem entre fenômenos.

CIDADANIA GLOBAL

- Discutir a importância da água como bem universal e o acesso a ela como direito humano.
- Analisar a situação dos serviços de saneamento básico no município em que eu vivo, compreendendo sua importância.

LEITURA DA IMAGEM

1. Descreva o que a foto mostra.
2. Você acha que a água está limpa? Ela é potável?
3. Como você imagina que seja o entorno do local retratado nessa foto? E as condições de preservação do rio Pavuna?

CIDADANIA GLOBAL

6 ÁGUA POTÁVEL E SANEAMENTO

Imagine que você é o repórter de um jornal de grande circulação e tomou conhecimento de que moradores de vários bairros do município onde você mora estão protestando contra a qualidade ruim da água canalizada e contra a interrupção na coleta de lixo. Você decide, então, escrever uma reportagem sobre a situação dos serviços de saneamento básico no município.

1. Quais serviços de saneamento básico você conhece?
2. Como você reagiria caso a coleta de lixo e o fornecimento de água fossem interrompidos em seu bairro?
3. Em sua opinião, esses serviços devem ser disponibilizados gratuitamente pelo Estado ou podem ser cobrados e geridos por empresas privadas?

A prestação de serviços de saneamento de forma inadequada ou insuficiente é um problema comum a muitos municípios brasileiros. Ao longo desta unidade, você vai conhecer questões que afetam as grandes metrópoles da Região Sudeste e vai escrever uma reportagem sobre a situação dos serviços de saneamento do município onde você vive.

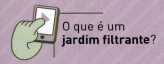

O que é um **jardim filtrante**?

Esgoto de cor azulada desaguando no rio Pavuna, no município do Rio de Janeiro (RJ). Foto de 2021.

181

CAPÍTULO 1
REGIÃO SUDESTE: CARACTERÍSTICAS FÍSICAS

PARA COMEÇAR

Você sabe quais formações vegetais ocorrem na Região Sudeste? Qual é a situação dessas formações vegetais na atualidade? Quais outras características físicas dessa região você conhece?

RELEVO

O relevo do Sudeste é constituído, em seu conjunto, pelos terrenos de elevada altitude, destacando-se as **serras do Mar**, **da Mantiqueira** e **da Canastra** – todas compostas de terrenos muito antigos. Nessa região, em especial no estado de Minas Gerais, há enormes jazidas de **minérios**, como ouro, ferro, manganês e alumínio.

Na Região Sudeste há também áreas de planaltos e de chapadas, como o planalto Meridional e o planalto Atlântico, além de depressões como a depressão Periférica, situada no interior de São Paulo, e de planícies, como a planície Costeira, no litoral da região.

De maneira geral, o solo da Região Sudeste é fértil, e em algumas áreas existe um tipo de solo avermelhado, popularmente conhecido como **terra roxa**, resultado da decomposição de rochas basálticas. Esse solo contém minerais, como o ferro, além de apresentar grande fertilidade natural.

O relevo da Região Sudeste é marcado por muitas serras. Vista do Parque Estadual da Serra do Papagaio, em Aiuruoca (MG), situado na Serra da Mantiqueira. Foto de 2021.

VEGETAÇÃO

No Sudeste, há o predomínio da vegetação de **Cerrado** nas áreas em que a estação seca é mais prolongada. Nas áreas litorâneas, as mais úmidas, e nas demais áreas em que a estação seca é mais curta, predomina a **floresta tropical** conhecida como **Mata Atlântica**.

A Mata Atlântica é uma das formações vegetais com maior **biodiversidade** do mundo. Vivem nessa floresta, por exemplo, cerca de 260 espécies de mamíferos e 20 mil espécies vegetais.

A vegetação de Mata Atlântica dominava grande parte da costa brasileira. A extração de pau-brasil, o cultivo de cana-de-açúcar e de café e a expansão urbana devastaram quase completamente essa formação vegetal, além de levar à extinção inúmeras espécies animais e vegetais. Segundo o projeto ambiental MapBiomas, em 2020 restava apenas um quarto da cobertura florestal preservada da Mata Atlântica, e mesmo essa pequena parte continua a ser intensamente desmatada devido, principalmente, à ocupação irregular das áreas de florestas remanescentes, como as da Grande São Paulo, e à especulação imobiliária nas áreas litorâneas.

■ **Região Sudeste: Divisão política e vegetação nativa**

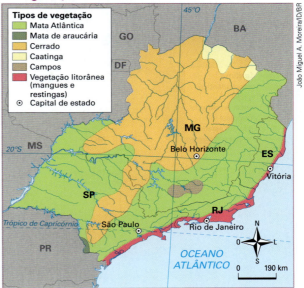

Fonte de pesquisa: Maria Elena Simielli. *Geoatlas*. 34. ed. São Paulo: Ática, 2019. p. 120.

especulação imobiliária: valorização de determinadas áreas decorrente de mudanças no entorno. Compra e venda de imóveis com o objetivo de obter lucro rápido e elevado, aproveitando a variação de preço.

Como se deu o processo de desmatamento da **Mata Atlântica**?

HIDROGRAFIA

A Região Sudeste dispõe de grandes **rios perenes**, isto é, que nunca secam. É nessa região que nascem alguns dos principais rios brasileiros, como o Paraná, o São Francisco e o Jequitinhonha.

Como a maior parte dos rios corre em áreas serranas e planálticas, são comuns as quedas-d'água. Esses desníveis do relevo favorecem a construção de hidrelétricas. Assim, há, no Sudeste, intensa exploração da **energia hidrelétrica**, fator fundamental para o desenvolvimento industrial alcançado por essa região.

◂ Vista da usina hidrelétrica Taquaruçu, situada no rio Paranapanema, em Sandovalina (SP). Foto de 2022.

CLIMA

Em grande parte da Região Sudeste, predomina o clima **tropical**, que apresenta médias térmicas anuais superiores a 21°C, chuvas concentradas no verão e inverno seco.

Fonte de pesquisa: Maria Elena Simielli. *Geoatlas*. 34. ed. São Paulo: Ática, 2019. p. 118.

Nas áreas de altitude mais elevada, as temperaturas são mais baixas, com médias térmicas inferiores a 21°C e sensível queda nos meses de inverno. Esse tipo de clima é chamado **tropical de altitude**; nele, assim como no clima tropical, as chuvas concentram-se nos meses mais quentes.

No clima **tropical atlântico**, que ocorre no litoral da Região Sudeste, as temperaturas se mantêm altas ao longo do ano e não há uma estação seca.

Ao sul da região, em parte do estado de São Paulo, ocorre o clima **subtropical**. Esse clima se caracteriza por apresentar chuvas relativamente bem distribuídas ao longo do ano e temperaturas mais baixas.

A Região Sudeste vem sofrendo com a intensificação de eventos extremos. Longos períodos com chuvas abaixo da média levam a problemas de **abastecimento** e racionamento de água. Por outro lado, tempestades intensas causam inundações e deslizamentos de terra, pondo em risco a segurança da população, principalmente nas áreas periféricas.

Além dos impactos sociais negativos, os longos períodos de seca e a intensificação das chuvas podem provocar prejuízos econômicos nas produções industriais e agropecuárias, que dependem da água. Segundo especialistas, essas ocorrências se relacionam às mudanças climáticas e são acentuadas pelo crescimento não planejado das cidades, pela má gestão dos recursos hídricos e pelos baixos investimentos em infraestrutura na Região Sudeste.

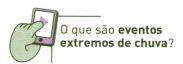

O que são **eventos extremos de chuva**?

eventos extremos: fenômenos climáticos e/ou metereológicos que ocorrem em volume acentuado e fora dos níveis esperados.

racionar: distribuir em quantidades controladas para evitar que o recurso acabe.

CIDADANIA GLOBAL

ACESSO EQUITATIVO À ÁGUA E AO SANEAMENTO

A disponibilidade de água para consumo humano não depende somente de características climáticas de uma região, mas também da gestão desse recurso. Segundo dados do Sistema Nacional de Informações sobre Saneamento (SNIS), cerca de 16% da população vive sem abastecimento de água tratada no Brasil. As diferenças são maiores quando comparadas ao acesso à coleta de esgoto: 44,2% da população vive em domicílios que não estão ligados à rede coletora de esgoto. Por isso, uma mistura de dejetos e água poluída após o uso é despejada diretamente em córregos, rios, fossas subterrâneas e no oceano.

1. Busque informações sobre racionamento de água no município ou no estado em que você vive.
2. Elabore hipóteses para responder à seguinte questão: Como a poluição de corpos d'água por esgoto pode afetar a saúde da população?
3. Discuta com os colegas o papel do poder público na garantia de acesso à água por toda a população.

ATIVIDADES

Retomar e compreender

1. Cite três recursos minerais abundantes na Região Sudeste.

2. Quais são as principais formações vegetais nativas da Região Sudeste? Relacione a ocorrência delas com as condições climáticas.

3. Sobre a Mata Atlântica, responda às questões.
   a) Que fatores históricos levaram à devastação da maior parte dessa formação vegetal?
   b) Atualmente, quais são as principais causas do desmatamento dos remanescentes da Mata Atlântica?
   c) Em sua opinião, o que poderia ser feito para diminuir a destruição da Mata Atlântica ou mesmo recuperar áreas devastadas?

4. Quais são os impactos socioeconômicos da intensificação dos eventos extremos na Região Sudeste?

5. Qual tipo de clima ocorre na maior parte do litoral do Sudeste? Caracterize-o.

Aplicar

6. Observe o mapa a seguir. Em seguida, responda às questões.

Região Sudeste: Físico e hidrelétricas

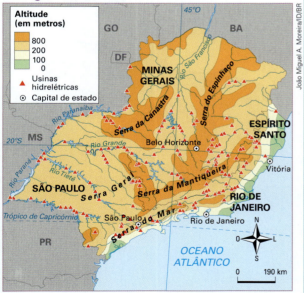

Fontes de pesquisa: Maria Elena Simielli. *Geoatlas*. 34. ed. São Paulo: Ática, 2019. p. 112; Agência Nacional de Energia Elétrica (Aneel). Disponível em: https://sigel.aneel.gov.br/Down/. Acesso em: 6 fev. 2023.

a) Onde estão localizados os terrenos mais baixos da Região Sudeste?
b) A cidade de São Paulo apresenta temperaturas mais baixas que as de Vitória. Como o mapa anterior ajuda a explicar esse fato?
c) Com base nas informações desse mapa, o que há em comum entre as serras do Espinhaço, da Mantiqueira e da Canastra?
d) Explique a relação entre o relevo da Região Sudeste e o potencial dessa região para obtenção de energia por meio de hidrelétricas.

7. Observe, a seguir, dois climogramas de duas capitais da Região Sudeste e responda à questão proposta.

Climograma 1

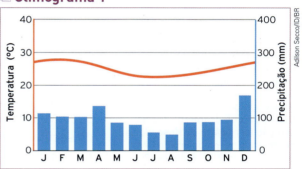

Fonte de pesquisa: Centro de Previsão de Tempo e Estudos Climáticos/Instituto Nacional de Pesquisas Espaciais (CPTEC/Inpe). Disponível em: http://clima1.cptec.inpe.br/monitoramentobrasil/pt. Acesso em: 6 fev. 2023.

Climograma 2

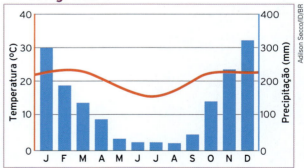

Fonte de pesquisa: Centro de Previsão de Tempo e Estudos Climáticos/Instituto Nacional de Pesquisas Espaciais (CPTEC/Inpe). Disponível em: http://clima1.cptec.inpe.br/monitoramentobrasil/pt. Acesso em: 6 fev. 2023.

Qual dos climogramas se refere ao Rio de Janeiro, de clima tropical atlântico, e qual se refere a Belo Horizonte, de clima tropical de altitude? Justifique sua resposta.

CAPÍTULO 2
REGIÃO SUDESTE: OCUPAÇÃO E POPULAÇÃO

PARA COMEÇAR

Ao longo dos últimos séculos, a Região Sudeste recebeu intensos fluxos de imigrantes de outras regiões brasileiras e de outros países. Quais foram os fatores que motivaram essas migrações?

PROCESSO DE OCUPAÇÃO

A ocupação da Região Sudeste pelos colonizadores portugueses concentrou-se, inicialmente, nas áreas próximas ao **litoral**. Essa movimentação ocorreu, entre outros fatores, devido à existência de uma grande barreira natural formada pela escarpa da serra do Mar, que dificultou a dispersão da população para outras áreas da região.

Apesar de ser hoje a região com a maior concentração populacional do Brasil, o Sudeste não apresenta o povoamento mais antigo. Essa região foi se consolidando como grande aglomerado humano com a entrada do significativo número de **migrantes** brasileiros e estrangeiros, que buscavam melhores condições de vida e de trabalho, em diferentes momentos da história do Brasil.

Podemos identificar três importantes atividades econômicas que atraíram o fluxo populacional para o Sudeste: a **mineração**, no século XVIII; a **cafeicultura**, no século XIX e no início do século XX; e a **industrialização**, em meados do século XX.

▼ No início do século XX, os imigrantes desembarcavam no Brasil pelo porto de Santos e chegavam a São Paulo pela ferrovia São Paulo Railway, que ligava Santos a Jundiaí. Desembarque de imigrantes na estação ferroviária da Hospedaria de Imigrantes, no bairro do Brás, em São Paulo (SP). Foto de 1908.

Museu da Imigração/Fotografia: autoria desconhecida

MINERAÇÃO

A descoberta de ouro pelos bandeirantes paulistas na região do atual estado de Minas Gerais, no final do século XVII, levou ao desenvolvimento da mineração, que foi responsável por grande parte da ocupação dessa região.

Apesar de o ciclo da mineração ter sido curto, essa foi a atividade econômica mais importante da Colônia no século XVIII, tornando áreas do interior do território um forte polo de atração populacional.

A necessidade de manter o controle sobre a saída do ouro e o fluxo de mercadorias, a fim de evitar o contrabando, levou a Coroa portuguesa a transferir a capital de Salvador para o Rio de Janeiro, em 1763.

Assim, o porto da nova capital começou a receber grande parte dos produtos importados e a escoar o ouro brasileiro sob o controle de Portugal.

Com essa mudança, houve uma ocupação mais intensa da cidade do Rio de Janeiro, que passou a concentrar as atividades administrativas e comerciais da Colônia.

▲ O ouro obtido na região de Minas Gerais, no século XVIII, era retirado dos leitos e das margens dos rios; por isso, chamava-se ouro de aluvião. Detalhe da gravura *Lavagem de minério de ouro, perto da montanha de Itacolomi*, 13,2 cm × 21,3 cm, de Ferdinand Denis, 1846.

A MINERAÇÃO HOJE

A atividade mineradora realizada atualmente é diferente da que era praticada no período colonial. Hoje, o uso de maquinário de grande porte é uma característica marcante, deixando a extração artesanal em posição secundária.

O estado de Minas Gerais ainda se destaca nessa atividade, concentrando grande parte do ferro e do ouro extraídos no Brasil.

▲ Com os avanços tecnológicos, a atividade mineradora adotou formas de extração em larga escala. Área de mineração de calcário em Arcos (MG). Foto de 2022.

bandeirante: participante das bandeiras, expedições que, durante o período colonial, exploravam áreas do interior do Brasil com o objetivo de capturar e escravizar povos indígenas e de encontrar minerais preciosos.

PARA EXPLORAR

Cidade de Ouro Preto

No *site* oficial de turismo de Ouro Preto, localidade de onde se extraiu grande quantidade de ouro no século XVIII, você encontra informações sobre a história dessa cidade mineira – chamada Vila Rica na época da mineração – e sobre as atrações turísticas que a levaram a ser reconhecida como patrimônio cultural da humanidade. Disponível em: https://ouropreto.org.br/. Acesso em: 26 fev. 2023.

CAFEICULTURA

O cultivo de **café** no Brasil ganhou impulso nas primeiras décadas do século XIX. Na segunda metade desse século e no início do século XX, a cafeicultura era a principal atividade econômica do país e atraía grande **fluxo populacional** para os estados do Rio de Janeiro e de São Paulo.

Em um primeiro momento, africanos escravizados foram levados para trabalhar nas fazendas de café do vale do Paraíba fluminense e paulista, contribuindo para a ocupação dessa área.

▲ O Brasil era o maior produtor e exportador mundial de café em 2021. Plantação de café em Dores do Rio Preto (ES). Foto de 2022.

Depois, foi empregada mão de obra **imigrante** – em sua maior parte de italianos, espanhóis, portugueses e japoneses –, principalmente no interior paulista. Do mesmo modo, o Espírito Santo recebeu muitos imigrantes, principalmente italianos, que, no final do século XIX, movimentaram as lavouras de café, contribuindo para o povoamento da atual Região Sudeste.

A expansão da atividade cafeeira nessa região resultou na implantação de ferrovias e rodovias, na eletrificação rural e no crescimento de áreas urbanas.

Apesar de ainda ser um dos principais produtos agrícolas do Brasil, o café perdeu grande parte de sua importância na economia nacional, hoje bem mais diversificada.

INDUSTRIALIZAÇÃO

A partir da década de 1930, devido a uma crise econômica internacional, a produção e as exportações de café sofreram grande queda. No entanto, o dinamismo e os lucros acumulados pela cafeicultura impulsionaram o desenvolvimento industrial no Sudeste. Além disso, houve a implementação de **políticas públicas** ligadas à industrialização da atual Região Sudeste.

O crescimento industrial na segunda metade dos anos 1950 e nos anos 1970 tornou-se um dos fatores de grande atração populacional para a região. Enormes contingentes de migrantes de outros estados brasileiros e do interior da própria Região Sudeste se dirigiram às grandes cidades, principalmente para o Rio de Janeiro e para São Paulo, atraídos em especial pela oferta de empregos, sobretudo nas indústrias e na construção civil.

A industrialização foi responsável também pelo deslocamento de grande número de migrantes provenientes das áreas rurais do próprio Sudeste para as grandes cidades.

CIDADANIA GLOBAL

USO DE ÁGUAS SUBTERRÂNEAS

A concentração populacional na Região Sudeste e as atividades econômicas exercem forte pressão sobre as águas superficiais e leva à superexploração dos aquíferos.

As águas subterrâneas podem ser exploradas em nascentes rochosas ou por meio de poços. No entanto, a extração de água deve respeitar a capacidade de recarga das reservas subterrâneas.

A ausência de serviços de saneamento pode resultar na poluição das águas subterrâneas por esgoto, chorume de lixões e aterros e resíduos industriais e da mineração, além da contaminação por agrotóxicos e fertilizantes usados em atividades agrícolas.

1. Entre os usuários de água subterrânea no Brasil, grande parte empregava a água captada no abastecimento doméstico. Você conhece alguém que possua um poço de água em casa?

2. Em sua opinião, o que pode ocorrer quando as reservas subterrâneas são superexploradas?

POPULAÇÃO

Assim como nos séculos passados, o dinamismo da economia do Sudeste ainda é um dos principais fatores que mantêm a região como a mais populosa do país.

Em 2021, o Sudeste contava com mais de 89 milhões de habitantes, concentrando cerca de 42% da população brasileira.

POVOS TRADICIONAIS

Muitas das populações de diversas etnias indígenas, durante a colonização, no século XVII, foram aprisionadas pelos bandeirantes para trabalhar no cultivo da cana-de-açúcar em vários locais da Colônia. Diversas aldeias foram desmanteladas e grande parte da população indígena foi dizimada. Apesar desse contato conflituoso, a cultura indígena foi incorporada a diversas manifestações culturais do Sudeste, como a culinária; além disso, muitos nomes de cidades e rios da região se originam de línguas indígenas. Atualmente, a Região Sudeste é uma das que apresenta menor percentual do total da população indígena. Quanto às outras populações tradicionais, destacam-se as comunidades quilombolas de Minas Gerais, as quais têm maior número de terras com títulos. No litoral dos estados de São Paulo e Rio de Janeiro, vivem populações caiçaras – mestiços de indígenas e portugueses que praticam a pesca tradicional e a agricultura de subsistência.

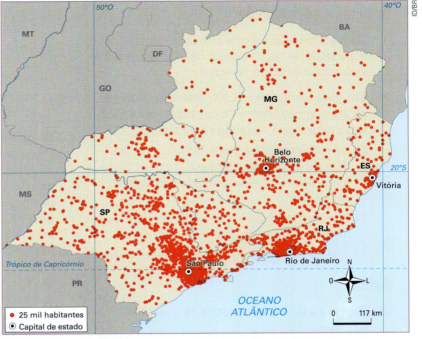

▲ Região Sudeste: População (2010)

▲ Observe que a população da Região Sudeste está concentrada principalmente em torno das capitais: São Paulo, Rio de Janeiro, Belo Horizonte e Vitória. A área com menor concentração de pessoas está do norte do estado de Minas Gerais.

Fonte de pesquisa: IBGE. Censo demográfico 2010. Disponível em: http://censo2010.ibge.gov.br/. Acesso em: 6 fev. 2023.

PARA EXPLORAR

Região Sudeste, de Paulo Roberto Moraes e Suely A. R. Freire de Mello. São Paulo: Harbra.

Esse livro trata de diversos aspectos da Região Sudeste: história, características físicas, população, folclore, personalidades, culinária típica, curiosidades e outros temas importantes.

◀ Mulheres indígenas Guarani realizando trabalho artesanal na Terra Indígena Ribeirão Siveira, em Bertioga (SP). Foto de 2022.

ATIVIDADES

Acompanhamento da aprendizagem

Retomar e compreender

1. Qual é a relação entre a atividade mineradora e a transferência da capital da Colônia de Salvador para o Rio de Janeiro?

2. Em meados do século XX, a Região Sudeste atraiu grande número de pessoas. Sobre esse fluxo migratório, responda às questões.
   a) Que atividade econômica motivou esse grande fluxo de pessoas para essa região? Explique a relação dessa atividade com a produção cafeeira.
   b) Cite as principais cidades do Sudeste que mais receberam migrantes nessa época.
   c) Explique os fatores de atração dessas cidades.

Aplicar

3. Observe a tabela e responda às questões.

BRASIL: MUNICÍPIOS COM MAIS DE 1 MILHÃO DE HABITANTES (2021)	
São Paulo (SP)	12 396 372
Rio de Janeiro (RJ)	6 775 561
Brasília (DF)	3 094 325
Salvador (BA)	2 900 319
Fortaleza (CE)	2 703 391
Belo Horizonte (MG)	2 530 701
Manaus (AM)	2 255 903
Curitiba (PR)	1 963 726
Recife (PE)	1 661 017
Goiânia (GO)	1 555 626
Belém (PA)	1 506 420
Porto Alegre (RS)	1 492 530
Guarulhos (SP)	1 404 694
Campinas (SP)	1 223 237
São Luís (MA)	1 115 932
São Gonçalo (RJ)	1 098 357
Maceió (AL)	1 031 597

Fonte de pesquisa: IBGE. Disponível em: https://agenciadenoticias.ibge.gov.br/agencia-noticias/2012-agencia-de-noticias/noticias/31458-populacao-estimada-do-pais-chega-a-213-3-milhoes-de-habitantes-em-2021. Acesso em: 6 fev. 2023.

a) Em que região está localizada a maioria dessas cidades?
b) De acordo com o que você estudou neste capítulo, que fator influencia a concentração, nessa região, da maioria das cidades brasileiras com mais de um milhão de habitantes?

4. Os pomeranos são um povo originário da Pomerânia, região que, atualmente, faz parte da Alemanha. Eles vieram para o Brasil ainda no século XIX, fugindo de guerras, de crises, da fome e do desemprego, e se dirigiram para Santa Catarina e Espírito Santo. Uma das maiores comunidades pomeranas do mundo encontra-se no Espírito Santo. Nessa comunidade, cultivam-se café e outros alimentos, mantendo suas tradições culturais. Observe a foto abaixo e faça o que se pede.

▲ Festa pomerana em Santa Maria de Jetibá (ES). Foto de 2018.

a) O que está representado na imagem? Descreva-a.
b) **SABER SER** Busque em livros ou na internet outros povos imigrantes que chegaram à Região Sudeste e escreva um texto destacando as influências culturais desses povos na região.
c) **SABER SER** No lugar onde você vive, existem influências culturais de povos imigrantes? De quais elementos culturais desses povos você mais gosta?

CAPÍTULO 3
REGIÃO SUDESTE: CIDADES E ECONOMIA

PARA COMEÇAR

O que você sabe da economia da Região Sudeste? Quais setores da economia são bem desenvolvidos nessa região?

METRÓPOLES NACIONAIS

As cidades de **São Paulo** e do **Rio de Janeiro** são as maiores metrópoles brasileiras. Pela grande influência que têm no restante do país, elas podem ser chamadas de **metrópoles nacionais**. A ampla infraestrutura nos setores de serviços bancários, de telecomunicações, de lazer, de transporte aéreo, de ensino universitário e de produção técnico-científica faz dessas cidades polos de atração de pessoas e de grandes e médias empresas.

Apesar da relevância econômica desses centros urbanos, diversas empresas têm se deslocado para outras regiões nas quais a mão de obra é mais barata com incentivos fiscais que reduzem os custos de produção.

A cidade do Rio de Janeiro perdeu importância econômica depois que a capital do país foi transferida para Brasília, em 1960. Apesar disso, ainda é uma das cidades mais industrializadas, e seu setor de turismo é muito significativo.

Nos últimos anos, houve forte crescimento das atividades turísticas em São Paulo, principalmente às ligadas aos negócios, como feiras e exposições, o que tem atraído grandes investimentos para essa cidade.

▼ Segundo o Ministério do Turismo, em 2019 o Brasil recebeu mais de 6 milhões de turistas estrangeiros. São Paulo e Rio de Janeiro foram as cidades brasileiras que mais atraíram turistas para atividades de lazer ou negócios. Na imagem, vista da cidade do Rio de Janeiro (RJ). Foto de 2022.

Vnss/Shutterstock.com/ID/BR

Em todo o Brasil e, em especial, nos grandes centros urbanos, houve modificações nas relações de trabalho. Que **alterações no mundo do trabalho** você percebe na atualidade?

CIDADANIA GLOBAL

SANEAMENTO EM REGIÕES METROPOLITANAS

A legislação que trata da gestão dos serviços de saneamento no Brasil atualmente permite que os municípios que compõem uma região metropolitana contratem, conjuntamente, serviços de saneamento.

1. Procure conhecer a destinação do lixo gerado em sua moradia por meio de uma busca no *site* da prefeitura, de ONGs ou em reportagens de jornais e revistas.

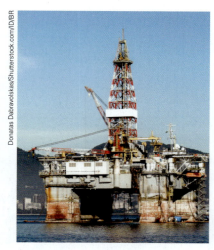

▲ Em 2021, o Rio de Janeiro foi o estado com maior produção de petróleo do Brasil. Plataforma de exploração de petróleo na Baía de Guanabara, Rio de Janeiro (RJ). Foto de 2022.

ECONOMIA

A Região Sudeste é a região mais rica e mais dinâmica do país. Ela concentra a maior parte do que o país produz, ou seja, do PIB brasileiro. Em 2019, segundo o IBGE, o PIB somado dos quatro estados dessa região representava mais de 50% do PIB nacional, com destaque para São Paulo, Rio de Janeiro e Minas Gerais.

AGROPECUÁRIA

A agropecuária no Sudeste caracteriza-se por ser **moderna** e empregar **alto grau de tecnologia**.

As atividades agrícolas estão, em grande parte, integradas à indústria (agroindústria) e são relevantes para as exportações brasileiras. Destacam-se as lavouras de **cana-de-açúcar**, em São Paulo, no norte fluminense e no Triângulo Mineiro (área no oeste de Minas Gerais); de **café**, no sul de Minas Gerais e no Espírito Santo; de **laranja**, no interior de São Paulo; e de **batata**, no sul de São Paulo e de Minas Gerais. Vale ressaltar que o Brasil foi o maior produtor mundial de açúcar e suco de laranja em 2021, itens bastante significativos na pauta de exportações.

Embora a maior criação de **gado bovino** não fique no Sudeste, há expressiva concentração de rebanho bovino em São Paulo e Minas Gerais, apresentando grande importância econômica para a região. A produção de **carne suína** também é relevante, sobretudo em Minas Gerais: em 2020, o estado foi responsável por mais de 12% do total da carne de porco produzida no país, percentual menor apenas do que o dos estados da Região Sul.

Outro produto da pecuária de grande importância para a região é o **leite**. Em 2020, Minas Gerais era o maior estado produtor de leite do Brasil, concentrando 27,4% do total nacional.

EXTRAÇÃO MINERAL

A extração de jazidas de **minério de ferro** é extremamente relevante na região, sobretudo em Minas Gerais, no chamado Quadrilátero Ferrífero. A mineração é muito importante para a economia desse estado e para a do Brasil, mas é uma atividade que pode provocar grandes **impactos ambientais**, como a poluição de rios e a contaminação do solo.

O **petróleo** e o **gás natural** também são recursos minerais que se destacam no Sudeste, principalmente no Rio de Janeiro. A exploração desses combustíveis fósseis no estado é favorecida pela existência da **bacia de Campos** – bacia sedimentar do litoral fluminense com abundantes reservas de petróleo e gás natural – e pela proximidade do **pré-sal** – camada do subsolo marinho rica em matéria orgânica, que se estende da costa de Santa Catarina até a do Espírito Santo.

COMÉRCIO, SERVIÇOS E FINANÇAS

Grande parte da comercialização e da distribuição da produção nacional ocorre nas duas maiores **metrópoles brasileiras**, São Paulo e Rio de Janeiro. Isso se deve à **concentração de infraestrutura**, formada por complexas redes de transporte, de comunicação e de serviços, como os centros de distribuição de mercadorias. Com o aumento do comércio eletrônico – compras e vendas pela internet –, esses centros de distribuição tornaram-se cada vez mais importantes, pois facilitam a gestão de estoques das empresas e a redução de seus custos.

Além disso, as duas cidades sediam muitas empresas de exportação e importação, o que as tornam **polos econômicos e financeiros** do país.

Em São Paulo, centro financeiro do Brasil e sede dos maiores bancos, encontra-se uma das mais expressivas bolsas de valores do mundo, que comercializa ações de empresas de diferentes setores.

INDÚSTRIA

A Região Sudeste concentra o principal e mais complexo parque industrial brasileiro. Merecem destaque a cidade de Volta Redonda (RJ), na **siderurgia**; o ABC Paulista e a Grande Belo Horizonte (MG), na produção de **veículos** e de **autopeças**; o interior de São Paulo, em **maquinários agrícolas**; e o **polo aeronáutico** de São José dos Campos (SP), na produção de aviões de diferentes portes. Destacam-se também na região as indústrias **química**, **petroquímica**, **mecânica** e **alimentícia**.

Até os anos 1990, os investimentos destinados à capital paulista tornaram-na tipicamente industrial. A partir dessa década, no entanto, houve o deslocamento de indústrias para o interior, o que favoreceu o crescimento do setor de serviços em São Paulo. De maneira geral, as indústrias que deixaram a capital foram atraídas pela mão de obra barata e por incentivos fiscais. A maioria delas instalou-se próximo à cidade de São Paulo (a cerca de 100 quilômetros), ao longo das principais rodovias, para que o transporte da produção fosse rápido e eficaz em direção aos grandes centros consumidores.

PARA EXPLORAR

GIG – A Uberização do trabalho. Direção: Carlos Juliano Barros, Caue Angeli e Maurício Monteiro Filho. Brasil, 2019 (60 min). Documentário que apresenta as mudanças nas relações de trabalho dos últimos anos e problematiza as questões que surgem a partir dessa nova configuração de prestação de serviços.

DESINDUSTRIALIZAÇÃO

Apesar de a Região Sudeste ser a mais industrializada do país, ela tem sofrido com a desindustrialização (redução da atividade industrial em determinado país ou região) nas últimas décadas, acarretando, assim, o desemprego. Consequentemente, e devido a mudanças na legislação e ao agravamento da crise econômica, vem aumentando nos últimos anos o número de trabalhadores informais, sobretudo os que prestam serviços de transporte, sejam os que fazem entregas – os chamados entregadores de aplicativos –, sejam os que transportam pessoas. Em geral, esses trabalhadores não têm direitos sociais garantidos, jornadas de trabalho fixas ou garantias no caso de algum acidente de trabalho.

Vista aérea de indústria em São José dos Campos (SP). Foto de 2021.

ATIVIDADES

Acompanhamento da aprendizagem

Retomar e compreender

1. Caracterize a agricultura da Região Sudeste e cite produtos agrícolas relevantes para a economia dessa região.
2. Quais motivos explicam o deslocamento das indústrias da capital para as cidades do interior de São Paulo?
3. Por que muitas indústrias têm se instalado próximo aos eixos das grandes rodovias do Sudeste?

Aplicar

4. Leia o texto a seguir e responda às questões.

> O saldo das exportações do setor mineral brasileiro foi de quase US$ 49 bilhões em 2021. [...]
>
> Para o secretário de Geologia, Mineração e Transformação Mineral (SGM), do Ministério de Minas e Energia (MME), Pedro Paulo Dias Mesquita, os dados [...] representam "[o] desenvolvimento que temos perseguido, a partir do aperfeiçoamento de processos, promoção de práticas sustentáveis e atração de investimentos, para uma mineração sustentável, moderna e inclusiva [...]".
>
> [...] Minas Gerais foi o estado que apresentou o maior crescimento no faturamento em 2021: 87%, passando de R$ 76,4 bilhões, em 2020, para R$ 143 bilhões. Desta forma, o estado mineiro responde por 42% do faturamento global da indústria da mineração brasileira em 2021, seguido pela Bahia, com 67% de aumento de faturamento; Pará, com 51%; Goiás, com 36%; Mato Grosso, com 35% de elevação; e São Paulo, 28%.
> [...]
>
> Mineração tem saldo de US$ 49 bilhões em 2021 e garante balança comercial positiva. Ministério de Minas e Energia, 3 fev. 2022. Disponível em: https://www.gov.br/mme/pt-br/assuntos/noticias/mineracao-tem-saldo-de-us-49-bilhoes-em-2021-e-garante-balanca-comercial-positiva. Acesso em: 2 mar. 2023.

   a) Qual estado foi responsável por quase metade do faturamento global da indústria da mineração brasileira?
   b) Quais medidas mencionadas no texto contribuem para uma mineração moderna?

5. Observe a foto a seguir, leia sua legenda e, depois, responda às questões.

▲ Em 2019, o rompimento da barragem 1 da Mina Córrego do Feijão, em Brumadinho (MG), causou o derramamento de rejeitos de minério de ferro, provocando muitos impactos ambientais. A lama destruiu bairros e contaminou a bacia hidrográfica do rio Paraopeba. Foto de 2019.

AFP Photo/Minas Gerais Fire Department

   a) O que a imagem retrata? O que você sabe a respeito dos desastres ambientais e sociais causados pelo rompimento de barragens?
   b) Quais impactos ambientais e sociais podem ser ocasionados pela atividade mineradora?
   c) **SABER SER** No município ou na unidade federativa onde você vive já ocorreram desastres ambientais como o mostrado na imagem? Que ações do poder público e da sociedade civil podem ser realizadas para evitar acidentes como esses?

GEOGRAFIA DINÂMICA

Mobilidade urbana e a pandemia de covid-19

A bicicleta é um meio de transporte não poluente e alternativo aos veículos motorizados. Também passou a ser utilizada por muitas pessoas e a ser recomendada por especialistas por melhorar a mobilidade urbana. Leia o texto a seguir, que trata do uso da bicicleta como forma de enfrentamento da pandemia de covid-19.

"Com bicicletas, a periferia sairia melhor da pandemia", dizem ciclistas em SP.

O balconista João Alexandre Binotti, 39, pedala todos os dias cerca de 13 km entre a Vila Jacuí, onde mora na zona leste de São Paulo, até chegar ao trabalho, na Penha.

Ciclista há mais de duas décadas, teve de adaptar ao trajeto as mudanças impostas pela pandemia do novo coronavírus. "Tem que ter mais limpeza e higienização da bicicleta[...][.] Além disso, [...] [usar] máscara e evitar deslocamento[s] desnecessários", diz.

Por outro lado, esses cuidados são mais simples do que evitar aglomerações no transporte público. É [o] que aponta Binotti e outros ciclistas das periferias que veem o incentivo ao uso de bicicletas como uma forma de ajudar no enfrentamento da pandemia da covid-19.

Em meio ao relaxamento das medidas de isolamento e a volta de vários moradores ao trabalho, o debate sobre a falta de faixas exclusivas e qualidade das ciclovias e ciclofaixas implantadas na capital voltou à pauta. "As ciclovias são insuficientes, pois não estão conectadas entre si, principalmente na zona leste e sul", critica.

[...] a OMS (Organização Mundial da Saúde) [...] recomendou a bicicleta para deslocamento durante a pandemia. Segundo a entidade, ela "permite distanciamento social, enquanto proporciona o mínimo de atividade física necessária por dia".

No bairro de Rio Bonito, zona sul da cidade, o motorista Anderson Sampaio Coelho, 45, também costuma ir ao trabalho de bicicleta, mas não é tarefa fácil. Encontra buracos que dificultam a pedalada, além de vias sem sinalização específica.

Na imagem, ciclistas se locomovendo na avenida Eliseu de Almeida, em São Paulo (SP). Foto de 2020.

Lucas Veloso. "Com bicicletas, a periferia sairia melhor da pandemia", dizem ciclistas em SP. *Agência Mural*, 22 jun. 2020. Disponível em: https://www.agenciamural.org.br/bicicletas-periferias-sp-covid-19/. Acesso em: 2 mar. 2023.

Em discussão

1. De acordo com o texto, quais são as dificuldades enfrentadas pelos ciclistas na cidade de São Paulo?
2. Em sua opinião, como as bicicletas podem beneficiar a mobilidade urbana? Quais são os outros pontos positivos no uso desse meio de transporte?

REPRESENTAÇÕES

Mapas temáticos: representação de elementos ordenados

No espaço geográfico, ocorrem diversos fenômenos. Em muitos casos, é possível estabelecer uma **relação de ordem** entre eles. Por exemplo, ao estudarmos a atração populacional exercida por diferentes cidades, é possível ordená-las conforme o grau de atração: das mais atrativas às menos atrativas.

Outro exemplo é a análise da ocupação do território observando a evolução dessa ocupação de acordo com os períodos em que ela ocorreu.

Hierarquia urbana

Observe o mapa a seguir. Ele representa uma relação de ordem hierárquica entre as cidades brasileiras de acordo com a **influência econômica** e **política** que elas exercem no território nacional.

Brasil: Hierarquia urbana (2019)

Fonte de pesquisa: Maria Elena Simielli. *Geoatlas*. 35. ed. São Paulo: Ática, 2019. p. 138.

O IBGE definiu uma hierarquia das cidades brasileiras conforme a extensão de sua área de influência: **grande metrópole nacional**; **metrópole nacional**; **metrópole** e **capital regional**. Essa classificação foi feita com base na intensidade dos fluxos de informação e de bens e serviços entre as cidades brasileiras nas escalas local, regional e nacional.

No mapa, a relação de ordem entre as cidades foi indicada por **elementos pontuais**, com formas, tamanhos e cores diferentes.

A gradação das cores do mais escuro para o mais claro representa, de forma visual, a posição do centro urbano mais influente para o menos influente de cada categoria (metrópoles e capitais).

Expansão urbana

O mapa a seguir mostra a relação de ordem entre fenômenos que ocorrem no espaço geográfico ao longo do tempo. Observe-o.

■ Eixo São Paulo-Rio de Janeiro: Ocupação urbana (2010)

Fonte de pesquisa: Graça M. L. Ferreira. *Atlas geográfico*: espaço mundial. São Paulo: Moderna, 2013. p. 131.

Esse mapa mostra o processo de ocupação urbana entre as cidades de São Paulo e do Rio de Janeiro e em áreas próximas no decorrer dos anos. O mapeamento da ocupação foi feito por meio de **elementos zonais** (áreas) e com o uso de tons diferentes de uma mesma cor.

Observe que os elementos zonais representam a extensão da ocupação e que a gradação de tons indica a **ordem cronológica da ocupação**, ou seja, o modo como ela ocorreu com o passar do tempo. O tom mais claro representa um período mais antigo de ocupação, e o tom mais escuro, um período mais recente.

Pratique

1. Observe o mapa *Brasil: Hierarquia urbana (2019)* e responda às questões.
   a) Como é possível perceber que as cidades mostradas no mapa estão categorizadas hierarquicamente? Explique.
   b) Quais são as duas categorias de cidade que exercem maior influência política e econômica no território brasileiro? Que cidades estão classificadas nessas categorias?
   c) Qual categoria de cidade exerce a menor influência política e econômica no território brasileiro?

2. A respeito do mapa *Eixo São Paulo-Rio de Janeiro: Ocupação urbana (2010)*, responda às questões.
   a) Como foram representadas as áreas ocupadas antes e depois de 1980?
   b) Comparando as áreas ocupadas antes e as ocupadas depois de 1980, o que esse mapa nos revela sobre o processo de ocupação desse eixo? Discuta com os colegas e anote as conclusões a que chegarem.

197

ATIVIDADES INTEGRADAS

Analisar e verificar

1. Observe o mapa e responda às questões.

■ Região Sudeste: Principais reservas minerais (2022)

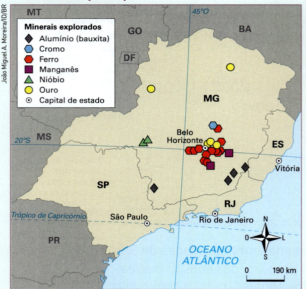

Fonte de pesquisa: Departamento Nacional de Produção Mineral (DNPM). *Anuário Mineral Brasileiro:* principais substâncias metálicas – 2022. Disponível em: https://www.gov.br/anm/pt-br/centrais-de-conteudo/publicacoes/serie-estatisticas-e-economia-mineral/anuario-mineral-brasileiro/PreviaAMB2022.pdf. Acesso em: 6 fev. 2023.

a) Qual estado da Região Sudeste se destaca por suas reservas minerais?

b) Qual o principal mineral encontrado no Sudeste?

c) Que mudança é possível notar nas técnicas de extração de minérios praticadas no início da mineração brasileira, séculos atrás, em relação às utilizadas hoje?

2. Sobre o estado de Minas Gerais, responda às questões a seguir:

a) Como é conhecida a região na qual existem jazidas de minério de ferro?

b) Qual a situação do estado em relação à produção de leite nacional? E quanto à produção de suínos?

3. Diferencie a presença da indústria na cidade de São Paulo em dois períodos: nas primeiras décadas do século XX e após 1990.

4. Analise o mapa e o gráfico a seguir. Depois, faça o que se pede.

■ Brasil: Área plantada de cana-de-açúcar – estimativa (safra 2021/2022)

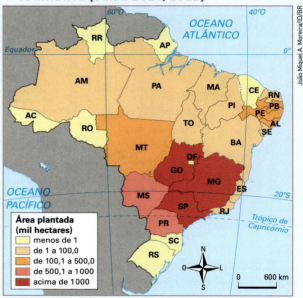

Fonte de pesquisa: Companhia Nacional de Abastecimento (Conab). Séries históricas. Cana-de-açúcar: Área total. Disponível em: https://www.conab.gov.br/info-agro/safras/serie-historica-das-safras. Acesso em: 6 fev. 2023.

■ Brasil: Produção total estimada de etanol por região (safra 2021/2022)

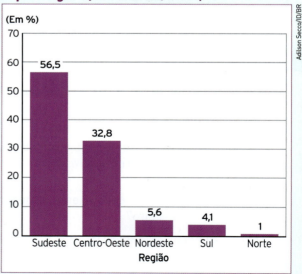

Fonte de pesquisa: Companhia Nacional de Abastecimento (Conab). *Acompanhamento da safra brasileira de cana-de-açúcar*, Brasília, Conab, Safra 2021-22, n. 3 – Terceiro levantamento, p. 22. nov. 2021. Disponível em: https://www.conab.gov.br/info-agro/safras/cana. Acesso em: 6 fev. 2023.

198

a) Quais estados têm a maior área plantada de cana-de-açúcar?

b) Relacione a área plantada de cana-de-açúcar no Brasil com a produção de etanol na Região Sudeste.

Criar

5. Observe o gráfico a seguir e faça o que se pede.

Brasil: Municípios com os 10 maiores PIB *per capita* (2019)

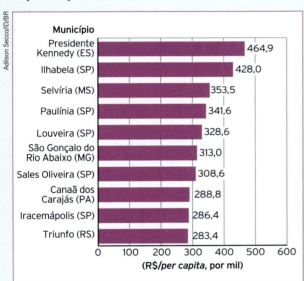

Fonte de pesquisa: IBGE. Coordenação de Contas Nacionais. *Produto Interno Bruto dos municípios 2019.* Rio de Janeiro: IBGE, 2021. p. 5. Disponível em: https://biblioteca.ibge.gov.br/visualizacao/livros/liv101896_informativo.pdf. Acesso em: 3 mar. 2023.

- Presidente Kennedy, no Espírito Santo, tem sua economia fortemente baseada na exploração de petróleo. Em 2010, estava entre os 10 municípios com maior PIB; no entanto, seu Índice de Desenvolvimento Humano Municipal (IDHM) era considerado médio (0,657). Em 2019, o município detinha o maior PIB *per capita* do Brasil. Elabore hipóteses para explicar por que, apesar do elevado PIB *per capita*, o município apresentava IDHM médio.

6. Escreva um texto relacionando os conteúdos estudados nesta unidade com as consequências das secas e das fortes chuvas na Região Sudeste, apontadas no trecho a seguir.

[...]
Eventos extremos [...] são fenômenos climáticos e meteorológicos que ocorrem em volume intenso e fora dos níveis considerados normais. Secas prolongadas, chuvas torrenciais e ondas de calor eram bem menos frequentes e intensas do que hoje, mas a crise climática alterou essa dinâmica e nos últimos 50 anos, a ocorrência de eventos climáticos extremos se multiplicou por cinco em todo mundo, conforme dados da Organização Meteorológica Mundial (OMM). [...]

Efeito da crise climática: 2023 inicia com fortes chuvas. Greenpeace Brasil., 27 jan. 2023. Disponível em: https://www.greenpeace.org/brasil/imprensa/efeito-da-crise-climatica-2023-inicia-com-fortes-chuvas/. Acesso em: 3 mar. 2023.

7. Observe a foto a seguir e faça o que se pede.

▲ Vista aérea de trecho da cidade de São Paulo (SP). Foto de 2022.

- Escreva um texto relacionando a situação da Mata Atlântica na Região Sudeste com o processo de urbanização nessa região.

8. **SABER SER** A Região Sudeste é uma das mais industrializadas e populosas do Brasil, e a água é um recurso importante para sua economia e para a vida de seus habitantes. Procure informações sobre a gestão de recursos hídricos nessa região e, com base no que você estudou ao longo desta unidade, junte-se a dois colegas e façam um cartaz que explicite as consequências da má gestão da água e que apresente sugestões de como o poder público pode gerir esse recurso de forma sustentável e eficaz.

CIDADANIA GLOBAL
UNIDADE 7

6 ÁGUA POTÁVEL E SANEAMENTO

Retomando o tema

Os aspectos naturais, a ocupação populacional e as atividades econômicas em destaque na Região Sudeste foram alguns dos temas estudados nesta unidade. Para tratar da disponibilidade de água potável e saneamento a toda população, como sugere o ODS 6, resgate algumas questões abordadas.

1. Quais são as causas da crise hídrica e das inundações e deslizamentos de terra que afetam a Região Sudeste?
2. Como a concentração populacional pode afetar a disponibilidade de recursos hídricos?
3. Quais atividades humanas podem prejudicar a qualidade das águas subterrâneas?
4. Por que o acesso à água é considerado um direito humano?

Geração da mudança

- Agora que você já discutiu temas importantes relacionados à gestão da água, do esgoto e dos resíduos sólidos, forme um grupo com três colegas e elaborem uma reportagem sobre os serviços de saneamento no município de vocês. O texto deve ter caráter informativo, identificando, por exemplo, a origem da água usada para abastecimento, dados sobre a parcela de municípios da unidade federativa atendidos pela rede de distribuição de água tratada, pela rede coletora de esgoto e pela coleta de lixo. Ao final, apontem as boas práticas que devem ser implementadas pela população e pelo poder público na gestão da água e dos resíduos. A reportagem pode ser divulgada em formato impresso ou nas redes sociais da escola.

Autoavaliação

REGIÃO SUL

UNIDADE 8

PRIMEIRAS IDEIAS

1. O que você sabe dos aspectos naturais da Região Sul do Brasil?
2. Você conhece a origem dos imigrantes que chegaram a essa região?
3. O que você sabe da importância, para o Brasil, da produção industrial e agropecuária da Região Sul?
4. Quais importantes centros urbanos da Região Sul você conhece? Cite-os.

Conhecimentos prévios

Nesta unidade, eu vou...

CAPÍTULO 1 — Região Sul: características físicas

- Identificar as características do relevo, da vegetação, do clima e da hidrografia da Região Sul do Brasil.
- Relacionar o clima da Região Sul à sua posição geográfica.
- Reconhecer a importância dos rios Paraná e Uruguai e de suas respectivas bacias hidrográficas.

CAPÍTULO 2 — Região Sul: ocupação e população

- Entender o processo de ocupação da Região Sul.
- Examinar a importância da pecuária sulina para a integração territorial e econômica no período colonial.
- Analisar a participação dos imigrantes de diversas nacionalidades no povoamento do Paraná, de Santa Catarina e do Rio Grande do Sul.
- Conhecer a diversidade cultural e as populações tradicionais da Região Sul.
- Identificar as características da urbanização da Região Sul.
- Analisar a destinação de materiais à reciclagem no Brasil.

CAPÍTULO 3 — Região Sul: economia

- Identificar as características do espaço rural da Região Sul.
- Examinar aspectos da industrialização na Região Sul.
- Avaliar o papel da formação do mercado interno no atual dinamismo industrial da Região Sul.
- Identificar iniciativas de economia circular no lugar onde vivo e empresas ou atividades econômicas que poderiam realizá-las no meu município.
- Conhecer a importância do turismo na Região Sul.
- Analisar a representação de mapas políticos em diferentes escalas.

CIDADANIA GLOBAL

- Reconhecer a responsabilidade das empresas locais e dos cidadãos, como agentes consumidores, na promoção da sustentabilidade.
- Propor ações que favoreçam a economia circular em atividades produtivas considerando o contexto em que vivo.

201

LEITURA DA IMAGEM

1. Sobre qual ponto de vista essa imagem foi obtida?
2. O que está sendo carregado no caminhão? Qual é o destino desse material?
3. Esse material é de origem natural ou é resultado da ação humana?
4. Como a atividade retratada na foto impacta o meio ambiente? Esse impacto é positivo ou negativo? Por quê?

CIDADANIA GLOBAL

12 CONSUMO E PRODUÇÃO RESPONSÁVEIS

Ao longo do século XX a madeira da araucária foi intensamente utilizada para a construção de casas e móveis. Na década de 1970, porém, esse pinheiro tornou-se escasso, até que em 1992 passou a ser considerado uma espécie ameaçada de extinção. Atualmente, é proibido o corte de araucárias nativas, mas as árvores plantadas podem ser exploradas mediante aprovação de órgãos ambientais. Quando uma espécie entra em risco de extinção, surge um alerta de que alguns recursos naturais podem se esgotar, caso não sejam explorados de forma sustentável.

1. Em sua opinião, qual recurso natural é essencial à vida e não pode correr risco de esgotamento?
2. Você considera justo que a exploração econômica de um recurso natural seja proibida?

A economia circular é um modelo de produção e consumo que visa ao máximo aproveitamento das matérias-primas e à redução da geração de resíduos. Nesta unidade, você vai conhecer projetos que adotam princípios da economia circular e vai criar uma lista de sugestões para a adoção de padrões de consumo e de produção sustentáveis, favorecendo a economia circular.

Quais são os benefícios ambientais e socioeconômicos da **reciclagem** de materiais?

Caminhão em ferro-velho sendo carregado com metais para reciclagem e utilização para a produção de aço. Sapucaia do Sul (RS). Foto de 2022.

CAPÍTULO 1
REGIÃO SUL: CARACTERÍSTICAS FÍSICAS

PARA COMEÇAR

A Região Sul é a única em que predomina o clima subtropical. Você sabe como isso se relaciona com outras características físicas dessa região?

ASPECTOS NATURAIS

A Região Sul é formada pelos estados do Rio Grande do Sul, do Paraná e de Santa Catarina, como pode ser visto no mapa da página seguinte. Trata-se da região brasileira com a menor extensão territorial. Conheça, a seguir, algumas características físicas dessa região.

RELEVO

O aspecto mais marcante do relevo da Região Sul é a presença do **planalto Meridional**, que ocupa grande parte dessa região. As serras e as terras altas do Sudeste adentram pela parte leste da Região Sul e recebem as denominações de **serra do Mar** e **serra Geral**. Nesta última, encontram-se os picos mais elevados do sul do Brasil. No Rio Grande do Sul, há terras baixas de relevo bastante suave, como coxilhas e planícies litorâneas, além de áreas de planaltos (principalmente no norte do estado) e depressões (na região central).

Há cerca de 130 milhões de anos, grande parte dessa região foi coberta por lavas vulcânicas que se solidificaram e se transformaram em basalto. Esse tipo de rocha deu origem ao solo de **terra roxa**. Por esse motivo, a Região Sul apresenta excelentes condições para o desenvolvimento da agricultura.

coxilha: área de colinas, com pequenas ou grandes elevações; é comum haver pastagem nessas áreas do sul do Brasil.

▼ Vista do cânion do Itaimbezinho, em meio à paisagem de serras e chapadões que compõem o Parque Nacional da Serra Geral. Cambará do Sul (RS). Foto de 2022.

VEGETAÇÃO

Na Região Sul, predominam as formações vegetais da **Mata Atlântica**, da **mata de araucária** e dos **Campos** (observe o mapa nesta página).

A Mata Atlântica se estendia por todos os estados da Região Sul, mas atualmente pouco resta de sua vegetação original; os poucos trechos conservados localizam-se em áreas de difícil acesso, como a serra do Mar.

Característicos dessa região, os **pinheiros** predominam na mata de araucária, que ocupa as terras altas de planaltos e de serras. Esse tipo de mata está associado a climas úmidos (sem estação seca), com temperaturas variando de moderadas a baixas no inverno. Essa vegetação sofreu intenso **desmatamento** desde o período colonial, pois sua madeira era usada na fabricação de móveis e em construções. Em meados do século XX, as atividades agropecuárias ampliaram ainda mais o desmatamento. Atualmente, resta somente cerca de 3% da vegetação original.

Os Campos (pradarias) são formações vegetais constituídas de **gramíneas** e se estendem por grande parte do Rio Grande do Sul, ocupando diversos tipos de relevo, como colinas e planícies. Conhecidos também como **Pampas**, ou **campanha gaúcha**, apresentam excelentes pastagens naturais, propícias para a criação de gado, o que fez da pecuária a principal atividade econômica dessa área desde o início do processo histórico de ocupação dessa região.

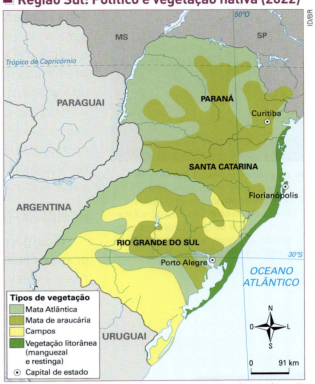

Região Sul: Político e vegetação nativa (2022)

Fontes de pesquisa: Gisele Girardi; Jussara V. Rosa. *Atlas geográfico do estudante*. São Paulo: FTD, 2016. p. 64; IBGE Países. Disponível em: https://paises.ibge.gov.br/#/. Acesso em: 17 fev. 2023.

Você sabe por que as araucárias são importantes para os **indígenas xokleng**?

CLIMA

A maior parte do território da Região Sul está situada na **zona temperada**. No entanto, pelo fato de essa região estar próxima ao trópico de Capricórnio, seu clima se assemelha mais ao tropical, recebendo a denominação de **subtropical**. Esse clima predomina na região, com exceção apenas de trechos do norte do Paraná, que apresentam clima **tropical de altitude**.

O clima subtropical não apresenta estação seca, e as chuvas são relativamente bem distribuídas ao longo do ano. Nas áreas serranas, como a serra Geral, em Santa Catarina e no Rio Grande do Sul, as temperaturas são mais baixas, chegando a gear e a nevar nos invernos mais rigorosos.

HIDROGRAFIA

Rios perenes e ricos lençóis freáticos contribuem para a **grande disponibilidade de água** na Região Sul. Chuvas regulares e o relevo de planaltos e serras conferem **grande potencial hidrelétrico** aos seus caudalosos rios.

Nessa região, estão localizadas duas importantes bacias hidrográficas: a do **rio Paraná** e a do **rio Uruguai**. Ambas são aproveitadas para produzir eletricidade. Na bacia do Paraná, destaca-se o rio Paraná, na divisa entre o Brasil e o Paraguai, onde foi construída, em parceria com o governo paraguaio, uma das maiores hidrelétricas do mundo, a **usina binacional de Itaipu**.

Os rios Paraná e Uruguai também são importantes fontes para a irrigação agrícola e vias de navegação. Além disso, delimitam grande parte da região de fronteira.

▲ As precipitações de geada e de neve podem comprometer as atividades agrícolas em algumas áreas da Região Sul. Pés de alface com cristais de gelo causados por geada, em propriedade rural de Londrina (PR). Foto de 2021.

PARA EXPLORAR

Estação Ecológica do Taim – Rio Grande (RS)

Essa Unidade de Conservação está localizada na planície costeira gaúcha, reunindo diversos ecossistemas: praias lagunares e marinhas, lagoas, pântanos, dunas e falésias.

Informações: https://www.gov.br/icmbio/pt-br/assuntos/biodiversidade/unidade-de-conservacao/unidades-de-biomas/marinho/lista-de-ucs/esec-do-taim. Acesso em: 9 fev. 2023.

Localização: BR-471, km 498. Rio Grande (RS).

▶ Vista aérea da hidrelétrica de Itaipu, em Foz do Iguaçu (PR). Foto de 2021.

ATIVIDADES

Acompanhamento da aprendizagem

Retomar e compreender

1. Observe as fotos e responda às questões.

▲ Vegetação em São Joaquim (SC). Foto de 2021.

▲ Área rural em Quevedos (RS). Foto de 2022.

a) Identifique e caracterize os tipos de vegetação retratados nas imagens.
b) Que forma de relevo, encontrada em parte da Região Sul, é mostrada na foto **2**?
c) Que atividade econômica foi desenvolvida na área mostrada na foto **2**, desde o início do processo de ocupação da Região Sul?
d) Qual é a relação entre a atividade econômica retratada na foto **2** e as características naturais dessa região?
e) É possível afirmar que o clima influencia o tipo de vegetação mostrado na foto **1**? Explique.

2. Analise o climograma de Porto Alegre a seguir. Depois, caracterize o clima da Região Sul com base nas informações apresentadas.

■ **Porto Alegre: Climograma**

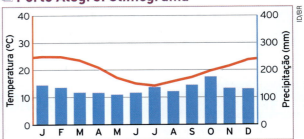

Fonte de pesquisa: *Climate data*. Disponível em: https://pt.climate-data.org/america-do-sul/brasil/rio-grande-do-sul/porto-alegre-3845/#climate-table. Acesso em: 3 fev. 2023.

Aplicar

3. Leia o texto a seguir e responda às questões.

Energia acumulada por Itaipu abasteceria o mundo por 43 dias

Em operação desde 1984, a usina hidrelétrica de Itaipu atinge hoje (14 [fevereiro de 2020]) a marca histórica de 2,7 bilhões de megawatts-hora (MWh) de energia acumulada gerada. [...]

Segundo a Itaipu Binacional, que é responsável por atender quase 15% do mercado de energia elétrica brasileiro e 93% do Paraguai, a energia gerada ao longo desses 35 anos seria capaz de abastecer todo o planeta por 43 dias — algo que nenhuma outra usina do planeta já foi capaz de fazer, segundo a empresa.

Com a quantidade de energia já gerada, Itaipu seria capaz de suprir a demanda energética brasileira por cinco anos e nove meses; e a demanda paraguaia por 190 anos. [...]

A expectativa é de que, em 2023, a usina chegue aos 3 bilhões de MWh gerados. [...]

Pedro Peduzzi. Energia acumulada por Itaipu abasteceria o mundo por 43 dias. *Agência Brasil*, 14 fev. 2020. Disponível em: https://agenciabrasil.ebc.com.br/economia/noticia/2020-02/energia-acumulada-por-itaipu-abasteceria-o-mundo-por-43-dias. Acesso em: 3 fev. 2023.

a) Em qual importante bacia hidrográfica da Região Sul foi construída a usina de Itaipu?
b) Segundo o texto, qual é a importância da usina de Itaipu na produção de energia para o Brasil e para o Paraguai?

CAPÍTULO 2
REGIÃO SUL: OCUPAÇÃO E POPULAÇÃO

PARA COMEÇAR

Você sabe como ocorreu a ocupação da Região Sul? Que movimentos migratórios contribuíram para essa ocupação?

açoriano: quem é natural do arquipélago de Açores, pertencente a Portugal.

OCUPAÇÃO DA REGIÃO SUL

Até meados do século XVIII, a maior parte das terras que hoje formam a Região Sul pertencia à Espanha; somente em 1750, com o **Tratado de Madrid**, essa área passou a ser oficialmente controlada por Portugal.

As tensões entre Portugal e Espanha pela posse dessas terras levaram a Coroa portuguesa a estimular a ida de imigrantes açorianos para o litoral dos atuais estados de Santa Catarina e do Rio Grande do Sul, dando início à ocupação de algumas áreas da atual Região Sul por povos não indígenas.

A área de planaltos foi colonizada a partir do século XVII, quando padres jesuítas fundaram as **missões** nos atuais estados do Paraná e do Rio Grande do Sul. As missões eram grandes aldeamentos cristãos em que se reuniam milhares de **indígenas Guarani**, os quais participaram da formação da população atual da Região Sul. Eles produziam todo tipo de gêneros agrícolas e exerciam as mais diversas atividades. As missões favoreceram o desenvolvimento da pecuária extensiva, com o gado solto nos campos. As missões do Paraná foram destruídas, ainda no século XVII, pelos **bandeirantes**, que capturavam e escravizavam indígenas.

▼ As ruínas históricas, como as da igreja de São Miguel (foto), construída entre 1735 e 1745, preservam vestígios do período das missões jesuíticas dos Guarani. São Miguel das Missões (RS). Foto de 2022.

PECUÁRIA SULINA

A descoberta de ouro em Minas Gerais impulsionou o surgimento de muitas **vilas** e **cidades**, que cresceram rapidamente em virtude da atividade mineradora, provocando uma crise de abastecimento na Colônia. Esse fato deu novo estímulo à ocupação da Região Sul, responsável por abastecer a região das minas com carne e com animais de carga, que eram utilizados para transportar as mercadorias e a produção de ouro.

Foram fundadas no Sul as primeiras **estâncias**, nome regional dado às fazendas de criação de gado bovino e de mulas. A produção de **charque**, destinada ao abastecimento da população de Minas Gerais, também se tornou relevante na região. Naquela época, o couro de boi era muito aproveitado na confecção de vários objetos, como baús, roupas e redes de dormir, além de ser exportado. Nesse período, também se intensificou o fluxo de africanos escravizados para a Região Sul do Brasil. A mão de obra escravizada era empregada em diversos trabalhos, inclusive na produção de charque.

Como na região de Minas Gerais predominam planaltos e serras, o transporte de mercadorias em carroças ou em carros de boi era extremamente difícil. Por isso, as mulas eram muito valorizadas. Tropeiros gaúchos levavam os animais até Sorocaba, em São Paulo, principal área de comércio entre o Sul do Brasil e a região mineira.

A viagem durava até três meses, e a longa travessia das regiões serranas fazia o gado perder muito peso. Para recuperar as condições físicas dos animais, os tropeiros faziam paradas em áreas de pouso das tropas e de repasto, dando origem a várias cidades, como Vacaria e Passo Fundo, no Rio Grande do Sul; Lages, em Santa Catarina; Curitiba, Castro e Ponta Grossa, no Paraná.

charque: carne bovina salgada e posta para secar ao sol, cortada em pedaços grandes.

tropeiro: condutor de gado ou mulas de carga. O termo é empregado para identificar as pessoas que transportavam gado e mercadorias no Brasil Colônia.

▼ O atual município de São Francisco de Paula (RS) era parte da rota dos tropeiros que iam do Rio Grande do Sul para o Sudeste. Monumento do artista Edmilson Duarte Almeida no centro da cidade de São Francisco de Paula, em homenagem aos tropeiros que passavam por esse caminho. Foto de 2021.

IMIGRANTES APÓS O SÉCULO XIX

No início do século XIX, o processo de ocupação e de povoamento da Região Sul consolidou-se com o incentivo do governo brasileiro à **imigração de europeus**. A disponibilidade de terras agricultáveis na região era um dos principais atrativos para os imigrantes que nela se estabeleceram.

Os **alemães** começaram a chegar em 1824 e se instalaram no Rio Grande do Sul e em Santa Catarina, onde fundaram cidades como São Leopoldo (RS), Novo Hamburgo (RS), Brusque (SC) e Blumenau (SC).

Outro fluxo importante de imigrantes foi o dos **italianos**, que se concentraram principalmente na região centro-norte do Rio Grande do Sul, fundando cidades como Caxias do Sul e Bento Gonçalves.

▲ Carro alegórico transportando caldeirão que faz referência ao cozimento de polenta, prato típico italiano, em comemoração à 37ª Semana Cultural Italiana em São João do Polêsine (RS). Foto de 2022.

Outras correntes migratórias

Além de alemães e italianos, vieram, em menor número, **poloneses**, **ucranianos**, **russos** e **japoneses**, que se instalaram principalmente no Paraná, representando um importante marco na ocupação desse estado.

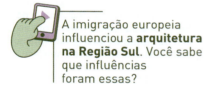

A imigração europeia influenciou a **arquitetura na Região Sul**. Você sabe que influências foram essas?

Ao formarem colônias, os imigrantes tinham como base a **pequena propriedade** produtora de alimentos. Esse tipo de organização agrícola foi implementado pela política de Estado e favoreceu o desenvolvimento do **mercado interno**, diferentemente do que ocorreu no restante do Brasil.

Alguns descendentes de imigrantes deslocaram-se em busca de novas áreas para plantio, promovendo um **novo fluxo migratório** dentro da região e em direção a outras partes do território brasileiro. Isso proporcionou a colonização, mais recente, do oeste e do sudoeste do Paraná e também de áreas das regiões Norte (como o estado de Rondônia) e Centro-Oeste do Brasil.

◀ No norte do Paraná, houve intensa colonização japonesa. No século XX, grande parte dos japoneses trabalhava nas lavouras de café. Hoje, as cidades de Maringá e de Londrina são as que mais concentram descendentes de japoneses. Praça do Centenário da Imigração Japonesa Tomi Nakagawa, em Londrina (PR). Foto de 2023.

POPULAÇÃO DA REGIÃO SUL

Com uma população de aproximadamente 30 milhões de habitantes (dados de 2022), o Sul é a terceira região mais populosa do Brasil.

A ocupação dessa região teve uma distribuição mais homogênea da população pelo território, em comparação com as demais regiões do país. Entretanto, observa-se, no mapa, que a maior concentração populacional se dá em torno das **regiões metropolitanas** de **Porto Alegre** e de **Curitiba**.

A população da Região Sul corresponde a cerca de 15% do total da população brasileira. Esse percentual, no entanto, vem diminuindo nas últimas décadas devido à grande quantidade de pessoas que têm **migrado** para outras regiões, sobretudo para o **Centro-Oeste**. Esse movimento migratório está relacionado, entre outros motivos, aos incentivos empreendidos pelo governo federal – principalmente a partir da década de 1960, para a ocupação do Norte e do Centro-Oeste – e à busca dos agricultores do Sul por novas áreas de cultivo.

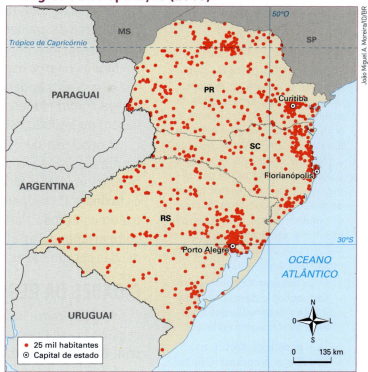

Fonte de pesquisa: IBGE. Censo demográfico 2010. Disponível em: http://censo2010.ibge.gov.br/. Acesso em: 6 fev. 2023.

INDICADORES SOCIAIS

Apesar das desigualdades internas, a Região Sul apresenta bons indicadores sociais quando comparada às outras regiões do Brasil. Em 2021, por exemplo, os três estados da Região Sul apresentaram as três menores taxas de mortalidade infantil entre todas as unidades federativas.

Observe o mapa ao lado. Nele, é possível notar que os estados da Região Sul estavam entre as unidades federativas com maior expectativa de vida em 2019, com destaque para Santa Catarina, estado com a maior expectativa de vida do país.

Fonte de pesquisa: IBGE. Tábua completa de mortalidade para o Brasil – 2019. Disponível em: https://biblioteca.ibge.gov.br/visualizacao/periodicos/3097/tcmb_2019.pdf. Acesso em: 6 fev. 2023.

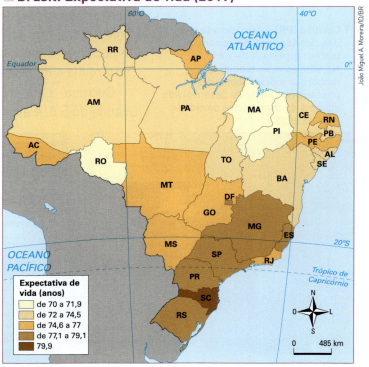

CIDADANIA GLOBAL

COLETA SELETIVA E RECICLAGEM DE RESÍDUOS

Curitiba foi a primeira capital estadual brasileira a implantar um sistema de coleta seletiva de resíduos, em 1989. Atualmente, a prefeitura do município mantém o programa Câmbio Verde, que faz a troca de materiais recicláveis e óleo de cozinha usado por alimentos. Para cada quatro quilos de resíduos ou dois litros de óleo, o cidadão recebe um quilo de hortifrútis, produzidos em pequenas propriedades agrícolas e na região metropolitana de Curitiba.

1. Faça um levantamento de informações e descubra como é feita a destinação dos materiais à reciclagem no Brasil.
2. Que benefícios sociais e ambientais o programa Câmbio Verde de Curitiba pode gerar?

POPULAÇÕES TRADICIONAIS

A Região Sul é a que apresenta menor proporção de **indígenas** em relação ao total dessa população no Brasil. Segundo o Censo 2010, cerca de apenas 9% dos habitantes da região se autodeclaravam indígenas, a menor proporção do país.

Muitos negros escravizados que foram levados para o Sul resistiram à escravidão e formaram **quilombos**. Até hoje, a região abriga comunidades remanescentes de quilombos que se originaram no período colonial.

O processo de ocupação da Região Sul, vinculado principalmente às diversas correntes migratórias que para ela se dirigiram, estimulou a formação de comunidades tradicionais, como os **faxinais**. Os faxinalenses são agricultores da área rural do centro do estado do Paraná que cultivam a terra de modo coletivo, compartilhando as plantações e a criação de animais. A origem dessas comunidades remonta aos tropeiros do período colonial.

CIDADES DA REGIÃO SUL

A maior parte da população do Sul, assim como das demais regiões brasileiras, vive em áreas urbanas. A **expansão industrial** e o **desenvolvimento da agroindústria** geraram atração populacional às pequenas e médias cidades sulistas, promovendo ali desenvolvimento socioeconômico.

Devido ao fato de terem sido fundadas por imigrantes alemães e italianos, muitas cidades do Sul do Brasil apresentam parte de sua paisagem arquitetônica urbana semelhante à de cidades europeias.

A implantação de redes de transporte e de comunicação promove a integração econômica entre os centros urbanos da Região Sul e a ampliação e diversificação dos estabelecimentos comerciais e de serviços.

Curitiba, capital do Paraná, Porto Alegre, capital do Rio Grande do Sul, e as cidades do entorno dessas capitais apresentam elevado grau de desenvolvimento urbano e industrial. Florianópolis, capital de Santa Catarina, destaca-se no setor de comércio e serviços. Essas capitais têm índices de qualidade de vida acima da média nacional.

Também são importantes centros urbanos da região, por exemplo, Blumenau, Joinville e Itajaí, em Santa Catarina; São José dos Pinhais, Londrina e Maringá, no Paraná; Caxias do Sul, Pelotas, Canoas e Bento Gonçalves, no Rio Grande do Sul.

▼ Curitiba (PR) é considerada uma das cidades brasileiras com melhor qualidade de vida. Na foto, estação tubular de embarque e desembarque de passageiros, parte do desenvolvido sistema de transportes da cidade. Foto de 2020.

ATIVIDADES

Acompanhamento da aprendizagem

Retomar e compreender

1. Até 1750, ano em que o Tratado de Tordesilhas deixou de vigorar, a maior parte da atual Região Sul do Brasil encontrava-se além dos limites estabelecidos pelo tratado, o que pode ser observado no mapa *Brasil Colônia (séculos XVII e XVIII)*. Considerando as particularidades da colonização dessa região quando comparada à do restante do país, explique a relação entre a divisão territorial determinada pelo Tratado de Tordesilhas e a estratégia do governo brasileiro de incentivar a ocupação do Sul do país.

Fonte de pesquisa: *Atlas histórico escolar*. Rio de Janeiro: FAE, 1991. p. 24.

■ **Brasil Colônia (séculos XVII e XVIII)**

2. De que maneira a atividade mineradora em Minas Gerais, durante o período colonial, influenciou a economia da Região Sul?

3. Quais foram os três principais grupos de imigrantes europeus que se estabeleceram na Região Sul? Em que áreas eles se fixaram?

4. Como a população do Sul está distribuída pelo território dessa região?

5. Quais são os principais centros urbanos da Região Sul?

Aplicar

6. O Índice de Perda de Qualidade de Vida (IPQV) é um indicador do IBGE utilizado para medir as privações das pessoas, levando em conta aspectos como moradia, educação, saúde, alimentação e lazer. Observe o mapa e responda às questões.

   a) No período mostrado no mapa, que região apresentou maior perda de qualidade de vida? E qual apresentou menor perda?

   b) Compare o mapa ao lado com o mapa *Brasil: Expectativa de vida (2019)*, da página 211. Que relação é possível fazer entre seus temas? E, nesse contexto, o que é possível dizer sobre a Região Sul?

Fonte de pesquisa: IBGE. POF – Pesquisa de Orçamentos Familiares. Disponível em: https://www.ibge.gov.br/estatisticas/sociais/saude/24786-pesquisa-de-orcamentos-familiares-2.html?=&t=resultados. Acesso em: 6 fev. 2023.

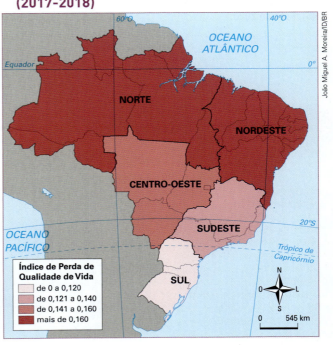

■ **Brasil: Redução da qualidade de vida (2017-2018)**

CAPÍTULO 3
REGIÃO SUL: ECONOMIA

PARA COMEÇAR

Que atividades econômicas são desenvolvidas na Região Sul? Como se configura o setor industrial nessa região? Qual é o papel do turismo na economia da Região Sul?

AGROPECUÁRIA

O Sul do Brasil tem vasta e intensiva produção agrícola, uma das mais diversificadas do país. O desenvolvimento **agroindustrial** representa importante segmento da economia regional. Do ponto de vista da organização do espaço agrário, destacam-se dois tipos de ocupação e de aproveitamento da terra: as **grandes** e as **pequenas propriedades rurais**.

ÁREAS DE PEQUENAS PROPRIEDADES

As áreas com pequenas propriedades concentram-se principalmente nas localidades colonizadas por imigrantes europeus, e há o predomínio da **agricultura familiar**. A produção dessas propriedades, muitas vezes, é fortemente integrada às agroindústrias. Nesse sistema, as agroindústrias fornecem animais, ração, sementes e insumos agrícolas, e os produtores se encarregam da criação ou do cultivo. As cooperativas agropecuárias também são comuns na região, tanto de pequeno quanto de grande porte, principalmente no setor de alimentos.

Nesse tipo de propriedade, destaca-se a produção de arroz, uva, seda e fumo. A Região Sul é também a maior produtora de aves e de suínos do país.

▼ Propriedade rural com plantação de soja e silos para armazenamento e secagem de grãos, em Quevedos (RS). Foto de 2020.

ÁREAS DE GRANDES PROPRIEDADES

Nas mais antigas áreas ocupadas da Região Sul – como a campanha gaúcha e Vacaria (RS), Lages (SC), Campos Gerais do Paraná, Guarapuava e Palmas (PR) – há o predomínio das grandes propriedades rurais.

Parte considerável dessa região passou por intenso processo de **modernização agrícola**, entre as décadas de 1970 e 1980, com a mecanização e a integração da produção agrícola ao processo industrial, resultando nas agroindústrias.

Entre os principais produtos agrícolas cultivados na Região Sul do Brasil estão os grãos, como o trigo, o milho e a soja.

O norte do Paraná, cuja produção cafeeira é uma das principais atividades econômicas da região, está em processo de diversificação das lavouras comerciais, com o cultivo da soja, do milho, do trigo e do arroz. Nessa área, encontram-se grandes e pequenas propriedades rurais.

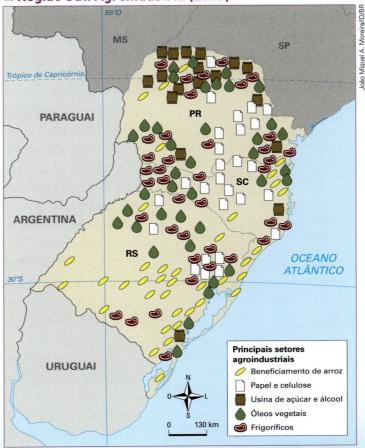

Fonte de pesquisa: Maria Elena Simielli. *Geoatlas*. 35. ed. São Paulo: Ática, 2019. p. 131.

CIDADANIA GLOBAL

ECONOMIA CIRCULAR

Vem ganhando importância uma nova forma de estruturar a produção de bens priorizando matérias-primas recicladas e a reutilização de materiais que seriam descartados. Conhecido como economia circular, esse modelo de produção difere da economia linear, na qual os bens são produzidos a partir de matérias-primas novas e descartadas ao final do uso, gerando grande volume de resíduos.

Na Região Sul, algumas empresas praticam a economia circular e incorporam à produção materiais que seriam descartados. Isso reduz o desperdício e a demanda por recursos naturais. Alguns exemplos são as empresas que fabricam ração animal a partir de resíduos da indústria de carnes e pescado; produtores rurais que produzem energia e fertilizantes a partir de resíduos da criação de suínos; e empresas que embalam seus produtos com papel ou plástico reciclados.

1. Há iniciativas de economia circular na região em que você vive? Faça um levantamento de informações para descobri-las.

2. Liste ao menos cinco empresas ou atividades econômicas que poderiam adotar práticas da economia circular em seu município.

INDÚSTRIA

A experiência trazida pelos imigrantes europeus no trabalho artesanal foi importante para o processo de industrialização da Região Sul. Outro fator fundamental nesse processo foi o tipo de sociedade formada nas áreas de colonização. Nessas localidades, predominavam pequenos proprietários rurais, artesãos, operários e comerciantes, que compravam e vendiam produtos uns dos outros, fortalecendo o mercado interno e favorecendo o desenvolvimento industrial.

Muitas indústrias instaladas nessas áreas eram pequenas e voltadas ao abastecimento do mercado local. Com o tempo, foram crescendo até se transformar em **grandes empresas nacionais**. Ao concorrerem com outras empresas de grande porte – nacionais e multinacionais –, precisavam manter-se atualizadas em tecnologia e no processo de produção, o que gerou grande **dinamismo** nos diversos setores fabris.

O crescimento dessas indústrias tornou-as muito importantes para a economia nacional. O incentivo do Estado também tem sido um fator marcante no desenvolvimento industrial da região.

As áreas industriais do Sul do Brasil concentram-se no nordeste do Rio Grande do Sul; a leste de Santa Catarina (sobretudo no vale do Itajaí e em Joinville); ao norte e a leste do Paraná; e nas capitais Curitiba e Porto Alegre, incluindo as cidades de seu entorno. Entre os principais ramos da atividade industrial na região estão os setores têxtil, alimentício, extrativo, metalúrgico, elétrico, agroindustrial, moveleiro e vitivinicultor (produção de vinhos).

Brasil: Principais exportadores de móveis e suas partes (2022)

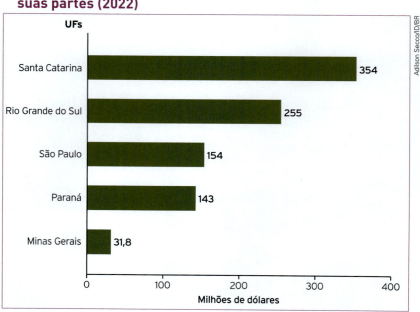

Os estados da Região Sul se destacam nas exportações brasileiras de móveis e itens relacionados. Em 2022, os três estados dessa região foram responsáveis por quase 80% de todas as exportações desse setor.

Fonte de pesquisa: Comex Stat. Disponível em: http://comexstat.mdic.gov.br/pt/comex-vis. Acesso em: 6 fev. 2023.

TURISMO

O turismo também é uma importante atividade econômica da Região Sul. A existência de boa infraestrutura urbana (redes de transporte, comunicação e energia, por exemplo) e turística (hospedagem e alimentação) nas **cidades litorâneas** favoreceu o desenvolvimento de locais de veraneio, como Balneário Camboriú e Florianópolis, em Santa Catarina, e Torres, no Rio Grande do Sul. Esses locais atraem grande quantidade de turistas brasileiros e estrangeiros, sobretudo argentinos.

A possibilidade de queda de neve, em períodos de inverno rigoroso, e os elementos da cultura e da arquitetura europeias fazem das **serras gaúchas** e das **serras catarinenses** locais que atraem turistas, com destaque para as cidades de Canela e Gramado, no Rio de Grande do Sul, e Lages e São Joaquim, em Santa Catarina.

A cidade de **Foz do Iguaçu**, no Paraná, também é um grande centro turístico nacional. O **Parque Nacional do Iguaçu**, onde estão as cataratas do Iguaçu, recebe visitantes do mundo inteiro.

> **PARA EXPLORAR**
>
> **Parque Nacional do Iguaçu**
> No *site* desse parque, é possível obter informações sobre as cataratas do Iguaçu, consideradas Patrimônio Natural da Humanidade. Disponível em: https://www.icmbio.gov.br/parnaiguacu/. Acesso em: 10 fev. 2023.

◀ O município de Balneário Camboriú (SC) é um dos principais destinos turísticos de brasileiros e estrangeiros na Região Sul do país. Orla da praia Central. Foto de 2023.

FORMAÇÃO DOS "DEGRAUS" NAS CATARATAS

Os "degraus", ou reentrâncias, que aparecem na imagem das cataratas do Iguaçu, são plataformas planas, formadas pelo enorme derramamento de rocha basáltica durante a separação da América do Sul do continente africano, no período Cretáceo (há mais de 130 milhões de anos). Essa formação é a evidência do tectonismo que ocorreu na região.

Ao longo de milhares de anos, o impacto da água nos limites entre esses derrames erodiu as rochas, fazendo aumentar o tamanho dos "degraus".

Quedas-d'água das cataratas ▶ do Iguaçu, em Foz do Iguaçu (PR). Foto de 2023.

217

ATIVIDADES

Acompanhamento da aprendizagem

Retomar e compreender

1. A produção de grãos, como o milho, a soja e o trigo, vem ocupando vastas áreas agrícolas do Sul do país. Quais são as principais características das áreas de cultivo desses produtos nessa região?
2. Qual é a importância do turismo para a economia da Região Sul?

Aplicar

3. Observe o mapa e responda às questões.

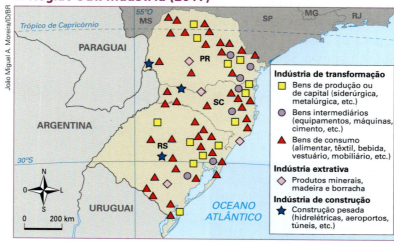

a) Que ramo da atividade industrial mais se destaca na Região Sul?

b) Com base no mapa e no que você aprendeu neste capítulo, caracterize o parque industrial do sul do país.

4. Observe o mapa a seguir e responda às questões.

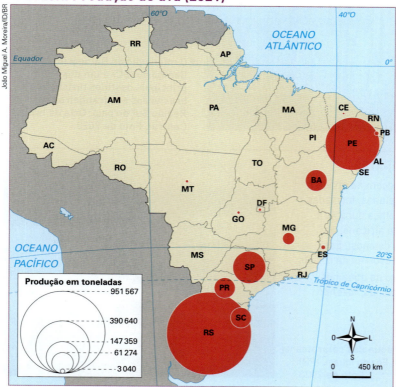

a) Como está distribuída a produção de uva no Brasil?

b) De que forma a produção de uva por estado foi representada no mapa?

c) Caracterize esse tipo de cultivo na Região Sul, em relação ao tamanho das propriedades e ao modelo de produção adotado.

d) A que tipo de indústria, bastante desenvolvida na Região Sul, essa produção está associada?

CONTEXTO
DIVERSIDADE

Reserva Extrativista Marinha do Pirajubaé

Há várias comunidades tradicionais de pescadores que vivem em Florianópolis.

Para manter a tradição dos pescadores locais e buscar um modo sustentável de desenvolver suas atividades, em 1992 foi criada a Reserva Extrativista Marinha do Pirajubaé, em Florianópolis. Com área total de cerca de 1700 hectares – dos quais grande parte é ocupada pelo manguezal do rio Tavares –, essa reserva é uma Unidade de Conservação de uso sustentável, ou seja, a população tradicional que vive nessa reserva é autorizada a utilizar seus recursos naturais de modo sustentável, gerando pouco impacto ambiental.

▲ Barco de pesca tradicional na Reserva Extrativista Marinha do Pirajubaé, em Florianópolis (SC). Foto de 2023.

Na reserva, desenvolvem-se práticas de manejo sustentável na criação e na coleta do molusco berbigão. Nela, também são implementadas políticas de conscientização da população. Na área do manguezal, há inúmeras espécies de crustáceo (como siris e caranguejos) e de peixe (como pescadinhas, bagres e corvinas), além de outras espécies de molusco. Contudo, a coleta do berbigão é a principal atividade geradora de renda à comunidade.

Atualmente, uma série de problemas tem prejudicado essa atividade: a pressão urbana, os eventos climáticos extremos (que prejudicam a reprodução do berbigão) e a sobrepesca, em que há captura de moluscos antes que atinjam o tamanho e a idade corretos, levando à diminuição da disponibilidade de berbigão.

Outra questão polêmica relacionada à reserva foi a construção, nos anos 2000, de uma via que liga a região central de Florianópolis ao aeroporto dessa cidade. Um trecho de cerca de 1,5 km passa pela reserva e foi motivo de discordância entre o Instituto Chico Mendes de Conservação da Biodiversidade (ICMBio) e o Departamento Estadual de Infraestrutura (Deinfra). O ICMBio alegou que a construção da via geraria impacto danoso para a comunidade e para o meio ambiente, enquanto o Deinfra entendia que a construção da rodovia era necessária e que o impacto ambiental poderia ser diminuído com adequações na obra.

Na década de 2010, estudos constataram que a construção de fato causou impactos locais, como a redução dos recursos pesqueiros disponíveis, prejudicando o modo de vida da população que habita a reserva.

Para refletir

1. Quais problemas atingem atualmente a Reserva Extrativista Marinha do Pirajubaé?
2. Discuta com os colegas que medidas poderiam ser tomadas para conciliar a preservação ambiental e a construção da via que passa pela reserva.

REPRESENTAÇÕES

Mapas políticos em diferentes escalas

Os mapas podem apresentar diferentes **escalas de representação**, que indicam quantas vezes o espaço mapeado foi reduzido. Há uma estreita relação entre o tamanho da área mapeada e a escolha da escala. Isso acontece porque a representação de superfícies muito extensas requer a adoção de escalas que as reduzam muito, enquanto a elaboração de mapas de áreas pequenas requer a adoção de escalas maiores. A seguir, veremos escalas aplicadas em alguns mapas políticos.

Os **mapas políticos** estão entre os mais utilizados por aqueles que desejam localizar um ponto ou traçar um roteiro. Esse tipo de mapa representa as fronteiras (entre países), as divisas (entre estados) e os limites (entre municípios), além de identificar suas respectivas áreas.

Os mapas políticos favorecem a localização em função das seguintes características:

- as fronteiras, as divisas e os limites são representados por linhas;
- as unidades político-administrativas são identificadas pelo nome ou pela sigla, e preenchidas por cores diferentes para facilitar a visualização;
- dependendo da escala, a localização de municípios é indicada por pontos;
- geralmente oferecem recursos de orientação espacial, como coordenadas geográficas, rosa dos ventos ou representações de marcos referenciais (como ruas e rodovias).

Agora, vejamos três exemplos de mapas políticos com escalas diferentes.

América do Sul

Na representação ao lado, podemos localizar os países da América do Sul. Na escala em que o mapa foi elaborado, não é adequado representar a divisão política interna de cada país, apenas as capitais são identificadas.

América do Sul: Político (2022)

Fontes de pesquisa: *Atlas geográfico escolar*. 8. ed. Rio de Janeiro: IBGE, 2018. p. 41; IBGE Países. Disponível em: https://paises.ibge.gov.br/#/. Acesso em: 17 fev. 2023.

Brasil

No mapa político do Brasil – que, em relação ao mapa da América do Sul, apresenta um recorte espacial menor –, é possível utilizar uma escala maior e representar, além das fronteiras, as divisas estaduais.

Nesse mapa, as capitais dos estados também são identificadas com pontos.

Como o enfoque do mapa é a representação da divisão política do Brasil, os países vizinhos foram representados com uma cor única, que não os destaca (no caso, cinza).

Fontes de pesquisa: *Atlas geográfico escolar*. 8. ed. Rio de Janeiro: IBGE, 2018. p. 90; IBGE Países. Disponível em: https://paises.ibge.gov.br/#/. Acesso em: 17 fev. 2023.

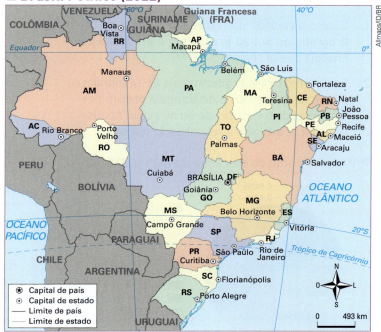

■ Brasil: Político (2022)

Região Sul

Comparado ao mapa do Brasil e ao da América do Sul, o mapa político da Região Sul é o que representa a menor área, por isso, foi elaborado em escala maior. Isso torna possível apresentar os principais municípios de cada estado, assim como detalhes das divisas estaduais.

Todos esses detalhes, que não apareceram nos mapas anteriores, só podem ser representados nesse mapa porque nele se utiliza uma escala maior.

■ Região Sul: Político (2022)

Fontes de pesquisa: *Atlas geográfico escolar*. 8. ed. Rio de Janeiro: IBGE, 2018. p. 94; IBGE Países. Disponível em: https://paises.ibge.gov.br/#/. Acesso em: 17 fev. 2023.

Pratique

1. Por que não seria adequado representar o mapa da América do Sul na mesma escala em que foi elaborado o mapa da Região Sul?

2. Com um colega, consultem um atlas geográfico e escolham diferentes mapas. Observem a escala utilizada nesses mapas e os detalhes que cada um deles apresenta. Então, elaborem um breve texto descrevendo o que observaram: Os mapas foram elaborados em variadas escalas? Há escalas utilizadas com mais frequência? Quais elementos constam na legenda dos mapas políticos?

ATIVIDADES INTEGRADAS

Analisar e verificar

1. Qual é a relação do relevo, do clima e da hidrografia do Sul do Brasil com a produção de energia dessa região?

2. Em 2021, o Brasil produziu mais de 14 milhões de toneladas de carne de frango e próximo de 5 milhões de toneladas de carne suína. Analise os gráficos a seguir e responda às questões.

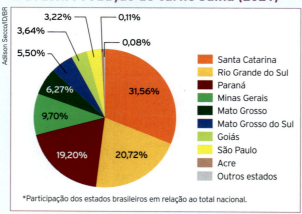

Fonte de pesquisa dos gráficos: Embrapa. Embrapa Suínos e Aves – 2020. Disponível em: https://www.embrapa.br/suinos-e-aves/cias/estatisticas. Acesso em: 6 fev. 2023.

a) Cite o estado que mais produziu carne de frango e o que mais produziu carne suína.

b) Quais foram as porcentagens de produção de carne de frango e de carne de porco na Região Sul?

c) Qual é a importância da criação de frangos e de suínos para a economia da Região Sul? Relacione isso à agroindústria.

3. Leia o texto a seguir e responda às questões.

[...] Os tropeiros eram os homens de negócios, que compravam e vendiam. Alguns produziam em suas propriedades. Circulavam por infinitas trilhas e caminhos, subindo e descendo serras, atravessando rios e riachos. Abasteciam os povoados de novidades, de utensílios e variedades. Tinha até tropeiro joalheiro. Além de vender de tudo um pouco, em muitos lugares o tropeiro levava e trazia notícias ou mensagens. Os tropeiros circulavam de norte a sul, de leste a oeste. [...]

As tropas partiam muito cedo, ainda com o dia escuro. Paravam entre 12[h] e 14h para o descanso e abrigo. Instalavam o pouso e ainda sobrava um tempo para a caça ou pesca e preparar a refeição: paçoca de carne, feijão, carne-seca, farinha de mandioca, torresmo e depois o café com rapadura. Comida de tropeiro precisava ser mais seca para ser transportada e não entornar. Para o tempo passar, tinha viola e contação de causos. [...] Muitas dessas paragens acabaram resultando em arraiais e vilas.

Do Rio Grande do Sul partiam tropas com destino a São Paulo. Saíam de Viamão e um dos pontos de parada era Sorocaba. Esta rota tornou-se conhecida e ao longo dela surgiram várias ocupações, por diversos fatores, dentre [...] [os quais] se destacavam: a pastagem para os animais e o abastecimento. Muitas tropas seguiam outros destinos, indo e voltando. Circulando e ampliando sobremaneira o território brasileiro. [...]

Luiz Cruz. Memória tropeira. São João del Rei Transparente. *Revista de História*, 25 jul. 2011. Disponível em: https://saojoaodelreitransparente.com.br/works/view/868. Acesso em: 6 fev. 2023.

a) Segundo o texto, quem eram os tropeiros? O que eles levavam a diferentes povoados pelos quais passavam?

b) Qual é a relação entre a movimentação dos tropeiros e a formação de núcleos urbanos no Sul do Brasil?

c) O autor do texto diz que os tropeiros seguiam "ampliando sobremaneira o território brasileiro". Explique essa afirmação.

222

Acompanhamento da aprendizagem

4. Observe a foto a seguir e, com base nos conhecimentos que você adquiriu neste capítulo, responda às questões.

▲ Registro de precipitação de neve em Caxias do Sul (RS), na manhã do dia 29 de setembro de 2021, quando as temperaturas atingiram −3°C (menos três graus Celsius).

a) Por que o município de Caxias do Sul atrai grande número de turistas?
b) Que elementos naturais contribuíram para a formação da paisagem retratada?

Criar

5. Em grande parcela das pequenas propriedades rurais da Região Sul, onde se pratica a agricultura familiar, a produção é integrada às agroindústrias. Leia o texto a seguir.

> [...] A integração é um contrato no qual o produtor rural se responsabiliza por parte do processo produtivo, como a produção de frutas ou criação de frango e suínos, repassando essa produção à agroindústria, como matéria-prima a ser processada e transformada no produto final.
>
> Na avicultura, por exemplo, os agricultores recebem da agroindústria [animais recém-nascidos], ração, medicamentos e assistência técnica, criam os animais até a fase de abate e os repassam à agroindústria, que produz cortes e toda gama de derivados de carne de frango. [...]
>
> Parceria integrada entre produtor rural e indústria deve ir à Câmara. *Agência Senado*, 5 set. 2013. Disponível em: http://www12.senado.leg.br/noticias/materias/2013/09/05/parceria-integrada-entre-produtor-rural-e-industria-deve-ir-a-camara. Acesso em: 6 fev 2023.

Faça um levantamento de informações em *sites* e revistas especializadas sobre a relação entre os produtores rurais e as agroindústrias no sistema de produção integrada. Em seguida, com as informações do texto e de sua busca, elabore um esquema explicando o papel de cada agente nessa relação.

6. **SABER SER** Por convenção internacional, as águas de rios, mares e lagos que banham vários países são consideradas compartilhadas e chamadas de águas transfronteiriças. Os rios da bacia do rio Paraná banham territórios do Brasil e também do Paraguai e da Argentina. A disputa pelo uso dessas águas pode gerar conflitos. Com base nessas informações, elabore um texto explicando a importância de as populações usarem os recursos hídricos de forma responsável.

CIDADANIA GLOBAL

UNIDADE 8

12 CONSUMO E PRODUÇÃO RESPONSÁVEIS

Retomando o tema

A economia da Região Sul desenvolveu-se de maneira integrada à economia nacional e segue apresentando intensas relações com o mercado interno e com o comércio exterior. Atualmente, todas as regiões do país são convidadas a atender os Objetivos de Desenvolvimento Sustentável propostos pela ONU e, nesta unidade, trabalhamos o ODS 12 – Consumo e produção responsáveis.

1. Como a exploração irracional pode levar ao esgotamento dos recursos naturais? Dê exemplos.
2. Qual é o papel dos cidadãos no processo de reciclagem dos resíduos sólidos urbanos?
3. Como a reciclagem contribui para a adoção de um modelo de economia circular?

Geração da mudança

- Identifique, entre os estabelecimentos que você frequenta e entre os produtos que consome, oportunidades de colocar em prática princípios da economia circular. Para isso, escolha uma atividade produtiva e crie uma lista de sugestões às pessoas envolvidas no processo dessa produção. Sua proposta pode abranger: a reciclagem de materiais, o uso de matérias-primas ou energia geradas a partir de resíduos de outras atividades econômicas, associações entre empresas para a reutilização de materiais ou reciclagem de embalagens, etc.

- Organize sua lista em formato de postagem em uma rede social previamente escolhida com o professor. Ilustre sua proposta com imagens e, após avaliação do professor, divulgue-a nas redes sociais da escola.

Autoavaliação

Yasmin Ayumi/ID/BR

REGIÃO CENTRO-OESTE

UNIDADE 9

PRIMEIRAS IDEIAS

1. Que unidades federativas formam a Região Centro-Oeste?
2. Quais vegetações nativas ocorrem nessa região?
3. O que levou à transferência da capital do Brasil do Rio de Janeiro para essa região?
4. Quais atividades econômicas são desenvolvidas na região?
5. O que você sabe a respeito da situação da população indígena na Região Centro-Oeste?

Conhecimentos prévios

Nesta unidade, eu vou...

CAPÍTULO 1 — Região Centro-Oeste: características físicas

- Conhecer as principais formações vegetais da Região Centro-Oeste.
- Compreender o processo de fertilização do solo do Cerrado para torná-lo agricultável e a relação disso com o desmatamento desse tipo de vegetação.
- Conhecer os tipos de clima da Região Centro-Oeste.
- Relacionar as características do relevo e da hidrografia à formação do Pantanal, por meio de análise de mapa e climograma.
- Entender a importância da rede hidrográfica no Centro-Oeste.

CAPÍTULO 2 — Região Centro-Oeste: ocupação e população

- Compreender o processo de ocupação da Região Centro-Oeste e sua integração ao território nacional.
- Compreender e contextualizar a construção de Brasília.
- Identificar as principais características da população e da urbanização da Região Centro-Oeste.
- Reconhecer a luta das comunidades tradicionais pela preservação do Cerrado.

CAPÍTULO 3 — Região Centro-Oeste: economia

- Conhecer as tradicionais atividades econômicas da Região Centro-Oeste.
- Analisar os fatores envolvidos no processo de integração econômica do Centro-Oeste.
- Compreender o processo de expansão da fronteira agrícola para áreas da Amazônia e do Cerrado.
- Identificar as características das principais atividades econômicas desenvolvidas na região.
- Conhecer atividades agropecuárias sustentáveis.
- Comparar mapas temáticos.

CIDADANIA GLOBAL

- Reconhecer contradições entre a relevância da produção agropecuária brasileira e a ocorrência de desnutrição no Brasil, identificando suas causas.
- Compreender o conceito de insegurança alimentar e propor iniciativas para extingui-la no Brasil.

INVESTIGAR

- Verificar, por meio de análise documental, estereótipos sobre as regiões brasileiras em diferentes mídias.

LEITURA DA IMAGEM

1. Descreva os elementos presentes na foto. Eles têm origem natural ou antrópica?
2. Como essa foto se relaciona com a insegurança alimentar vivida por parte da população do Brasil?

CIDADANIA GLOBAL

2 FOME ZERO E AGRICULTURA SUSTENTÁVEL

Os estados da Região Centro-Oeste estão entre os principais produtores de grãos do país. Por essa razão, a região já foi chamada de celeiro do Brasil. No entanto, parte da população brasileira ainda enfrenta situações de insegurança alimentar, ou seja, não tem garantia de que terá alimentos saudáveis e suficientes para fazer todas as refeições.

1. Em sua opinião, quais iniciativas devem ser tomadas pelo poder público para garantir que a população obtenha alimentos?
2. Como os empresários do setor agrícola dos estados do Centro-Oeste poderiam contribuir para evitar a insegurança alimentar no Brasil?
3. Em grupo, discutam a questão a seguir: O conhecimento científico pode promover, simultaneamente, a ampliação da produção agropecuária e a contenção de seus impactos ambientais? Justifiquem a resposta.

Nesta unidade, você e os colegas terão a oportunidade de sugerir soluções para a questão alimentar no Brasil por meio de uma campanha de conscientização, a ser criada na seção final *Cidadania global*.

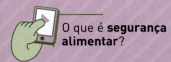

O que é **segurança alimentar**?

Vista aérea de plantação de soja (área em tons de verde) e de campo após a colheita (área em tons de marrom) em Campo Novo do Parecis (MT). Foto de 2021.

227

CAPÍTULO 1
REGIÃO CENTRO-OESTE: CARACTERÍSTICAS FÍSICAS

PARA COMEÇAR

O que você sabe a respeito das paisagens naturais da Região Centro-Oeste? Que tipo de clima predomina nessa região?

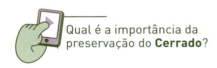

Qual é a importância da preservação do **Cerrado**?

ASPECTOS NATURAIS

A Região Centro-Oeste é formada pelos estados de Mato Grosso, Mato Grosso do Sul e Goiás, além do Distrito Federal (veja o mapa da próxima página). A seguir, você conhecerá algumas características físicas dessa região.

VEGETAÇÃO

A vegetação predominante na Região Centro-Oeste é a do **Cerrado**, que se caracteriza pela presença de árvores e arbustos e vegetação herbácea. Nos períodos de estiagem, que, dependendo da região, duram de dois a cinco meses, a umidade relativa do ar é muito baixa, o que provoca as **queimadas naturais** (em geral, causadas por raios). A vegetação, adaptada para resistir ao fogo, não morre: com as primeiras chuvas, volta a brotar. Entretanto, as queimadas causadas pela ação humana têm colocado em risco a preservação do Cerrado.

▼ Vista da cachoeira Santa Helena e vegetação de Cerrado em Caiapônia (GO). Foto de 2021.

Pantanal e outras formações vegetais

O Pantanal é uma extensa planície, com mais de 150 mil quilômetros quadrados, inundada pelas águas do rio Paraguai e seus afluentes durante a estação das chuvas. Ela se estende por parte do território de Mato Grosso e Mato Grosso do Sul e também pelo Paraguai e pela Bolívia. Trata-se da maior área alagada contínua do mundo, extremamente rica em **biodiversidade**, reunindo variadas formações vegetais e espécies de animais.

Na estação seca, as águas escoam e, em seu lugar, ressurge a vegetação de **campos**, que os fazendeiros da região usam como pasto para o gado.

▲ Animais silvestres em área do Pantanal, em Miranda (MS). Foto de 2022.

O Pantanal é considerado Patrimônio Natural da Humanidade e Reserva da Biosfera pela Organização das Nações Unidas para a Educação, a Ciência e a Cultura (Unesco).

No entanto, a ocupação econômica da região tem causado uma série de **problemas ambientais**. Atividades como o garimpo de ouro e de diamantes praticado nas nascentes dos rios, a agropecuária e a caça e a pesca predatórias têm provocado grande impacto sobre esse bioma.

A Região Centro-Oeste também apresenta trechos recobertos pela **floresta Amazônica** e pela **Mata Atlântica**, como você pode observar no mapa a seguir.

■ Região Centro-Oeste: Vegetação nativa

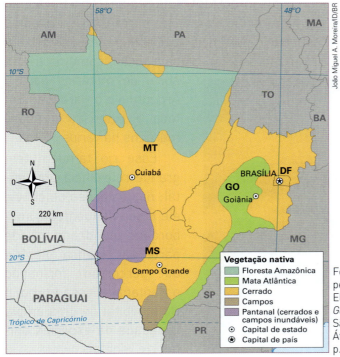

Fonte de pesquisa: Maria Elena Simielli. *Geoatlas*. 35. ed. São Paulo: Ática, 2019. p. 120.

CIDADANIA GLOBAL

O SOLO DO CERRADO

A área recoberta pelo Cerrado era considerada imprópria para a agricultura devido à acidez de seu solo. A partir da década de 1970, agrônomos passaram a usar compostos químicos para alterar essa acidez e tornar o solo agricultável. Em pouco tempo, vastas extensões do Cerrado foram ocupadas por lavouras de soja e de arroz, entre outras culturas, desmatando grande parte da vegetação nativa.

1. Procure informações em revistas, jornais ou artigos científicos para identificar quanto da área originalmente ocupada pelo Cerrado foi desmatada até os dias atuais.

2. De acordo com pesquisadores, atualmente não há mais necessidade de desmatar para a instalação de cultivos ou pastos, pois as áreas já desmatadas poderiam suprir o mercado caso a terra fosse usada de forma eficiente. Organizem-se em grupos e discutam: Como ampliar a produção agropecuária sem ocupar áreas cobertas por vegetação nativa?

CLIMA

O clima predominante na Região Centro-Oeste é o **tropical**, que se caracteriza por apresentar altas temperaturas médias e duas estações bem definidas: verões chuvosos e invernos secos.

Outro tipo de clima que ocorre na região, em grande parte do território do Mato Grosso, é o **equatorial**, caracterizado por chuvas abundantes e temperaturas altas.

Há também o clima **subtropical** e o **tropical de altitude**, ao sul do Mato Grosso do Sul, com temperaturas mais amenas em relação aos demais tipos de clima da região. O clima subtropical apresenta maior variação térmica anual que o tropical de altitude.

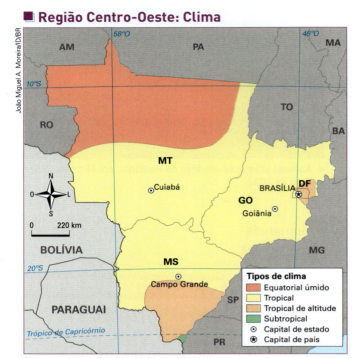

■ Região Centro-Oeste: Clima

Fonte de pesquisa: Maria Elena Simielli. *Geoatlas*. 35. ed. São Paulo: Ática, 2019. p. 118.

RELEVO E HIDROGRAFIA

Na Região Centro-Oeste predominam terrenos de até 500 metros de altitude. As áreas mais altas, que ultrapassam 1 000 metros de altitude, são encontradas na porção leste da região, no estado de Goiás. O relevo é marcado pela presença de **planaltos** e **chapadas**, além dos terrenos baixos que formam a **planície do Pantanal**.

O Centro-Oeste também caracteriza-se pela existência de grandes rios, como o **Araguaia** e o **Paraguai**, que têm as bacias hidrográficas mais importantes da região. O rio Paraguai, cujas águas fluem na região fronteiriça entre Brasil, Paraguai e Bolívia, tem enorme importância socioeconômica. Por ser um rio de planície, é muito usado para navegação, como no transporte de minérios para a Argentina e o Paraguai. Em toda a extensão de suas margens há vários portos.

Esse rio também tem grande relevância ambiental: nas estações de chuva, ele e seus afluentes transbordam, inundando grande parte da extensa planície que percorrem, formando o Pantanal. Dessa forma, o rio é hábitat de uma ampla variedade de espécies animais e vegetais.

▼ O Centro-Oeste não tem litoral, mas há uma saída para o mar pelo rio Paraguai, que se liga ao rio Paraná, que, por sua vez, deságua no rio da Prata, cuja foz atinge o oceano Atlântico. Na foto, embarcação navegando no rio Paraguai e áreas alagadas ao fundo, em Poconé (MT). Foto de 2022.

ATIVIDADES

Acompanhamento da aprendizagem

Retomar e compreender

1. Observe novamente a foto da página 228 e caracterize a vegetação do Cerrado. Explique como as áreas cobertas por essa vegetação tornaram-se próprias para a produção agrícola.

2. O Pantanal abriga mais espécies de aves que a América do Norte e mais espécies de peixes que todos os rios da Europa. Por apresentar fauna rica e diversificada, clima tropical e abundância de água, tornou-se um dos mais procurados destinos turísticos do Brasil. Sobre isso, responda às questões.
   a) Qual é a relação entre o rio Paraguai e o Pantanal?
   b) Que fatores estão ameaçando o Pantanal?

3. Durante a estação seca, como os fazendeiros exploram a área do Pantanal?

4. Observe o mapa *Região Centro-Oeste: Clima*, na página anterior. Qual é o tipo de clima que ocorre em todos os estados dessa região? Caracterize-o.

5. Qual é a importância do rio Paraguai para o Centro-Oeste brasileiro?

Aplicar

6. Leia o texto a seguir. Depois, observe o mapa e o climograma para responder às questões.

> Durante o período das chuvas, as paisagens do Pantanal se transformam, os rios sobem e suas águas se espalham para as áreas adjacentes em lâminas rasas. Extensas áreas alagadas se formam, e muitos animais buscam lugares mais altos para fugir da inundação.
>
> A população pantaneira também é obrigada a alterar seu cotidiano. Os pecuaristas, por exemplo, que no período seco são favorecidos pelos campos naturais, nas cheias precisam levar o gado às partes mais altas do relevo, para não perder os animais.
>
> Texto para fins didáticos.

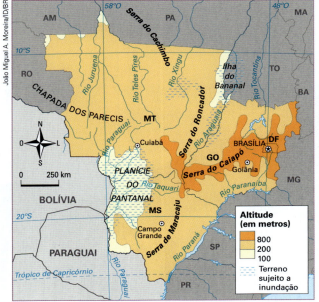

Região Centro-Oeste: Físico e político (2022)

Fontes de pesquisa: Maria Elena Simielli. *Geoatlas*. 35. ed. São Paulo: Ática, 2019. p. 88, 90.; IBGE Países. Disponível em: https://paises.ibge.gov.br/#/. Acesso em: 5 jun. 2023.

Campo Grande (MS): Climograma

Fonte de pesquisa: Inpe/CPTEC. Disponível em: http://clima1.cptec.inpe.br/monitoramentobrasil/pt. Acesso em: 10 fev. 2023.

a) Em que período ocorrem as cheias no Pantanal?

b) De que modo as características do clima e do relevo do Pantanal determinam a ocorrência de cheias?

c) Como a alternância de estações na região do Pantanal interfere na atividade pecuária?

231

CAPÍTULO 2
REGIÃO CENTRO-OESTE: OCUPAÇÃO E POPULAÇÃO

PARA COMEÇAR

Você sabe como foi formada a população que habita a Região Centro-Oeste? Que importância teve Brasília na ocupação dessa região?

MINERAÇÃO

No século XVIII, durante as expedições dos bandeirantes pelo interior da Colônia, foram encontradas **jazidas de ouro** não só em Minas Gerais, no Sudeste, mas também em Mato Grosso e Goiás. Essa descoberta atraiu milhares de pessoas à Região Centro-Oeste, especialmente para Cuiabá (MT) e Vila Boa, atual cidade de Goiás (GO).

Muitos outros brasileiros do Sul, do Sudeste e do Nordeste dedicaram-se ao transporte do gado para as fazendas que foram abertas, em uma atividade econômica paralela à da mineração, aumentando assim a ocupação do Centro-Oeste.

Até meados do século XX, no entanto, a região permaneceu pouco povoada e sem grande articulação com o restante do país, apesar de ser habitada por populações indígenas da região. Isso só começou a mudar na década de 1940, quando o governo brasileiro implantou uma política de ocupação das regiões Centro-Oeste e Norte, como será estudado nas páginas seguintes.

▼ A cidade de Goiás (GO) ainda preserva muitas construções do período colonial. Ela foi declarada Patrimônio Cultural da Humanidade pela Unesco. Museu Casa de Cora Coralina. Foto de 2022.

MARCHA PARA O OESTE

Em 1940, o governo de Getúlio Vargas lançou a Marcha para o Oeste, um programa que visava intensificar a **ocupação** das regiões Centro-Oeste e Norte. O governo preocupava-se com a concentração do povoamento nas áreas litorâneas e com a falta de integração da rede urbana nacional. Considerava-se que existia um "vazio demográfico" no interior do país, apesar de viverem ali numerosos povos indígenas.

Esse programa incentivou, então, a ocupação do Centro-Oeste, ampliando os **povoados** e as **cidades** já existentes, e criando novos municípios. Nesse sentido, de 1943 até o fim da década, foi realizada a **Expedição Roncador-Xingu**, o principal empreendimento da Marcha para o Oeste. Essa expedição foi responsável pela abertura de mais de 1 500 quilômetros de trilhas no interior do território brasileiro e pela criação de dezenas de núcleos de povoamento.

Uma das estratégias adotadas para a ocupação do Centro-Oeste foi dar início à exploração dos **recursos naturais** dessa região, como ocorreu nas terras próximas ao rio Araguaia, consideradas propícias para a **criação de gado**. Havia a expectativa de que a urbanização fosse planejada, assegurando o controle da expansão para o interior e garantindo qualidade de vida para os que lá se estabelecessem. A principal consequência desse programa foi que as **populações indígenas** perderam suas terras para a ocupação empreendida pelo governo federal. Além disso, houve **desmatamento** considerável da cobertura vegetal, comprometendo a flora e a fauna.

PARA EXPLORAR

Xingu. Direção: Cao Hamburger. Brasil, 2011 (102 min).
Na década de 1940, os irmãos Cláudio, Leonardo e Orlando Villas-Bôas decidem se alistar na Expedição Roncador-Xingu e desbravar o Centro-Oeste brasileiro. Eles entram em contato com povos indígenas, encantam-se com suas culturas e, então, passam a defendê-las.

PARQUE INDÍGENA DO XINGU

Em 1961, por iniciativa dos irmãos e exploradores Cláudio, Leonardo e Orlando Villas-Bôas, que participaram ativamente da Expedição Roncador-Xingu, foi criado o Parque Indígena do Xingu, localizado no nordeste do estado de Mato Grosso. Essa reserva indígena, que ocupa uma área de aproximadamente 30 mil quilômetros quadrados e é uma das maiores e mais importantes do país, foi criada com o intuito de proteger as 16 etnias indígenas que vivem naquela área e de preservar sua cultura. Atualmente, o entorno do parque vem sofrendo com o avanço do pasto das monoculturas.

▲ Cláudio Villas-Bôas (à esquerda) e Orlando Villas-Bôas, à direita, em companhia de indígenas no Parque Indígena do Xingu (MT). Foto de 1974.

Brasília: Plano piloto

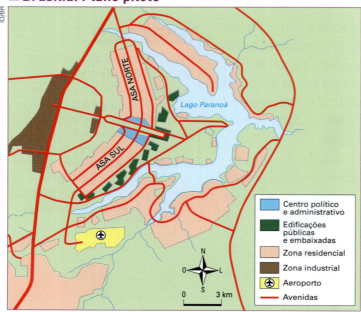

Fontes de pesquisa: Jacques Charlier (dir.). *Atlas du 21ᵉ siècle*: nouvelle édition 2012. Paris: Nathan, 2011. p. 156; Governo do Distrito Federal. Administração Regional do Plano Piloto. Disponível em: https://www.planopiloto.df.gov.br/category/sobre-a-ra/conheca-a-ra/. Acesso em: 27 fev. 2023.

 Brasília é uma cidade planejada. Você sabe como foi o processo de escolha do projeto da capital federal? Houve outros projetos?

PARA EXPLORAR

Flor do Cerrado: Brasília, de Ana Miranda. São Paulo: Companhia das Letrinhas.

O livro conta a história da construção de Brasília sob o olhar de uma criança: a própria autora. Ana Miranda tinha oito anos quando Brasília foi inaugurada, e seu pai foi um dos engenheiros que trabalhou na construção da capital.

CONSTRUÇÃO DE BRASÍLIA

O **povoamento** do Centro-Oeste se deu efetivamente com a construção de Brasília e a transferência da capital do país para essa **cidade planejada**. De acordo com a visão desenvolvimentista do governo à época, a nova capital deveria integrar o Centro-Oeste brasileiro, atraindo milhares de trabalhadores para sua construção e, posteriormente, uma grande quantidade de funcionários públicos.

Brasília começou a ser construída em 1957 e foi inaugurada em 1960, durante o governo de **Juscelino Kubitschek**. Nos primeiros anos de seu funcionamento como capital, várias atividades ligadas ao governo federal permaneceram no Rio de Janeiro. Somente durante o governo militar, entre 1964 e 1985, foi que a cidade se consolidou como capital administrativa do Brasil. Em 1970, Brasília ultrapassou 500 mil habitantes, número para o qual foi planejada. Atualmente, mais de 3 milhões de pessoas vivem nela.

Projetada pelo urbanista Lúcio Costa e pelo arquiteto Oscar Niemeyer, a cidade tem o formato de um avião e é rodeada por vários centros urbanos chamados de **cidades-satélites**, como Taguatinga, Ceilândia e Guará. Essas cidades são, na verdade, áreas periféricas do Distrito Federal que abrigam grande parte dos trabalhadores que construíram Brasília.

▲ Edifícios do Congresso Nacional em construção, Brasília (DF). Foto de cerca de 1958.

POPULAÇÃO E URBANIZAÇÃO

A Região Centro-Oeste tem sido uma das mais dinâmicas do país em relação à urbanização. O desenvolvimento econômico atual tem transformado essa região em um importante **polo de atração populacional**. Em grande parte ligadas ao agronegócio, algumas cidades têm recebido migrantes de várias outras regiões do Brasil. No entanto, a região ainda é a **menos populosa** do país.

Muitas cidades estão localizadas nas áreas de expansão da fronteira agrícola e tiveram rápido crescimento nos últimos anos, como Sinop, Alta Floresta e Sorriso, no estado de Mato Grosso.

O aumento da população urbana também está relacionado aos processos de concentração fundiária e de modernização da agricultura, que levam muitas pessoas a migrar para as cidades devido à diminuição de postos de trabalho no campo.

As principais cidades do Centro-Oeste foram **planejadas**, como Goiânia e Brasília, e exercem uma **função polarizadora**, ou seja, têm capacidade de influenciar o comércio regional e desempenham importante papel na disponibilidade dos serviços urbanos. Outras cidades de destaque são Corumbá (MS), Campo Grande (MS) e Cuiabá (MT). As duas últimas são capitais de seus estados e também se notabilizam como centros comerciais e administrativos da região.

POPULAÇÕES TRADICIONAIS

Como vimos, o incentivo governamental para a ocupação da Região Centro-Oeste resultou na multiplicação dos núcleos de povoamento na região. Com isso, as terras onde viviam muitos **indígenas** foram ocupadas e até hoje esses povos sofrem com as invasões de agricultores e pecuaristas. Estimativas do IBGE de 2021 indicam que o Centro-Oeste é a região com a terceira maior população indígena do Brasil.

Das diversas matrizes culturais presentes no Centro-Oeste – indígenas, africanos e europeus –, formaram-se outros povos e comunidades tradicionais que vivem na região. Entre eles, destacam-se os **pantaneiros**, cujo modo de vida está ligado às atividades agropecuárias desenvolvidas no Pantanal e às tradições passadas de geração a geração.

Recentemente, vários povos e comunidades tradicionais que vivem no Cerrado (indígenas, quilombolas, sertanejos, ribeirinhos, entre outros) têm-se unido para lutar por seus direitos e resistir ao avanço do agronegócio.

▼ O Acampamento Terra Livre (ATL) é um evento anual, que reúne povos indígenas de todo o Brasil e tem como objetivo promover a visibilidade e a valorização das demandas desses povos, sendo um importante espaço de resistência e mobilização política. Na foto, indígenas participam de Acampamento Terra Livre, em Brasília (DF), 2022.

ATIVIDADES

Retomar e compreender

1. Como a mineração influenciou o povoamento e a ocupação da Região Centro-Oeste?
2. Como se deu a ocupação mais recente da Região Centro-Oeste?
3. Por que cidades como Guará e Ceilândia são consideradas cidades-satélites de Brasília?
4. O que significa dizer que Brasília e Goiânia têm função polarizadora?

Aplicar

5. Leia o texto e responda às questões.

> [...] Quando JK [Juscelino Kubitschek] tomou posse, o país já havia assistido esforços de ocupar o interior do território nacional. Ainda no começo do século XX, o marechal Cândido Rondon desbravou o Oeste brasileiro. Rondon levou a cabo a tarefa de implantar telégrafos ligando os estados de Mato Grosso, Amazonas e Acre ao restante do país. [...]
>
> A conquista do Brasil continuou na década de 1940. Getúlio Vargas criou a "Marcha para o Oeste", a fim de incentivar a ocupação do Centro-Oeste. A Expedição Roncador-Xingu foi planejada para conquistar e desbravar o coração do Brasil. Iniciada em 1943 e liderada pelos irmãos Villas-Bôas, a expedição adentrou o Brasil central, chegando até a Amazônia, travando contato com diversas etnias indígenas ainda desconhecidas.
>
> Naquele momento [...] a grande maioria dos 43 milhões de brasileiros se concentrava no litoral ou próximo dele. A construção de Brasília não foi uma invenção súbita de JK, mas sim parte de um movimento histórico secular. [...] Até meados do século XX, o Brasil ainda era um "arquipélago", pois sequer havia estradas que conectassem as diferentes regiões do país. A Belém-Brasília, iniciada apenas nos anos 1950, foi a primeira rodovia entre a Amazônia e o restante do país. [...]
>
> Alberto Luiz Schneider. Brasília, 50 anos: um sonho no centro do Brasil. História Viva (São Paulo), v.1, p. 62-73, 2010.

a) Destaque as iniciativas de integração do interior ao restante do país.

b) Qual foi a importância da instalação de telégrafos, ligando estados do Norte e do Centro-Oeste ao restante do país?

c) O texto destaca os esforços para promover o povoamento e a integração do Centro-Oeste ao restante do país. Escreva um texto sobre as consequências desse processo para os povos indígenas que viviam nessa região.

6. Analise a imagem e responda às questões.

▲ Cartaz do programa Marcha para o Oeste, durante o regime ditatorial conhecido como Estado Novo (1937-1945). Na imagem é possível observar o então presidente Getúlio Vargas.

a) O que a imagem mostra?

b) Quais transformações espaciais na Região Centro-Oeste podem ser atribuídas ao programa representado na imagem?

c) É possível afirmar que o movimento populacional representado na imagem ocorre atualmente? Justifique.

CONTEXTO
DIVERSIDADE

Povos das águas do Cerrado

O Cerrado tem sido desmatado para a prática da agropecuária. Diversos povos tradicionais lutam pela sua preservação, pois dependem dele para viver e manter seu modo de vida. Saiba mais a respeito de alguns desses povos no texto a seguir.

Como o Cerrado é o berço das águas, todos os povos do Cerrado constroem uma relação íntima com as águas desse imenso domínio [...] paisagístico. [...] As comunidades tradicionais vazanteiras, retireiras, pantaneiras e de pescadores artesanais habitam as ilhas e beira de rios que nascem no Cerrado, como o São Francisco, o Araguaia, o Tocantins e o Paraguai.

Os nomes variam a depender do lugar, mas há muito de comum, como o fato de que, a partir do saber tradicional, herdado e acumulado ao longo de gerações observando e convivendo com a cheia e a vazante dos rios, as comunidades tradicionais e os povos indígenas de diversas regiões do Cerrado têm nas águas parte integral de seu território. É ali, no movimento dos rios, que esses povos e comunidades obtêm seus alimentos e sustento por meio da pesca dos peixes que a cheia traz, da roça de sequeiro [áreas que não alagam], lameiro ou vazante e, no caso das comunidades retireiras do Araguaia, o pastoreio do gado "na larga" [pecuária extensiva]. No Pantanal, [...] encontramos também as comunidades tradicionais pantaneiras.

Esses povos e comunidades enfrentam a apropriação, contaminação, exaustão, assoreamento e barramento dos rios e águas; e se organizam em várias articulações e movimentos a depender da região de origem para lutar pelos seus direitos e fazer frente às ameaças a seus territórios.

Pescadores artesanais, vazanteiros, retireiros e pantaneiros. *Le Monde Diplomatique Brasil*, 17 set. 2020. Disponível em: https://diplomatique.org.br/pescadores-artesanais-vazanteiros-retireiros-e-pantaneiros/. Acesso em: 2 jun. 2023.

▲ Pantaneiros em Corumbá (MS). Foto de 2021.

Para refletir

1. Quais são os principais problemas enfrentados pelos povos das águas do Cerrado?
2. Reúna-se com um colega para escolher um dos povos das águas do Cerrado citados no texto. Busquem informações sobre o modo de vida das pessoas desse grupo, suas atividades diárias e manifestações culturais. Em seguida, elaborem um cartaz para mostrar a relação desse povo com o local em que vivem.

CAPÍTULO 3
REGIÃO CENTRO-OESTE: ECONOMIA

PARA COMEÇAR

Que relação há entre a construção de rodovias e a instalação de meios de comunicação e a integração da Região Centro-Oeste às outras regiões do Brasil? O que você sabe a respeito da economia do Centro-Oeste?

ATIVIDADES TRADICIONAIS

Entre as atividades tradicionais da Região Centro-Oeste, podemos destacar as que tiveram maior importância em sua ocupação: a **mineração**, a **pecuária** e o **extrativismo de erva-mate**.

A consolidação da atividade mineradora no Centro-Oeste, ocorrida no século XVIII, ganhou força com o declínio da produção aurífera em Minas Gerais.

A pecuária iniciou-se na região como atividade complementar à mineração. A criação de gado bovino visava abastecer a população que se dedicava à exploração de ouro e de pedras preciosas. Ao longo do tempo, a pecuária desenvolveu-se nos estados da região, firmando-se ali como importante atividade econômica.

O extrativismo de erva-mate foi uma das primeiras atividades econômicas do atual Mato Grosso do Sul. A atividade era monopolizada pela Companhia Matte Larangeira, que, no fim do século XIX, levou famílias de colonos para a área. No entanto, boa parte da mão de obra da empresa era composta de indígenas da região, que trabalhavam em condições semelhantes às da escravidão.

▼ Em 2020, o Mato Grosso do Sul foi o quarto maior produtor de erva-mate extrativa no Brasil. Nesta foto, do início do século XX, trabalhadores da Companhia Matte Larangeira, no atual estado de Mato Grosso do Sul.

INTEGRAÇÃO ECONÔMICA

Para entender a integração econômica do Centro-Oeste, é importante verificar que há nessa região áreas com predomínio de diferentes atividades econômicas.

No antigo estado de Mato Grosso, antes de sua divisão em Mato Grosso e Mato Grosso do Sul, havia um isolamento entre o norte e o sul do seu território.

A mineração era a principal atividade econômica do norte (atual estado de Mato Grosso), enquanto o sul (atual Mato Grosso do Sul) desenvolvia o extrativismo (madeira e erva-mate) e a pecuária extensiva.

▲ Inauguração de trecho da ferrovia Noroeste do Brasil em Miranda, município do atual Mato Grosso do Sul. Cartão-postal de cerca de 1910.

A construção da **ferrovia Noroeste do Brasil**, no início do século XX, ligando Bauru (SP) a Corumbá (MS), integrou a região ao mercado paulista, transformando o sul mato-grossense em uma extensão da pecuária paulista e consolidando importantes núcleos urbanos, como Dourados e Campo Grande.

O norte do antigo estado de Mato Grosso teve pouca importância econômica após a decadência da mineração; somente a pecuária extensiva e a agricultura de subsistência se mantiveram. Hoje, a economia do atual estado de Mato Grosso se desenvolve de maneira mais vigorosa.

O norte de Goiás sempre foi uma região mais integrada às regiões Nordeste e Norte do país. Com a divisão de Goiás, em 1988, foi criado um novo estado, o Tocantins, que passou a pertencer à Região Norte.

O sul de Goiás, mais ligado ao Triângulo Mineiro e a São Paulo, tornou-se um prolongamento das atividades agropecuárias dessas regiões.

PAPEL DE BRASÍLIA

A construção de Brasília deu grande impulso econômico à região. Sua posição geográfica justificou uma série de investimentos em **eletrificação**, **telecomunicações** e, principalmente, **rodovias**, que promoveram a integração dentro da própria região e dela ao restante do país.

Com as rodovias, acelerou-se o processo migratório nas décadas de 1950 e 1960, elevando o crescimento populacional na região. Esse crescimento contribuiu para a maior diversificação dos núcleos urbanos comerciais.

Tais fatores foram fundamentais para a modernização da agricultura na década de 1970, processo responsável pela **expansão das fronteiras agrícolas**.

CIDADANIA GLOBAL

FRONTEIRA AGRÍCOLA

O aumento da produção agropecuária no Centro-Oeste ao longo do século XX esteve diretamente ligado ao objetivo do Estado brasileiro de promover a integração regional no país. A partir da década de 1960, a pecuária e a soja tiveram destaque no processo de avanço da fronteira agrícola a partir do Sul e do Sudeste em direção à Região Norte. Atualmente, a fronteira agrícola segue avançando sobre a Amazônia e o Cerrado.

Segundo levantamento feito pelo MapBiomas, a área destinada à agricultura quase triplicou no Brasil entre 1985 e 2020. De toda a área mapeada onde se identificou a atividade agrícola, a soja ocupou 65% da área cultivada. Cerca de metade da produção desse grão é realizada no Cerrado, sendo o Mato Grosso o principal produtor.

1. Busque informações e imagens das lavouras de soja na Região Centro-Oeste. Analise as condições de produção quanto à extensão dos cultivos, o emprego de mão de obra humana, a mecanização das etapas produtivas, o escoamento e o destino da produção. Escreva um texto com o resultado dessa busca.

ATUAL DINÂMICA ECONÔMICA

A Região Centro-Oeste destaca-se, tradicionalmente, pelas atividades primárias, principalmente pelo setor agropecuário. Nos últimos anos, entretanto, a região vem apresentando crescimento dos setores industrial e de serviços.

AGROPECUÁRIA

A pecuária ganhou importância no Centro-Oeste após o esgotamento das minas: com a redução da extração mineral, o sustento dos povoados da região gradualmente deslocou-se para a pecuária, que se tornou, assim, uma atividade tradicional do Centro-Oeste. Bem difundida e praticada de forma **extensiva**, a criação de gado é ainda hoje uma atividade em expansão, responsável por significativa parcela do PIB dos estados da região e pela abertura da fronteira agrícola, com a derrubada de matas para o plantio de pastagens.

Em 2020, segundo o IBGE, a Região Centro-Oeste tinha o maior rebanho bovino do Brasil, com mais de 75 milhões de cabeças. Gado em Nova Guarita (MT). Foto de 2021.

Na agricultura, podemos destacar duas grandes frentes de produção: a de *commodities*, como a **soja**, que ocupa grandes áreas, utiliza **alta tecnologia** e é fundamentalmente voltada à **exportação**, e a de alimentos, como o arroz, o feijão e a mandioca, destinada ao consumo **interno** e estruturada em **pequenas propriedades**, com grande importância na geração de renda a muitas famílias.

O PAPEL DO ESTADO

O Estado foi fundamental na modernização da agricultura ao promover políticas de financiamento, compra da produção, assistência técnica e pesquisa científica.

Na pesquisa científica, destaca-se a Empresa Brasileira de Pesquisa Agropecuária (Embrapa), instituição do governo federal que, entre outras atividades, desenvolveu espécies de soja que se adaptam melhor às condições geográficas do Cerrado.

Como a modernização da agricultura priorizou as culturas para exportação, elas ocuparam áreas onde havia culturas tradicionais.

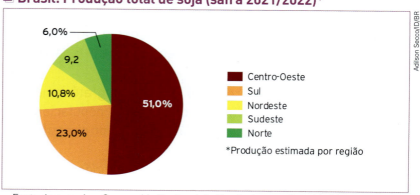

■ Brasil: Produção total de soja (safra 2021/2022)*

- Centro-Oeste: 51,0%
- Sul: 23,0%
- Nordeste: 10,8%
- Sudeste: 9,2%
- Norte: 6,0%

*Produção estimada por região

Fonte de pesquisa: Companhia Nacional de Abastecimento (Conab). *Série histórica das safras*. Brasília: Conab, 2022. Disponível em: https://www.conab.gov.br/info-agro/safras/serie-historica-das-safras?start=30. Acesso em: 23 fev. 2023.

INDÚSTRIA E SERVIÇOS

O Centro-Oeste é a região menos industrializada do país, mas nela merecem destaque as agroindústrias de alimentos (como os frigoríficos de bovinos e de aves e as indústrias de processamento de soja, de arroz e de milho), as usinas de açúcar e etanol e o processamento de madeira. Também se evidenciam o setor têxtil, em Goiás, e o ramo da mineração, nos estados de Mato Grosso e Mato Grosso do Sul.

Nas últimas décadas, houve intenso desenvolvimento dos serviços ligados à **modernização agrícola**, como o comércio de tratores, de implementos agrícolas e de agrotóxicos, assim como a prestação de serviços de medição e demarcação de terras, de assistência técnica e veterinária, entre outros. Os bancos, em grande parte ligados ao financiamento da produção agropecuária, também tiveram papel importante no crescimento do setor de serviços na região.

TURISMO

No Centro-Oeste brasileiro, o turismo é uma atividade econômica relevante, sobretudo o **ecoturismo**.

O **Pantanal**, por exemplo, com sua rica biodiversidade e belezas naturais, tornou-se uma área atrativa para pessoas que buscam maior contato com a natureza por meio do ecoturismo, que é uma importante fonte de renda para a região. O município de Bonito, no Pantanal sul-mato-grossense, é um dos principais polos dessa modalidade turística no Brasil.

O ecoturismo no Centro-Oeste também atrai um número crescente de visitantes a locais como o **Parque Nacional da Chapada dos Veadeiros**, no norte de Goiás. Esse parque, localizado em uma área planáltica, é coberto pela vegetação de Cerrado e conhecido por suas belas paisagens naturais, com inúmeras cachoeiras.

CIDADANIA GLOBAL

INSUMOS AGRÍCOLAS E IMPACTOS AMBIENTAIS

O modelo de modernização da agricultura adotado no Brasil resultou no aumento do uso de agrotóxicos e fertilizantes. Levados pelas águas das chuvas, eles escoam pelos rios ou se infiltram no solo, causando a poluição dos recursos hídricos.

1. Em grupos, busquem na internet atividades agropecuárias que sejam ambientalmente sustentáveis e nas quais as relações de trabalho sejam justas e respeitosas. Escolham uma delas e listem os processos e as ações introduzidos ou modificados na cadeia produtiva ou nas relações de trabalho dessa iniciativa que garantem que ela seja sustentável. Apresentem à turma o resultado da investigação.

As belezas naturais encontradas nos estados do Centro-Oeste impulsionam o **ecoturismo** na região. Quais são os principais destinos desse tipo de turismo na região?

◂ Turista contemplando a cachoeira Saltos do Rio Preto a partir do Mirante da Janela, no Parque Nacional da Chapada dos Veadeiros. Alto Paraíso de Goiás (GO). Foto de 2021.

ATIVIDADES

Acompanhamento da aprendizagem

Retomar e compreender

1. Para a Região Centro-Oeste, qual foi a importância da construção, no início do século XX, da ferrovia que ligava Bauru, em São Paulo, a Corumbá, no Mato Grosso do Sul?

2. Explique, citando exemplos, como a construção de Brasília contribuiu para integrar a Região Centro-Oeste às demais regiões do Brasil.

3. Observe o gráfico e responda às questões.

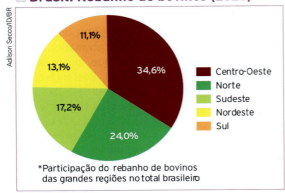

Brasil: Rebanho de bovinos (2020)*

- Centro-Oeste: 34,6%
- Norte: 24,0%
- Sudeste: 17,2%
- Nordeste: 13,1%
- Sul: 11,1%

*Participação do rebanho de bovinos das grandes regiões no total brasileiro

Fonte de pesquisa: IBGE. Sidra. Pesquisa da Pecuária Municipal (PPM): 2020. Disponível em: https://sidra.ibge.gov.br/tabela/3939. Acesso em: 2 jun. 2023.

a) Qual é a participação da Região Centro-Oeste na composição do rebanho nacional?

b) Como a pecuária bovina começou a ser praticada nessa região?

c) De modo geral, como se caracteriza essa atividade na Região Centro-Oeste atualmente?

4. Considerando que as atividades agrícolas realizadas no Centro-Oeste vêm sendo modernizadas, como tem evoluído o setor terciário representado pelo comércio e pelos serviços?

Aplicar

5. Observe a foto a seguir e, depois, responda à questão.

◀ Colheita mecanizada de soja em Chapada dos Guimarães (MT). Foto de 2022.

- Explique como a atividade mostrada nessa foto está relacionada com a parcela da produção agrícola do Centro-Oeste voltada à exportação.

GEOGRAFIA DINÂMICA

Segurança alimentar de povos indígenas

A história do Brasil é marcada pelo desrespeito, pela injustiça e pela violência contra os indígenas. A pandemia de covid-19 agravou a vulnerabilidade social e aumentou a insegurança alimentar desses povos. Saiba mais a respeito do assunto no texto a seguir.

Indígena da etnia kisêdjê lavando massa de mandioca para o preparo de farinha em Querência (MT). Foto de 2021.

O bem-estar dos povos indígenas e comunidades tradicionais está diretamente relacionado à proteção e conservação dos recursos naturais de seus territórios. Quando as comunidades têm seus direitos fundamentais e saúde ameaçados, há um impacto direto no meio ambiente, trazendo prejuízos para todos.

Por isso, a TNC [The Nature Conservancy] e a Federação dos Povos e Organizações Indígenas de Mato Grosso (FEPOIMT) apresentaram um projeto ao Programa de Mudanças Climáticas do Mato Grosso [...] para enfrentar um dos principais impactos da COVID-19 nesses territórios: a insegurança alimentar.

A iniciativa busca fortalecer o modelo de roças agrícolas tradicionais dos povos indígenas com a utilização de sementes crioulas, que são sementes passíveis de serem reservadas para as safras seguintes, fortalecendo os Xavante na soberania das suas sementes. Além disso, o projeto visa aumentar a capacidade de produção e estoque de alimentos no território Xavante, reduzindo a necessidade desses povos saírem de suas terras em um momento de risco sanitário para suas populações.

O trabalho é realizado em nove terras dos Povos Xavante e nas seis terras dos Povos Indígenas do Médio Araguaia (Tapirapé, Karajá, Kanela, Krenak e Maxacali) na região da bacia do Araguaia. [...]

Povos Indígenas buscam segurança alimentar durante a pandemia. *The Nature Conservancy*, 28 mar. 2022. Disponível em: https://www.tnc.org.br/conecte-se/comunicacao/noticias/povos-indigenas-seguranca-alimentar-pandemia/. Acesso em: 2 jun. 2023.

Em discussão

1. De acordo com o texto, qual é a relação entre a segurança alimentar dos povos indígenas e a proteção e conservação de recursos naturais e do meio ambiente?

2. **SABER SER** Reúna-se com um colega para refletir sobre outras maneiras de garantir a segurança alimentar de povos indígenas. Em seguida, sistematizem as informações em um texto.

REPRESENTAÇÕES

Comparação de mapas temáticos

Os mapas temáticos representam um fenômeno ou uma determinada característica. Esse fenômeno pode ser **econômico**, **social** ou **ambiental**.

Em um mapa temático, o leitor pode localizar o fenômeno e comparar as áreas analisadas. Ao observar mais de um mapa temático ao mesmo tempo, é possível estabelecer **comparações** entre eles.

Fonte de pesquisa: IBGE. Sidra. Pesquisa Nacional por Amostra de Domicílios Contínua Anual (Pnadc/a). Disponível em: https://sidra.ibge.gov.br/tabela/7113. Acesso em: 2 jun. 2023.

Leitura de mapas temáticos

Ao fazer a leitura de mapas temáticos, é importante ler a legenda para, depois, identificar os fenômenos que ocorrem em cada localidade. No mapa *Brasil: Alfabetização (2019)*, por exemplo, quanto mais escuro for o tom de verde, maior será o percentual de pessoas de 15 ou mais anos de idade alfabetizadas.

Em 2019, seis unidades da federação apresentavam os maiores percentuais de alfabetização no Brasil: os três estados da Região Sul (Paraná, Santa Catarina e Rio Grande do Sul), o Distrito Federal, o Rio de Janeiro e São Paulo.

Os estados que apresentavam percentuais de alfabetização abaixo de 90% foram: Acre, Alagoas, Bahia, Ceará, Maranhão, Paraíba, Pernambuco, Piauí, Sergipe e Rio Grande do Norte.

Observe o mapa *Brasil: Renda média mensal (2021)*, considerando as famílias brasileiras que vivem em domicílios particulares, ou seja, que têm moradias fixas em imóveis próprios ou alugados. Quanto mais escuro for o tom de laranja, maior será a renda média mensal.

Em 2021, o Distrito Federal aparecia com a maior renda média mensal do país, seguido dos estados de Rio de Janeiro, São Paulo, Santa Catarina e Rio Grande do Sul. As menores rendas médias mensais encontravam-se nos estados de Alagoas, Amazonas, Bahia, Ceará, Maranhão, Pará, Paraíba, Pernambuco, Piauí e Sergipe.

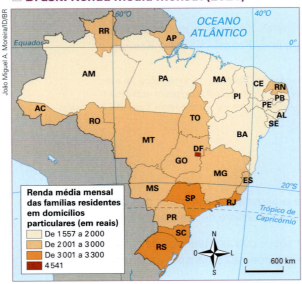

Fonte de pesquisa: IBGE. Sidra. Pesquisa Nacional por Amostra de Domicílios Contínua (Pnadc). Disponível em: https://sidra.ibge.gov.br/home/pnadct/brasil. Acesso em: 2 jun. 2023.

O mapa a seguir mostra a taxa de mortalidade infantil no Brasil, representada por estado. A taxa de mortalidade infantil indica quantas crianças morreram antes de completar um ano. Em geral, essa taxa representa o número de mortes por mil nascidos vivos.

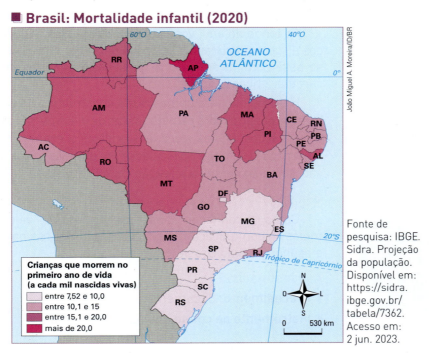

Brasil: Mortalidade infantil (2020)

Fonte de pesquisa: IBGE. Sidra. Projeção da população. Disponível em: https://sidra.ibge.gov.br/tabela/7362. Acesso em: 2 jun. 2023.

Em 2020, a maior taxa de mortalidade infantil do país foi registrada no estado do Amapá.

Comparação dos mapas

Comparando-se os três mapas, podemos fazer algumas constatações:
- de modo geral, os estados com os maiores índices de alfabetização apresentam também as maiores rendas médias familiares;
- é possível observar que, quanto maiores os indicadores de alfabetização e de renda, menor a mortalidade infantil;
- com algumas exceções, a mortalidade infantil tende a ser mais acentuada em estados com renda média familiar de até R$ 3 000,00.

Pratique

1. Ainda sobre os mapas desta seção, que outras constatações podem ser feitas com base nos dados apresentados? Converse com os colegas.

2. Analise as informações sobre os estados da Região Centro-Oeste apresentadas nos três mapas temáticos desta seção e escreva um texto curto comparando os dados analisados.

INVESTIGAR

Estereótipos sobre o Brasil e sua população

Para começar

Ao longo do ano, você aprendeu aspectos naturais, econômicos e sociais do Brasil. Você pôde perceber que as regiões do país se assemelham em alguns quesitos, mas também apresentam características próprias.

Nesse contexto, algumas vezes, constroem-se, equivocadamente, estereótipos sobre características de diferentes lugares, culturas e populações. Muitas vezes, essas ideias surgem por influência de informações e imagens veiculadas em diversos meios de comunicação, como a internet, a televisão, livros e revistas.

O problema

Como reconhecer ideias preconcebidas, veiculadas pelos meios de comunicação, sobre as características naturais, sociais e econômicas do Brasil?

A investigação

- **Procedimento:** documental.
- **Instrumento de coleta:** análise documental.

Material

- revistas, jornais, livros e computador com acesso à internet;
- cartolina e papel para anotações.

Procedimentos

Parte I – Planejamento e pesquisa

 Organizem-se em grupos. Cada grupo deve pesquisar e identificar exemplos de discursos que apresentam estereótipos (ou situações que induzam a um pensamento estereotipado) associados à população ou às características do Brasil e de suas regiões extraídos das mídias. Busquem notícias e artigos (em jornal, rádio, televisão, revistas, na internet), programas televisivos, da internet, filmes, etc. As situações identificadas devem se referir a paisagens, traços culturais ou a outros aspectos percebidos por vocês. Por exemplo, há diversas ideias preconceituosas e depreciativas sobre as populações indígenas brasileiras. Muitas pessoas desconhecem que os diversos grupos indígenas têm cultura e organização social diferentes. Caso tenham dúvidas, conversem com o professor. Vocês também podem consultar professores de outras áreas. O professor de Língua Portuguesa, por exemplo, poderá ajudá-los

---

estereótipo: ideia preconcebida sobre algo, baseada em generalizações que não correspondem à realidade.

DICA

- Para avaliar as informações veiculadas pelos meios de comunicação, utilize os conhecimentos que você adquiriu nas unidades anteriores sobre a formação do território e da população brasileira, as características naturais do país, as atividades econômicas desenvolvidas e os problemas sociais e ambientais.

246

na análise dos textos. Em muitos casos, será necessário inferir que as ideias apresentadas nos textos analisados são estereótipos.

2. Organizem-se para realizar a pesquisa e a produção de um cartaz. Estipulem um prazo para isso e reúnam-se para discutir os exemplos identificados pelos integrantes do grupo.

inferir: nesse contexto, processo de deduzir e chegar a conclusões a com base em indícios e informações presentes em um texto.

Parte II – Organização das informações e elaboração do cartaz

1. Organizem os exemplos encontrados. Em caso de notícia de jornal ou revista impressos, recortem e separem para colar posteriormente no cartaz. Quando for um conteúdo retirado de algum texto da internet, copiem o trecho onde ocorre o estereótipo ou, se possível, imprimam-no. Se, por acaso, o exemplo foi visto na televisão, em um filme ou se trata de um áudio, transcrevam a fala na íntegra. Para todo material encontrado, não se esqueçam de registrar as fontes pesquisadas e a data das informações, pois elas deverão ser indicadas posteriormente no cartaz.

2. Para cada exemplo, escrevam um texto-legenda explicando a visão equivocada ou o estereótipo veiculado. Expliquem as possíveis consequências que a disseminação dessa ideia pode gerar.

3. Elaborem um cartaz apresentando os exemplos de estereótipos compilados pelo grupo e os textos de análise. Utilizem imagens (fotos, ilustrações, etc.) para deixar o cartaz visualmente rico e interessante.

Yasmin Ayumi/ID/BR

Questões para discussão

1. O que vocês acharam desta atividade, foi bom realizá-la? Encontraram dificuldades durante a pesquisa?

2. Como foi a discussão sobre os exemplos encontrados? Em alguns casos, as interpretações foram diferentes entre os integrantes do grupo? Se positivo, como vocês chegaram a um consenso?

3. Para evitar interpretações estereotipadas, quais atitudes devemos ter em relação ao que lemos nas redes sociais?

Comunicação dos resultados

Apresentem à turma a pesquisa realizada pelo grupo. Expliquem o contexto de cada um dos casos.

ATIVIDADES INTEGRADAS

Analisar e verificar

1. Relacione as características naturais da Região Centro-Oeste com o desenvolvimento da pecuária na região.

2. Leia o texto a seguir e depois responda à questão.

> O projeto de desenvolvimento do Cerrado se alicerça sobre uma ideia: a de que a região é um vazio demográfico. De acordo com o advogado popular da Associação de Advogados de Trabalhadores Rurais da Bahia, Maurício Correia, foi com esse conceito, que desconsiderava a existência de povos indígenas, quilombolas, geraizeiros, entre outros, que Juscelino Kubitschek criou Brasília e a rodovia Belém-Brasília. [...]
>
> Adriana Amâncio. Cercados pelo agronegócio, agricultores familiares e indígenas sofrem com insegurança alimentar no Cerrado. *O joio e o trigo*, 27 out. 2022. Disponível em: https://ojoioeotrigo.com.br/2022/10/cercados-pelo-agronegocio-agricultores-familiares-e-indigenas-sofrem-com-inseguranca-alimentar-no-cerrado/. Acesso em: 2 jun. 2023.

- De que modo o programa Marcha para o Oeste e a construção de Brasília impactaram as comunidades tradicionais da Região Centro-Oeste?

3. A Muralha da China, uma construção militar com mais de 20 mil quilômetros de extensão, foi erguida séculos atrás pelos chineses para proteger-se de invasões de povos vizinhos. Sabendo disso e do fato de que a China é um grande importador da soja brasileira, analise o cartum e faça o que se pede.

▲ Cartum de Alves.

a) O que o animal está pensando? Qual é a relação desse pensamento com a realidade encontrada no campo brasileiro?
b) Crie outro título para esse cartum.

4. Observe as pirâmides etárias a seguir e, depois, responda às questões.

■ **Região Centro-Oeste: Pirâmide etária da população indígena (2010)**

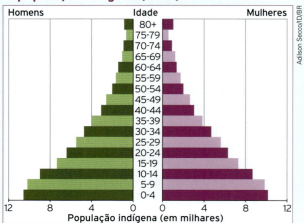

■ **Região Centro-Oeste: Pirâmide etária da população total (2010)**

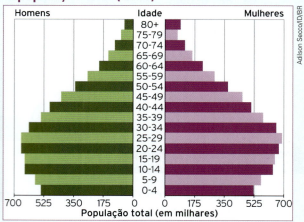

Fontes de pesquisa: IBGE. Indígenas. Disponível em: https://indigenas.ibge.gov.br/piramide-etaria-2.html; IBGE. Censo 2010. Disponível em: https://censo2010.ibge.gov.br. Acessos em: 27 fev. 2023.

a) Quais são as diferenças entre a pirâmide etária total da Região Centro-Oeste e a pirâmide etária da população indígena dessa região?
b) Busque informações acerca das condições de vida das populações indígenas e elabore hipóteses sobre as causas das diferenças apresentadas nas pirâmides.

5. Você já ouviu falar de turismo sustentável? Busque informações acerca desse tipo de turismo e explique como ele se relaciona com o ecoturismo. Opine sobre a importância do turismo sustentável para a preservação do meio ambiente.

6. Discuta com os colegas o que é uma cidade planejada e quais benefícios ela pode oferecer a seus habitantes. Elabore um texto com as conclusões a que chegaram.

Criar

7. Leia os textos e, em seguida, responda às questões.

Texto I

Guilherme Eidt, da área de políticas públicas no Instituto Sociedade, População e Natureza, ressalta que o desmatamento do Cerrado pelo agronegócio pode ter impactos na capacidade hídrica de abastecimento, na geração de energia elétrica e também na produção de alimentos.

"Das 12 principais bacias hidrográficas no Brasil, oito delas têm suas nascentes no Cerrado. Fica clara nesta correlação de desmatamento a redução de vazão dos fluxos d'água. Temos evidências do impacto para a crise hídrica, mas também para a segurança alimentar e nutricional, [na medida em que] você tem uma menor oferta de água para a produção de alimentos, porque muitas vezes a capacidade de irrigação em algumas regiões está muito direcionada para a produção de *commodities*", analisa Eidt. [...]

Anelize Moreira. Destruição e doença: o que o agro planta no Cerrado. *O joio e o trigo*, 22 mar. 2022. Disponível em: https://ojoioeotrigo.com.br/2022/03/destruicao-e-doenca-o-que-o-agro-planta-no-cerrado/. Acesso em: 2 jun. 2023.

Texto II

De agosto de 2019 a julho de 2020, o desmatamento do Cerrado foi de 7,3 mil km². [...] O desmatamento foi maior nos Estados do Maranhão, Tocantins e Bahia, que fazem parte do território do Matopiba, atual fronteira agrícola do Cerrado que também inclui o Piauí.

Os dados são do PRODES Cerrado, criado e operado pelo Inpe (Instituto Nacional de Pesquisas Espaciais) para monitorar e quantificar anualmente a remoção da cobertura natural do bioma a partir de dados do satélite Landsat. [...]

A região do Matopiba concentra os últimos remanescentes contínuos da vegetação nativa do Cerrado, onde também mais avança o agronegócio [...], principal motor do desmatamento no bioma.

O Mato Grosso é o estado que tem a [menor] perda acumulada — e ainda assim perdeu 727 km² de vegetação nativa para a produção de *commodities* [...]

De acordo com o Mapbiomas (Mapeamento Anual de Uso e Cobertura do Solo do Brasil), 47,1% do Cerrado já foram convertidos, principalmente para a produção agrícola e pecuária. [...]

Desmatamento no Cerrado aumenta 13% e bioma perde 7,3 mil km² de vegetação nativa. WWF Brasil, 23 dez. 2020. Disponível em: https://www.wwf.org.br/?77608/cerrado-prodes-desmatamento-aumenta-123-perde-73-mil-km2. Acesso em: 2 jun. 2023.

a) Que atividade econômica é a principal responsável pelo desmatamento do Cerrado?

b) Quais são as possíveis consequências desse desmatamento?

c) Com base em seus conhecimentos, elabore um quadro com alternativas para a produção sustentável de alimentos, de maneira a preservar o meio ambiente.

CIDADANIA GLOBAL
UNIDADE 9

2 FOME ZERO E AGRICULTURA SUSTENTÁVEL

Retomando o tema

Tornar a produção agrícola mais eficiente e sustentável é um dos meios propostos para aumentar a segurança alimentar no mundo, assim como evitar o desperdício de alimentos. Nesta unidade, pôde-se verificar que o setor agropecuário na Região Centro-Oeste apresentou grande crescimento produtivo nas últimas décadas, fornecendo carne, grãos e algodão, entre outros produtos, para o mercado interno e à exportação. Agora, você vai refletir sobre as mudanças espaciais decorrentes desse processo, e propor meios de acabar com a fome, alcançar a segurança alimentar, melhorar a nutrição e promover a agricultura sustentável no Brasil, como maneira de colaborar com o ODS 2 – Fome zero e agricultura sustentável, sugerido pela ONU.

1. Como o Cerrado foi impactado pela expansão da agricultura e da pecuária no Centro-Oeste?
2. Por que, apesar do crescimento na produção agropecuária, o Brasil observou aumento da insegurança alimentar em anos recentes?
3. Um modelo agrícola com base na monocultura em grandes extensões de terra pode ser considerado sustentável do ponto de vista ambiental?
4. Como a valorização de *commodities*, como a soja e o milho, pode afetar a produção de outros alimentos?

Geração da mudança

- Reúna-se em grupo para criar uma campanha de conscientização sobre a insegurança alimentar e a desnutrição no Brasil. Vocês deverão criar um vídeo apresentando a questão e propondo soluções a serem implementadas no Brasil, a fim de erradicar a fome e a desnutrição e promover a segurança alimentar da população. Elaborem um roteiro para definir o conteúdo audiovisual do vídeo, citem as fontes consultadas e realizem testes de gravação para garantir a qualidade de transmissão das informações. Dividam as tarefas entre os membros do grupo e apresentem o vídeo final à turma em data previamente combinada com o professor.

Autoavaliação

Yasmin Ayumi/ID/BR

INTERAÇÃO

A GEOGRAFIA EM CHARGES E CARTUNS

As charges e os cartuns abordam questões políticas, sociais e econômicas e temas do cotidiano de maneira crítica, irônica e bem-humorada. Eles nos ajudam, de forma cômica, a analisar de modo criterioso o mundo em que vivemos e podem ser muito interessantes no estudo da Geografia. Neste projeto, você e os colegas vão se tornar chargistas e cartunistas!

As **charges** e os **cartuns** apresentam uma **linguagem objetiva** e, muitas vezes, **bem-humorada** e atrativa ao público. Publicados geralmente em revistas e jornais, impressos ou em meio digital, as charges e os cartuns alcançam diversas pessoas e pressupõem que os leitores conheçam um pouco dos assuntos de que tratam.

Mas, apesar de serem termos usados como sinônimos, há uma diferença entre charge e cartum. Você sabe qual é? As críticas apresentadas pelas charges referem-se a **assuntos passageiros**, que estão em destaque no momento em que elas são criadas, e isso as torna datadas. Os cartuns, por sua vez, abordam **temas mais abrangentes** e assuntos que permanecem em circulação durante longo tempo. Observe, no esquema abaixo, exemplos de cartum e de charge.

Objetivos

- Produzir e publicar periodicamente cartuns e charges uma uma mídia social.
- Analisar problemas socioeconômicas persistentes do Brasil e da comunidade e situações da atualidade, desenvolvendo visão crítica e opinativa sobre esses temas.
- Divulgar as opiniões do grupo e estimular o debate na comunidade escolar.
- Conscientizar-se da importância do trabalho colaborativo e do respeito à diversidade de opiniões.

CARTUM

↑ A imagem acim pode ser classificada como cartum por criticar um problema social do Brasil que não é momentâneo, mas que vem de longa data e ainda persiste: a falta de investimentos no sistema educacional. O cartum em questão critica o fato de muitas escolas públicas no país sofrerem com a ausência de infraestrutura básica e materiais e recursos didáticos elementares. Cartum de Ivan Cabral.

CHARGE

↑ Esta charge foi criada no contexto da pandemia de covid-19 e tem como pano de fundo uma crítica às desigualdades sociais no Brasil. A charge aborda uma temática que esteve muito em discussão nos primeiros anos da pandemia, que é o fato de as populações mais pobres, diante da necessidade de isolamento social, estarem mais vulneráveis à contaminação pelo vírus – nas habitações mais pobres, é comum muitas pessoas viverem juntas em espaços pequenos e sem infraestrutura sanitária adequada. Charge de Jean Galvão.

Planejamento

Discussão inicial

- Com a orientação do professor, definam qual será a forma de divulgação das charges e dos cartuns: *blog* ou rede social. Depois, determinem a frequência de publicação. Decidam também se cada grupo abordará um único tema em todas as publicações ou temas variados. Sugestões de temas: meio ambiente, desigualdades sociais, política nacional.

Organização da turma

1. Organizem-se em grupos de, no mínimo, quatro estudantes.
2. Definam a distribuição de tarefas entre os colegas, com base nas aptidões de cada um. Para isso, enumerem as etapas de trabalho e decidam quem serão os responsáveis por elas (por exemplo: pesquisa de temas, elaboração de ilustrações, redação de textos, publicação, acompanhamento da página para avaliar a reação dos leitores, etc.).

Procedimentos

Parte I – Organização da plataforma de publicação

1. Cartunistas e chargistas, além de publicar charges e cartuns em jornais e revistas, muitas vezes divulgam seus trabalhos em *sites* e *blogs*, que são visitados por quem se interessa por suas obras. Busquem em meios impressos e digitais e analisem a forma como os conteúdos são apresentados em diferentes plataformas de publicação.
2. Após definir a plataforma de publicação, escolham um título para o *blog* ou a página em rede social e criem a página do *blog* ou o perfil da rede social. Elaborem um pequeno texto introduzindo o projeto e façam um perfil dos integrantes do grupo.
3. Realizem uma publicação-teste para mostrar ao professor e avaliem, juntos, se o formato da postagem é adequado ao interesse do grupo.

Parte II – Elaboração das charges e dos cartuns

1. A primeira etapa de criação é a escolha do tema. Ele indicará se o que vocês vão produzir será uma charge ou um cartum, ou seja, se abordará um assunto datado ou abrangente. Escolham vários assuntos que sejam de interesse do grupo. Por exemplo, os impactos negativos de uma atividade econômica no município onde vivem, o descaso do poder público com a poluição de um rio da região, as desigualdades socioeconômicas no Brasil, questões políticas ou ambientais de interesse nacional, etc. Fiquem atentos a temas que estejam em evidência no momento, como datas festivas ou um projeto de lei que esteja em votação.
2. É importante que haja uma discussão sobre os temas. Para isso, façam uma lista com as ideias propostas pelos integrantes do grupo e, em seguida, reúnam-se para discuti-las. Todas as opiniões devem ser ouvidas. Em caso de impasse, promovam uma votação entre os integrantes do grupo.

↑ Neste cartum, de Jean Galvão, o autor critica a dupla jornada de trabalho das mulheres, que muitas vezes precisam conciliar as tarefas domésticas, o cuidado com os filhos e o trabalho profissional.

DICA
Reúnam-se para elaborar a charge ou o cartum com antecedência em relação à data da publicação.

3. Após a escolha do tema, discutam:
- a crítica que farão a respeito do tema escolhido;
- qual situação será representada na ilustração para demonstrar a crítica com criatividade e humor;
- se haverá texto (linguagem verbal) na charge ou no cartum.

A elaboração de uma charge ou de um cartum não é tarefa simples: exige que o autor tenha conhecimentos dos temas dos quais quer tratar, além de muita criatividade. Por isso, busquem informações sobre o tema proposto e leiam notícias, editoriais e artigos de opinião relacionados a ele. Reflitam sobre o tema usando seus conhecimentos de Geografia e de outras disciplinas e conversem com os professores.

Lembrem-se de que a ironia e o humor são recursos muito utilizados em charges e cartuns e evidenciam a opinião de seus criadores sobre o tema abordado.

4. Façam esboços de como será a charge ou o cartum. Verifiquem se está conforme o que vocês imaginaram e se transmite a ideia que querem passar. Em caso negativo, reavaliem a ideia e, após a aprovação do grupo e do professor, dediquem-se à elaboração da arte-final.

5. Digitalizem a charge ou o cartum e publiquem o trabalho no *blog* ou no perfil criado por vocês em uma rede social.

↑ A criação de cartuns e de charges envolve as ilustrações de cenas onde podem ou não se desenrolar um diálogo. Há diversos estilos de ilustração utilizados por cartunistas e chargistas, alguns mais realistas e detalhados, outros com menos elementos. O efeito cômico e a crítica veiculados, no entanto, podem ser bem-sucedidos independentemente do estilo da ilustração.

Compartilhamento

1. Em sala de aula, após a publicação da primeira charge ou cartum façam a apresentação da página da rede social ou do *blog*. Escrevam o endereço da publicação eletrônica na lousa e convidem os colegas a acessar a plataforma da mídia social periodicamente.

2. Divulguem a página do grupo em redes sociais. Vocês podem fazer uma análise da interação que o público está tendo com o *blog* ou a rede social por meio da análise de métricas.

Avaliação

1. **SABER SER** Como vocês avaliam o processo de concepção, elaboração e publicação de charges e cartuns realizado pelo grupo ao longo do projeto? Como foram os debates sobre os temas abordados nos cartuns e nas charges?

2. Vocês consideram que as charges e os cartuns elaborados ficaram satisfatórios?

3. A página criada por vocês está tendo repercussão na comunidade? Como vocês avaliam esse efeito?

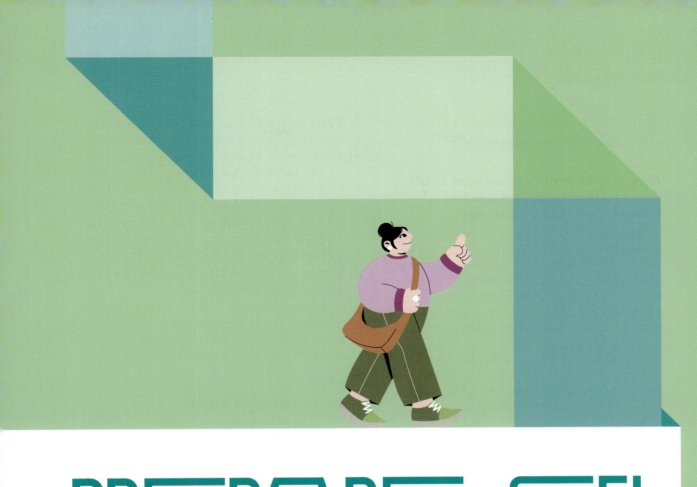

PREPARE-SE!

PARTE 1

Questão 1

Leia o texto e observe o mapa a seguir.

Acre tem 16 [municípios] com 100% dos seus territórios em faixa de fronteira e 4 cidades gêmeas

O Acre tem 144 922,65 km² do seu território em área de fronteira, segundo as atualizações dos recortes territoriais legais do país divulgadas na quinta-feira (14 [set. 2022]) pelo IBGE. Levando em consideração que o território total do Acre é estimado em 164 173,431 km², mais de 88% dele está em área de fronteira, segundo o estudo.

O levantamento também mostra que quatro cidades do Acre são consideradas gêmeas nacionais, ou seja, aquelas que ficam uma ao lado da outra, mas em países diferentes. Das 22 cidades do Acre, apenas seis [municípios] não têm todo o seu território na faixa de fronteira. [...]

Tácita Muniz. Acre tem 16 cidades com 100% dos seus territórios em faixa de fronteira e 4 cidades gêmeas. *G1*, 15 jul. 2022. Disponível em: https://g1.globo.com/ac/acre/noticia/2022/07/15/acre-tem-16-cidades-com-100percent-dos-seus-territorios-em-faixa-de-fronteira-e-4-cidades-gemeas.ghtml. Acesso em: 5 jun. 2023.

Acre: Divisão municipal, faixa de fronteira e cidades gêmeas (2021)

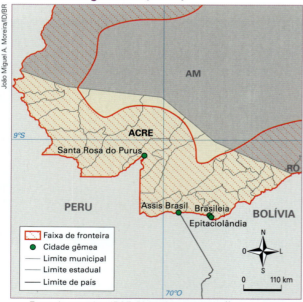

Fonte de pesquisa: IBGE. Disponível em: https://www.ibge.gov.br/geociencias/organizacao-do-territorio/estrutura-territorial/24073-municipios-da-faixa-de-fronteira.html?edicao=34308&t=acesso-ao-produto. Acesso em: 5 jun. 2023.

Agora, assinale a alternativa **incorreta**.

a) O Acre faz fronteira com o Peru e a Bolívia e tem cidades gêmeas na fronteira dos dois países.

b) Nas faixas de fronteira, como é o caso daquelas que se situam entre Acre e Bolívia e Acre e Peru, normalmente se encontram características compartilhadas por territórios vizinhos.

c) Mais de 80% do Acre está situado na faixa de fronteira. Poucos municípios do estado não têm todo seu território na faixa de fronteira.

d) A maior parte da faixa de fronteira do Acre estabelece contato com o Peru.

e) As cidades gêmeas são núcleos urbanos localizados um ao lado do outro, mas que não se conectam e não se relacionam, pois estão separadas por uma fronteira.

Questão 2

A ação de regionalizar auxilia:

I. exclusivamente na elaboração de mapas, pois permite ao cartógrafo destacar aspectos específicos de uma região em relação às demais.

II. na organização de informações sobre o território, caracterizando-o em diferentes áreas.

III. na adoção de políticas públicas. Por meio da regionalização, o poder público pode compreender melhor as diferentes necessidades socioeconômicas e ambientais do território que administra.

Está(ão) correta(s) a(s) afirmação(ões):

a) I, II e III.   c) I e III.   e) III.
b) I e II.   d) II e III.

Questão 3

I. Criar, colocar sob regime de votação e aprovar leis.

II. Mediar conflitos entre cidadãos e entre os cidadãos e o Estado brasileiro.

III. Gerir políticas e serviços públicos, colocar em prática as leis do país.

IV. Supervisionar a ação dos representantes do Poder Executivo.

No Brasil, as atribuições enumeradas acima competem, respectivamente, aos poderes:

a) Executivo; Legislativo; Executivo; Judiciário.
b) Judiciário; Judiciário; Legislativo; Legislativo.
c) Legislativo; Judiciário; Executivo; Legislativo.
d) Legislativo; Executivo; Executivo; Judiciário.
e) Legislativo; Judiciário; Judiciário; Legislativo.

Questão 4

Existem povos que não falam mais suas línguas?

Como diz o historiador José Bessa Freire: "A língua é arquivo da história, é a canoa do tempo, responsável por levar os conhecimentos de uma geração à outra". Por isso, uma língua está em risco de extinção quando os falantes:

- param de usá-la;
- só a usam em um número pequeno de situações de comunicação;
- deixam de transmiti-la de uma geração para outra.

Essa é a situação de alguns povos indígenas no Brasil atual. Em 1550, logo após a ocupação portuguesa, o número de línguas era muito maior: cerca de 1300 línguas diferentes. Mas muitas delas desapareceram durante a colonização; outras continuam ameaçadas ainda hoje.

_{Línguas. Povos Indígenas no Brasil Mirim. Disponível em: https://mirim.org/pt-br/lingua. Acesso em: 5 jun. 2023.}

O texto sugere que, em relação aos povos nativos do Brasil, os colonizadores:

a) apresentaram atitude cordial, incentivando a criação de línguas híbridas por meio das quais fosse possível estabelecer diálogo.

b) estabeleceram relações de violência simbólica e cultural, contribuindo para o desaparecimento de muitas línguas.

c) demonstraram indiferença, pois tinham como único interesse estabelecer relações com outros povos europeus.

d) mostraram-se grandes entusiastas do ensino de línguas indígenas, empenhando-se em aprendê-las e divulgá-las.

e) foram truculentos, sendo capazes de exterminar a totalidade das línguas indígenas, que inexistem na atualidade.

Questão 5

Sobre a queda na taxa de fecundidade no Brasil, assinale a alternativa **incorreta**.

a) As constantes crises econômicas no país fizeram com que as famílias desistissem de ter filhos, pois o custo de vida aumentou vertiginosamente.

b) A maior participação das mulheres no mercado de trabalho contribuiu para a queda da taxa de natalidade.

c) O processo de urbanização está relacionado com a queda de fecundidade brasileira.

d) O acesso a métodos contraceptivos e à informação sobre controle de natalidade possibilitou às mulheres decidir ter ou não filhos.

e) O aumento do custo de vida tornou mais dispendioso ter uma família numerosa.

Questão 6

Brasil: Densidade demográfica (2010)

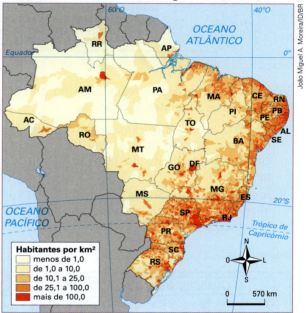

Fonte de pesquisa: IBGE. *Atlas geográfico escolar*. 8. ed. Rio de Janeiro: IBGE, 2018. p. 112.

Sobre a distribuição da população brasileira pelo território, indique a alternativa correta.

a) As áreas do Brasil de maior densidade demográfica situam-se na porção oeste do território.

b) Não há, na Região Norte do país, nenhuma área com densidade demográfica superior a 100 hab./km².

c) Nas regiões Sudeste e Sul do Brasil predominam áreas com menos de 1 hab./km².

d) As maiores concentrações populacionais brasileiras ocorrem nas áreas litorâneas do território nacional.

e) As maiores concentrações populacionais brasileiras ocorrem nas áreas de fronteira com outros países da América do Sul.

Questão 7

Brasil: População residente, segundo o sexo e os grupos de idade, em porcentagem (2012 e 2021)

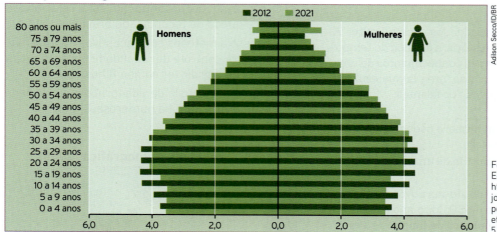

Fonte de pesquisa: IBGE Educa. Disponível em: https://educa.ibge.gov.br/jovens/conheca-o-brasil/populacao/18318-piramide-etaria.html. Acesso em: 5 jun. 2023.

Sobre as informações apresentadas no gráfico, foram feitas as seguintes afirmativas:

I. Em 2012, a base da pirâmide etária brasileira era mais estreita do que em 2021, evidenciando um aumento da taxa de natalidade nesse período.

II. A evolução da pirâmide etária do Brasil sugere uma tendência de envelhecimento da população.

III. A proporção entre homens e mulheres no Brasil é muito desequilibrada: sabe-se que os homens compõem cerca de três quartos da população.

IV. Em 2021, a proporção de pessoas com menos de 15 anos na população brasileira era menor do que em 2012.

São verdadeiras:

a) II e IV.
b) II, III e IV.
c) I e II.
d) I e IV.
e) I, II e IV.

Questão 8

▲ Tirinha de Alves.

As quebradeiras de coco babaçu são uma comunidade tradicional do Brasil, presentes, sobretudo, em áreas do Cerrado. Observe a tirinha ao lado e, com base nela, assinale a alternativa correta.

a) As comunidades tradicionais do Brasil estão assentadas em grandes latifúndios, onde exercem atividades ligadas a seu modo de vida.

b) A degradação do Cerrado brasileiro está associada à atividade das quebradeiras. As propriedades particulares impedem a continuidade das atividades desse grupo.

c) A distribuição de terras no Brasil é igualitária: comunidades tradicionais e empresários do agronegócio convivem pacificamente no campo.

d) O campo brasileiro apresenta conflitos entre comunidades tradicionais e latifundiários. A concentração de terras é um problema histórico no país.

e) O conflito de interesses entre as quebradeiras e os latifundiários no Cerrado tende a desaparecer, pois o latifúndio está em processo de extinção no Brasil.

Questão 9

BRASIL: PRINCIPAIS NACIONALIDADES DE SOLICITAÇÕES DE REFÚGIO (2021)

Países de origem	Número de solicitações
Venezuela	22 856
Angola	1 952
Haiti	794
Cuba	529
China	345

Fonte de pesquisa: Refúgio em números. Série Migrações. Observatório das Migrações Internacionais; Ministério da Justiça e Segurança Pública/Conselho Nacional de Imigração e Coordenação-Geral de Imigração Laboral. 7. ed. Brasília: OBMigra, 2022. Disponível em: https://portaldeimigracao.mj.gov.br/images/Obmigra_2020/OBMigra_2022/REF%C3%9AGIO_EM_N%C3%9AMEROS/Refu%CC%81gio_em_Nu%CC%81meros_-_27-06.pdf. Acesso em: 5 jun. 2023.

Com base nos dados da tabela e em seus conhecimentos, indique a alternativa correta.

a) O número de refugiados venezuelanos no Brasil declinou a partir de 2015, devido à crise política e econômica na Venezuela.
b) Há apenas um país latino-americano entre os cinco que apresentam maior número de solicitantes do reconhecimento da condição de refugiado no Brasil.
c) No Haiti, a crise social se agravou desde os terremotos e furacões que abalaram o país em 2010 e 2012. Em 2021, dentre os solicitantes de refúgio no Brasil, os haitianos estiveram entre os mais numerosos.
d) O governo brasileiro oferece refúgio apenas aos solicitantes cujos países tenham sido vitimados por catástrofes ambientais.
e) O desconhecimento da língua portuguesa é um dos problemas enfrentados pelos refugiados. Entre os cinco países que apresentam maior número de solicitantes de refúgio no Brasil, não há nenhum em que o português seja língua oficial.

Questão 10

> Processo de desenvolvimento científico, iniciado na década de 1950, voltado às práticas produtivas do campo, com a criação de insumos, como variedades de sementes, fertilizantes e agrotóxicos.

O texto descreve um processo ocorrido nos Estados Unidos. Qual é o nome desse processo?

a) Revolução Industrial.
b) Revolução camponesa.
c) Revolução Verde.
d) Revolução Gloriosa.
e) Reforma agrária.

Questão 11

Brasil: Estrutura fundiária (2017)

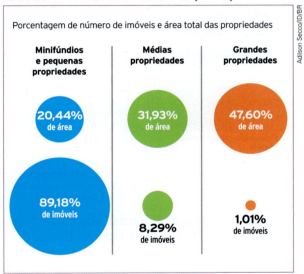

Porcentagem de número de imóveis e área total das propriedades

Minifúndios e pequenas propriedades: 20,44% de área; 89,18% de imóveis
Médias propriedades: 31,93% de área; 8,29% de imóveis
Grandes propriedades: 47,60% de área; 1,01% de imóveis

Fonte de pesquisa: IBGE. Censo agropecuário 2017. Rio de Janeiro: IBGE, 2017. Disponível em: https://censoagro2017.ibge.gov.br/resultados-censo-agro-2017.html. Acesso em: 5 jun. 2023.

Com base na leitura do infográfico acima, indique qual afirmação está **incorreta**.

a) Ainda que haja um número maior de grandes propriedades de terra no campo brasileiro, as pequenas propriedades predominam em área.
b) Ainda que quase 90% dos imóveis rurais do Brasil sejam minifúndios e pequenas propriedades, sua área corresponde a menos de um terço do total do campo brasileiro.
c) Os dados apresentados no gráfico apontam para uma enorme concentração de terras no campo brasileiro.
d) Quase metade do campo brasileiro é ocupado pelas grandes propriedades de terra.
e) O número de grandes propriedades no Brasil é muito inferior ao de pequenas propriedades.

Questão 12

Brasil: Indústria têxtil (2016)

Fonte de pesquisa: IBGE. *Atlas geográfico escolar*. 8. ed. Rio de Janeiro: IBGE, 2018.

O mapa apresenta informações acerca da distribuição espacial da indústria têxtil no Brasil. Com base na leitura do mapa, indique qual afirmação está correta.

a) A indústria têxtil está distribuída de modo homogêneo por todo o território nacional.
b) Na Região Norte, não há municípios com mais de 10 indústrias de produtos têxteis.
c) No Sudeste, o estado do Rio de Janeiro é o que apresenta maior quantidade de municípios com mais de 10 indústrias de fabricação de produtos têxteis.
d) Há uma concentração significativa de municípios com mais de 10 indústrias de fabricação de produtos têxteis nas regiões Sul e Sudeste do país.
e) A distribuição espacial de indústrias têxteis, assim como das demais indústrias brasileiras, segue padrões aleatórios.

Questão 13

Sobre a geração de energia hidrelétrica no Brasil, assinale a alternativa correta.

a) As usinas hidrelétricas brasileiras se concentram na Região Sudeste.
b) O potencial hidrelétrico da Região Norte é bastante aproveitado.
c) A demanda por energia no Nordeste é pequena devido à pequena industrialização da região.
d) O potencial hidrelétrico da Região Sul é pouco aproveitado.
e) As usinas hidrelétricas são fontes de energia que não geram impactos ambientais consideráveis para o país.

Questão 14

Observe o gráfico a seguir.

Brasil: Trajetória da produção industrial (2019-2022)

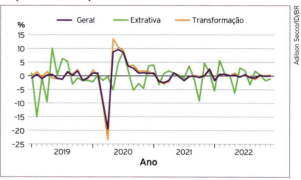

Fonte de pesquisa: IBGE. Pesquisa industrial mensal. Brasília: 2022. Disponível em: https://www.ibge.gov.br/estatisticas/economicas/industria/9294-pesquisa-industrial-mensal-producao-fisica-brasil.html?edicao=21593. Acesso em: 5 jun. 2023.

Com base na análise do gráfico, indique qual alternativa está correta.

a) O gráfico mostra que houve uma queda significativa no crescimento da indústria extrativa em 2022, e nesse ano essa indústria apresentou sua maior taxa de queda entre 2019 e 2022.
b) No primeiro semestre de 2020, a indústria geral e a indústria de transformação apresentaram suas maiores quedas do período e, ao mesmo tempo, seus maiores índices de crescimento.
c) A indústria de transformação, ao contrário da extrativa, não apresentou períodos de declínio durante todo o ano de 2020.
d) As taxas de crescimento da indústria de transformação brasileira foram positivas durante todo o ano de 2021.
e) Em todo o período mostrado no gráfico, a indústria geral no Brasil teve baixo crescimento, mas sempre com taxas positivas. Não houve retração da indústria.

Questão 15

As imagens a seguir mostram um mesmo local da cidade de São Paulo, em momentos diferentes.

▲ São Paulo (SP). Foto de 2020.

▲ São Paulo (SP). Foto de 2021.

Agora, leia as afirmações e indique qual das alternativas é a correta.

a) O êxodo urbano é o principal fator que explica o problema mostrado na primeira imagem.
b) A utilização de transportes públicos, como ônibus e trens, seria uma solução para o problema apresentado na imagem de 2020.
c) As enchentes ocorrem em grandes metrópoles, como São Paulo, devido à ausência de obras de canalização dos rios.
d) A impermeabilização e a ocupação do solo urbano, sobretudo das áreas de várzea dos rios, é uma das principais causas das enchentes em grandes cidades.
e) Por ocorrerem em espaços controlados, as enchentes não podem causar danos à vida da população das metrópoles.

Questão 16

Observe infográfico a seguir.

■ **Brasil: Realização de afazeres domésticos ou de cuidados de pessoas (2018 e 2019)**

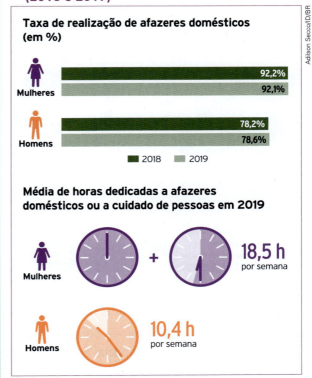

Fonte de pesquisa. IBGE. *Pesquisa Nacional por Amostra de Domicílios Contínua* (Pnad Contínua). Disponível em: https://biblioteca.ibge.gov.br/visualizacao/livros/liv101650_informativo.pdf; https://biblioteca.ibge.gov.br/visualizacao/livros/liv101722_informativo.pdf. Acessos em: 5 jun. 2023.

Com base nos dados apresentados no infográfico, indique a alternativa correta.

a) É possível confirmar a existência de igualdade de gênero no que diz respeito à realização de afazeres domésticos e ao cuidado de pessoas nos lares brasileiros.
b) Houve diminuição da participação masculina na realização de afazeres domésticos e no cuidado de pessoas entre 2018 e 2019.
c) Em relação às mulheres, homens dedicam o dobro de horas semanais à realização de afazeres domésticos.
d) Os homens brasileiros, de modo geral, trabalham mais do que as mulheres brasileiras.
e) As mulheres brasileiras dedicam cerca de oito horas semanais a mais do que os homens em afazeres domésticos e cuidado de pessoas.

Questão 17

■ **Brasil: Rede rodoviária (1973)**

Fonte de pesquisa: IBGE. *Atlas geográfico escolar*. 8. ed. Rio de Janeiro: IBGE, 2018.

■ **Brasil: Rede rodoviária (2017)**

Fonte de pesquisa: IBGE. *Atlas geográfico escolar*. 8. ed. Rio de Janeiro: IBGE, 2018.

A comparação dos mapas da malha rodoviária brasileira de 1973 e 2017 revela que:

a) entre 1973 e 2017, observou-se uma intensa amplificação da rede rodoviária na Região Norte do país.

b) o padrão de distribuição espacial da rede rodoviária brasileira segue o dos demais países da América do Sul: as vias estão concentradas no extremo oeste do país.

c) há uma concentração de rodovias na porção leste do país, mais próxima ao litoral.

d) em 1973, todos os estados brasileiros já tinham alguma cobertura rodoviária.

e) a evolução da rede rodoviária é insignificante entre 1973 e 2017.

Questão 18

Os moradores mais antigos do Brasil se dividem em povos – 305 no total, somando quase um milhão de pessoas –, presentes em todos os estados brasileiros. Nós aprendemos a chamá-los pelo mesmo e único nome: "índios", como se fossem todos iguais. Mas, na verdade, não são; isso é um erro. Cada povo (e não tribo!) tem um modo diferente de ser e de ver o mundo e, assim, cada um deles possui seu nome próprio: povo Yanomami, povo Waimiri-Atroari, povo Munduruku, povo Wapichana e vários outros [...]

Cristino Wapichana. *A boca da noite*. Rio de Janeiro: Zit, 2016.

Cristino Wapichana é um escritor indígena brasileiro. No trecho acima, ele salienta que:

a) É um equívoco tratar os povos indígenas como se fossem todos iguais.

b) O que unifica os povos indígenas é o estabelecimento de grupos tribais no território.

c) Os povos indígenas habitam, exclusivamente, as regiões rurais do Brasil.

d) Os povos indígenas, ao reivindicarem ser chamados por seus nomes próprios, buscam formar Estados independentes do Brasil.

e) Os povos indígenas do Brasil são caracterizados por viver em florestas.

Questão 19

Observe o mapa a seguir. Depois, leia as afirmações.

Terra Indígena Yanomami: Garimpo ilegal (2022)

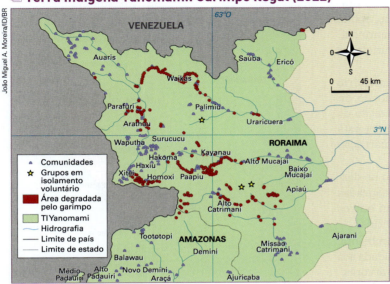

I. O garimpo é uma atividade legal nas Terras Indígenas no Brasil.

II. Há áreas degradadas pelo garimpo muito próximas a comunidades indígenas.

III. O garimpo ilegal ameaça o modo de vida de povos indígenas, como é o caso dos Yanomami.

IV. O garimpo ilegal ameaça a biodiversidade da floresta Amazônica.

São verdadeiras as afirmações:

a) I, II, III e IV.
b) I, III e IV.
c) II, III e IV.
d) I e II.
e) II e IV.

Fonte de pesquisa: Hutukara Associação Yanomami. Yanomami sob ataque: garimpo ilegal na terra indígena Yanomami e propostas para combatê-lo. 2022. Disponível em: https://acervo.socioambiental.org/sites/default/files/documents/yal00067.pdf. Acesso em: 5 jun. 2023.

Questão 20

Brasil: Perfil das regiões

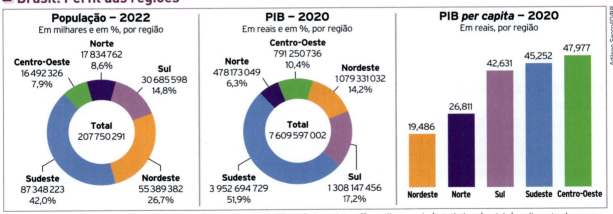

Fontes de pesquisa: IBGE. Censo demográfico 2022. Disponível em: https://www.ibge.gov.br/estatisticas/sociais/rendimento-despesa-e-consumo/22827-censo-demografico-2022.html; IBGE. Produto Interno Bruto dos Municípios. Disponível em: https://www.ibge.gov.br/estatisticas/economicas/contas-nacionais/9088-produto-interno-bruto-dos-municipios.html. Acessos em: 5 jun. 2023.

Os gráficos apresentam algumas informações sobre as regiões brasileiras. Qual das alternativas a seguir **não** caracteriza a Região Norte adequadamente?

a) A Região Norte apresenta o segundo menor PIB *per capita* do país.
b) Em 2022, a população da Região Norte era menor do que a da Região Centro-Oeste.
c) A população da Região Norte é menor do que a metade da população da Região Sudeste.
d) A participação da Região Norte no PIB brasileiro é menor do que a da Região Sul.
e) O PIB *per capita* da Região Norte é maior do que o da Região Nordeste.

263

PARTE 2

Questão 1

A transposição das águas do Rio São Francisco é a maior obra de infraestrutura do Brasil, mas depois de 12 anos de trabalho, sendo 7 de atraso, a esperança de abastecimento deixou cicatrizes na caatinga e em comunidades rurais e territórios indígenas. [...]

O povo indígena Pipipã ocupa um território no município de Floresta, em Pernambuco, cidade onde começa o canal de transposição do eixo leste do Rio São Francisco. A terra está identificada, mas o processo de demarcação ainda não foi concluído.

Para os Pipipã, a maior perda se deu no desmatamento de árvores consideradas sagradas [...] Mesmo que as árvores cresçam em outros locais, a perda de cada uma delas é sentida.

De acordo com o Instituto Socioambiental (ISA), a cosmologia do povo Pipipã está ligada aos "espaços sagrados" ocupados por essas árvores.

[...] Segundo o pesquisador [André Monteiro Costa], as máquinas da transposição entraram nos territórios indígenas sem que todos fossem avisados.

Elida Oliveira. Deslocamentos, falta d'água e desmate: os impactos da transposição do São Francisco nas comunidades rurais e indígenas. *G1*, 21 dez. 2019. Disponível em: https://g1.globo.com/natureza/desafio-natureza/noticia/2019/12/21/deslocamentos-falta-dagua-e-desmate-os-impactos-da-transposicao-do-sao-francisco-nas-comunidades-rurais-e-indigenas.ghtml. Acesso em: 5 jun. 2023.

Sobre o tema apresentado no texto, qual alternativa é correta?

a) A transposição do Rio São Francisco, cuja justificativa é o combate às secas na Região Nordeste, teve consequências socioambientais negativas que foram denunciadas por povos indígenas brasileiros.

b) A transposição do Rio São Francisco tem como objetivo principal o incentivo econômico às comunidades ribeirinhas do Nordeste.

c) A transposição do Rio São Francisco tem impacto negativo sobre os povos indígenas do Nordeste, mas não afetou, contudo, o meio ambiente.

d) O São Francisco é um rio que tem poucos quilômetros de extensão. Sua transposição é incapaz de gerar consequências relevantes.

e) As comunidades indígenas brasileiras participaram da decisão de transpor o Rio São Francisco.

Questão 2

Observe o mapa a seguir.

Região Nordeste: Sub-regiões

Fonte de pesquisa: Manuel Correia de Andrade. *A terra e o homem no Nordeste*. 8. ed. São Paulo: Cortez, 2011. p. 320.

Entre as alternativas a seguir, qual estabelece uma relação adequada com a legenda e com a representação do mapa acima?

a) 1 – Zona da Mata: região caracterizada pelo clima tropical semiárido.

b) 3 – Agreste: região em que se encontram os maiores centros urbanos e industriais da Região Nordeste.

c) 2 – Sertão: região cuja vegetação predominante é a Mata Atlântica.

d) 4 – Meio-Norte: região em que se encontra a mata dos cocais.

e) 3 – Meio-Norte: porção territorial que ocupa a região central do Nordeste.

Questão 3

[...] Para os Fulni-ô, a origem do [indígena] é a sua linguagem, por isso, a língua Yaathê [...] é considerada o maior símbolo da cultura do grupo. Para manter a língua-mãe ativa entre as novas gerações e para parte dos [indígenas] que vivem fora da reserva, foi criada a Rádio Educativa Cultural Fulni-ô, cuja programação é produzida pelos alunos e professores da escola bilíngue da aldeia.

Além da língua, as manifestações culturais incluem a dança e a música. As danças são inspiradas nos movimentos dos animais, enquanto as músicas, cantadas em duas vozes por homens e mulheres em Yaathê, é a forma como fazem contato o sagrado. [...]

Conheça a cultura do povo Fulni-ô. Programa Expedições produção RW CINE, *EBC*, 23 dez. 2015. Disponível em: https://tvbrasil.ebc.com.br/expedicoes/conteudo/conheca-a-cultura-do-povo-fulni-o. Acesso em: 5 jun. 2023.

O povo Fulni-ô habita regiões do Nordeste brasileiro. A língua desse povo é:

a) secundária em relação ao português, língua utilizada para as transações comerciais.
b) mantida e propagada em meio às novas gerações, com auxílio, por exemplo, de uma rádio.
c) a única manifestação cultural desse povo que ainda se encontra ativa.
d) menos importante do que os rituais que envolvem dança e música.
e) cultuada pelas gerações mais antigas, mas subestimada pelos mais jovens.

Questão 4

Sobre a região conhecida como Matopiba, assinale a alternativa **incorreta**.

a) A região do Matopiba apresenta cultivos de soja, milho e algodão: trata-se de uma nova fronteira agrícola do Brasil.
b) A ampliação do agronegócio sobre a região do Matopiba é muitas vezes responsável pelo desmatamento de áreas de Cerrado e da Caatinga.
c) A região do Matopiba compreende as áreas de apenas dois estados: o Maranhão e o Piauí.
d) Alguns dos estados que têm áreas que compreendem a região Matopiba apresentam alta incidência de conflitos no campo.
e) O agronegócio é uma atividade que tem se desenvolvido na região do Matopiba.

Questão 5

Área que abrange quase todos os estados do Nordeste e parte de Minas Gerais, delimitada para ajudar na adoção de políticas socioeconômicas e ambientais específicas.

O trecho acima se refere:

a) ao polígono das secas.
b) ao Sertão Nordestino.
c) à indústria da seca.
d) ao bioma semiárido.
e) à Sudene.

Questão 6

Diversas famílias indígenas que vivem na Grande São Paulo mantêm frequente contato com suas aldeias de origem. Apesar de viverem na cidade há bastante tempo, os Terena não perderam o contato com a aldeia de origem em Mato Grosso do Sul: "Toda semana nós nos falamos. É pelo telefone, pela carta, pela visita de algum irmão de lá pra cá, daqui pra lá..." Sátiro Terena.

Indígenas na cidade. *Comissão Pró-Índio de São Paulo*. Disponível em: https://cpisp.org.br/povos-indigenas-em-sao-paulo/terras-indigenas/indigenas-na-cidade/. Acesso em: 5 jun. 2023.

Sobre o texto, qual das alternativas é correta?

a) A relação dos Terena com a Grande São Paulo evidencia a impossibilidade de convivência dos povos indígenas nas proximidades de centros urbanos.
b) Ainda que vivam na Grande São Paulo, os Terena mantêm vínculos com sua aldeia de origem, no Mato Grosso do Sul.
c) Os Terena que vivem na cidade têm a pretensão de retornar, o mais rápido possível, ao Mato Grosso do Sul.
d) Por viverem na Grande São Paulo, os Terena perderam a sua cultura original.
e) Os Terena não dispõem de recursos tecnológicos para contatar sua aldeia no Mato Grosso do Sul.

Questão 7

Observe a foto a seguir.

▲ Itabira (MG). Foto de 2021.

A alteração de paisagem observada no segundo plano da imagem se deve:

a) a processos naturais de escoamento de águas da chuva;
b) à construção de redes urbanas de serviços;
c) à ação do tectonismo nos planaltos centrais brasileiros;
d) às mudanças sazonais da vegetação nativa;
e) às consequências da atividade mineradora.

Questão 8

▲ Imagem de satélite de 2012.

A imagem foi obtida à noite por meio de um satélite que captou as luzes noturnas. A imagem evidencia:

a) a falta de conexão entre as metrópoles paulistana e carioca.
b) a ausência de acesso à energia elétrica no interior dos estados de São Paulo e Rio de Janeiro.
c) a megalópole Rio de Janeiro-São Paulo, grande complexo metropolitano.
d) as queimadas noturnas que são realizadas em grandes centros urbanos.
e) a aleatoriedade da distribuição das luzes à noite.

Questão 9

Enquanto a estrutura de Fundão ruía, Francisco de Paula Felipe, de 51 anos, estava na sua casa, em Bento Rodrigues, uma das comunidades arrasadas pela enxurrada de rejeitos. [...]

O barulho da lama varrendo o que encontrava pela frente é algo que Francisco não se esquece. Era um estrondo que nunca tinha ouvido. Pensou em diversas possibilidades, até mesmo na barragem. Não demorou muito para que visse a avalanche de rejeito engolindo o distrito em que viveu por mais de 30 anos. [...]

Raquel Freitas. Tragédia de Mariana, 5 anos: sem julgamento ou recuperação ambiental, 5 vidas contam os impactos no período. G1, 5 nov. 2020. Disponível em: https://g1.globo.com/mg/minas-gerais/noticia/2020/11/05/tragedia-de-mariana-5-anos-sem-julgamento-ou-recuperacao-ambiental-5-vidas-contam-os-impactos-no-periodo.ghtml. Acesso em: 5 jun. 2023.

Francisco, apresentado na reportagem, é um dos sobreviventes da tragédia ocorrida em Mariana (MG), em 2015. A barragem mencionada no texto está associada à atividade:

a) pecuária, sobretudo a criação de gado bovino.
b) agrícola, especificamente a do cultivo da soja em Minas Gerais.
c) da indústria de alta tecnologia, cujo polo nacional é Belo Horizonte (MG).
d) mineradora, sobretudo a extração do minério de ferro.
e) extrativista, principalmente aquela que é praticada por comunidades tradicionais.

Questão 10

▲ Morro do Vidigal, Rio de Janeiro (RJ). Foto de 2020.

A paisagem mostrada na foto representa:

a) um fenômeno bastante incomum às capitais dos estados do Sudeste, pois o planejamento urbano nesses lugares impediu o surgimento de favelas.
b) uma arquitetura típica dos ambientes rurais do Brasil, trazida para a metrópole pelos imigrantes.
c) consequências do problema da moradia em grandes metrópoles brasileiras, nas quais a ocupação de morros e de encostas se apresenta com uma alternativa para a população.
d) resultado de políticas de moradia adotadas em grandes municípios brasileiros, definidas com a participação direta da população.
e) lugares em que se torna inviável o desenvolvimento de qualquer forma de manifestação cultural.

Questão 11

▲ Construção em Blumenau (SC). Foto de 2023.

A construção retratada na foto demonstra:

a) a presença de povos europeus entre os migrantes que se estabeleceram na Região Sul.
b) a prática da montagem de edificações temporárias com finalidade turística.
c) a irrelevância de povos de outras partes do mundo para a constituição da sociedade brasileira.
d) as marcas da arquitetura indígena na cultura brasileira.
e) a presença de modelos arquitetônicos típicos de países tropicais.

Questão 12

A Itaipu Binacional paga nesta terça-feira (28 [fev. 2023]) a última parcela da dívida da construção da usina hidrelétrica de mesmo nome. O valor, conforme a entidade, é de 115 milhões de dólares e ocorre 50 anos após a celebração do Tratado com o Paraguai para realização da obra.

O valor corresponde a um montante de US$ 107 milhões ao Banco Nacional de Desenvolvimento Econômico e Social (BNDES) e US$ 8 milhões à Eletrobras.

Atualmente, a usina é líder na produção de energia, com mais de 2,9 bilhões de megawatts-hora fornecidos. [...]

Itaipu Binacional paga nesta terça (28) última parcela da dívida de construção de usina hidrelétrica. *G1*, 28 fev. 2023. Disponível em: https://g1.globo.com/pr/oeste-sudoeste/noticia/2023/02/28/itaipu-binacional-paga-nesta-terca-28-ultima-parcela-da-divida-de-construcao-de-usina-hidreletrica.ghtml. Acesso em: 5 jun. 2023.

Sobre o tema abordado no texto, assinale a alternativa **incorreta**.

a) A água do reservatório da usina de Itaipu é direcionada para as turbinas hidrelétricas, em que a energia gerada pelo movimento é transformada em energia elétrica.
b) A usina de Itaipu foi construída na bacia do Paraná, em parceria com o governo paraguaio.
c) A hidreletricidade é a principal fonte de energia no Brasil.
d) A construção da usina de Itaipu atraiu um grande contingente populacional para Foz do Iguaçu e para as cidades próximas.
e) A grande capacidade hidrelétrica da usina de Itaipu está associada à existência de rios intermitentes, como o Paraná e o Uruguai.

Questão 13

As fotos a seguir retratam formas típicas de ocupação e de aproveitamento da terra na Região Sul. Observe-as.

▲ Colheita mecanizada de soja no município de Goioerê (PR). Foto de 2022.

▲ A Região Sul é a maior produtora nacional de uva, matéria-prima para a produção de vinho. Vinícola em Garibaldi (RS). Foto de 2019.

Assinale a alternativa que melhor descreve a atividade agrícola retratada em uma dessas fotos ou em ambas.

a) As fotos 1 e 2 retratam pequenas propriedades, que se caracterizam pela baixa mecanização.

b) A paisagem retratada na foto 2 representa a mecanização do campo e a integração da produção agrícola ao processo industrial.

c) A foto 1 retrata uma atividade agroindustrial típica: colheita mecanizada de soja em grandes propriedades. A foto 2 retrata a agricultura familiar.

d) Tanto a foto 1 como a foto 2 retratam a produção agroindustrial em grandes propriedades.

e) A foto 1 retrata uma atividade característica do sudoeste paranaense: a criação de aves e suínos em pequenas propriedades familiares.

Questão 14

■ Climograma I

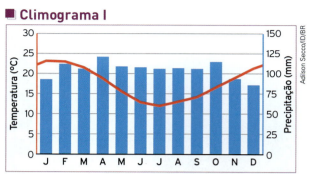

Fonte de pesquisa: *Climate data*. Disponível em: https://pt.climate-data.org/america-do-sul/brasil/rio-grande-do-sul/santa-vitoria-do-palmar-43895/#climate-graph. Acesso em: 5 jun. 2023.

■ Climograma II

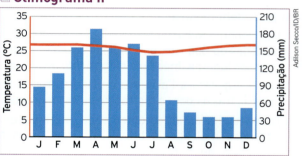

Fonte de pesquisa: *Climate data*. Disponível em: https://pt.climate-data.org/america-do-sul/brasil/rio-grande-do-norte/natal-2030/#climate-graph. Acesso em: 5 jun. 2023.

Entre os dois climogramas anteriores, qual corresponde a uma cidade de clima subtropical do Sul do país?

a) Climograma I, com estação seca bastante definida no inverno.

b) Climograma I, com chuvas distribuídas ao longo do ano e temperaturas abaixo de 25 °C.

c) Climograma II, com chuvas abundantes entre março e julho.

d) Climograma I, com temperaturas elevadas durante o verão e chuvas concentradas entre fevereiro e abril.

e) Climograma II, com temperaturas elevadas durante todo o ano.

Questão 15

Observe o mapa e leia as afirmações.

Brasil: Terras Quilombolas tituladas e em processo de titulação (2020)

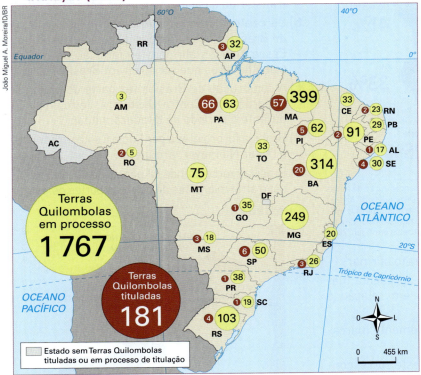

Fonte de pesquisa: Comissão Pró-Índio de São Paulo. Disponível em: https://cpisp.org.br/comissao-pro-indio-de-sao-paulo2/. Acesso em: 5 jun. 2023.

I. A Região Sul apresenta mais Terras Quilombolas em processo de titulação que a Região Centro-Oeste.

II. Todos os estados da Região Sul apresentam Terras Quilombolas tituladas.

III. Há mais Terras Quilombolas tituladas no Sul do que no Sudeste.

IV. Dentre os estados da Região Sul, o Rio Grande do Sul é o que apresenta maior quantidade de Terras Quilombolas em processo de titulação.

V. O Rio Grande do Sul é o terceiro estado brasileiro com maior quantidade de Terras Quilombolas em processo de titulação.

Está correto o que se afirma em:

a) I e V.
b) I e IV.
c) IV e V.
d) I, II e IV.
e) II e IV.

Questão 16

◂ Tirinha de Alves.

Qual situação é criticada na tirinha?

a) A ampliação das atividade industriais nas áreas de Cerrado nas ultimas décadas.

b) A proibição das manifestações culturais de povos tradicionais do Cerrado na Região Centro-Oeste.

c) A intensa atividade agropecuária que ocorre em áreas do Cerrado brasileiro.

d) A poluição sonora do Cerrado, que é o principal problema ambiental enfrentado na porção central do Brasil.

e) A falta de diversidade das manifestações culturais das comunidades tradicionais do Cerrado.

Questão 17

Regiões do Brasil: Percentual de latifúndios pela área total (2017)

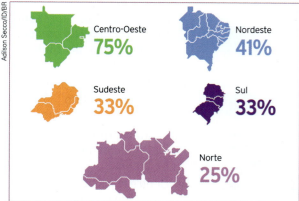

Centro-Oeste 75%
Nordeste 41%
Sudeste 33%
Sul 33%
Norte 25%

Com 92% do território privado, MS tem maior concentração de terras particulares do país. De olho nos ruralistas. Disponível em: https://deolhonosruralistas.com.br/2017/04/11/com-92-territorio-privado-ms-tem-maior-concentracao-de-terras-particulares-pais. Acesso em: 5 jun. 2023.

Sobre o tema do infográfico, é correto afirmar:

a) A Região Centro-Oeste é que a apresenta menor percentual em latifúndios em relação à área total.
b) O Nordeste é a região mais fortemente marcada pela presença do latifúndio.
c) Mais da metade da área do Sudeste corresponde a latifúndios.
d) Proporcionalmente à área da região, o Norte é onde os latifúndios são menos expressivos.
e) No Centro-Oeste, a presença de latifúndios foi diminuída pela realização de uma reforma agrária regional.

Questão 18

Leia as afirmações a seguir.

I. A região de ocorrência do Cerrado apresenta solos ácidos e chuvas abundantes e bem distribuídas ao longo do ano.
II. A vegetação de Cerrado apresenta árvores muito altas e elevado índice de umidade do ar durante todo o ano.
III. A vegetação do Cerrado se caracteriza pela presença de árvores de galhos retorcidos, arbustos e vegetação herbácea.

Qual(is) afirmação(ões) está(ão) correta(s)?

a) I
b) II
c) III
d) I e II
e) I e III

Questão 19

Sobre a construção de Brasília, assinale a alternativa **incorreta**.

a) Brasília é uma cidade planejada para qual foi transferida a capital do país na década de 1960.
b) Os centros urbanos que surgiram no entorno de Brasília são chamados de cidades-satélites. Essas cidades abrigam as famílias de muitos trabalhadores que construíram Brasília.
c) A construção de Brasília fez parte do plano de integração do Centro-Oeste brasileiro, iniciado durante o período de ditadura militar.
d) Brasília foi projetada por Lúcio Costa, urbanista, e Oscar Niemeyer, arquiteto.
e) Brasília exerce grande influência no cenário regional e atrai migrantes de diversas partes do país.

Questão 20

Sobre o tema apresentado pela charge, assinale a alternativa **incorreta**.

a) A destruição de áreas do Pantanal pelas queimadas impacta diretamente a biodiversidade da região.
b) O efeito cômico da charge está relacionado ao fato de a fuligem das queimadas ter sujado a onça pintada, espécie encontrada na região do Pantanal, e ter deixado o pássaro confuso.
c) O Pantanal é uma planície alagável extremamente rica em biodiversidade.
d) A charge não faz sentido já que não há queimadas no Pantanal. Em toda região não são permitidas atividades econômicas.
e) Diversos problemas socioambientais do Pantanal decorrem da ocupação econômica da região.

BIBLIOGRAFIA COMENTADA

Ab'Sáber, A. N. *Amazônia*: do discurso à práxis. 2. ed. São Paulo: Edusp, 2004.
    Essa obra reúne os principais ensaios produzidos pelo geógrafo Aziz Nacib Ab'Sáber sobre a região amazônica.

Ab'Sáber, A. N. *Brasil*: paisagens de exceção. São Paulo: Ateliê, 2006.
    Nesse livro, o autor aborda a biodiversidade do pantanal mato-grossense e faz uma síntese dos elementos do litoral brasileiro.

Ab'Sáber, A. N. *Os domínios de natureza no Brasil*. 6. ed. São Paulo: Ateliê, 2010.
    O autor faz uma análise dos fatores morfoclimáticos, pedológicos, hidrológicos e ecológicos dos domínios paisagísticos brasileiros.

Almeida, R. D. de; Passini, E. Y. *O espaço geográfico*: ensino e representação. 11. ed. São Paulo: Contexto, 2001.
    As autoras apresentam estratégias didáticas voltadas à apreensão espacial do corpo e à elaboração de mapas por parte das crianças e suas vivências espaciais.

Andrade, M. C. de. *Agricultura e capitalismo*. São Paulo: Ciências Humanas, 1979.
    O livro apresenta um debate sobre o processo de modernização da atividade agrícola no Brasil entre os anos de 1950 e 1960.

Andrade, M. C. de. *O planejamento regional e o problema agrário no Brasil*. São Paulo: Hucitec, 1976.
Nessa obra, o autor debate a noção de planejamento e sua correlação com geografia e economia.

Andrade, M. C. de. *A terra e o homem no Nordeste*. 8. ed. São Paulo: Cortez, 2011.
    Estudo que aborda o conceito de região como elemento de integração entre aspectos sociais e naturais e o aplica à Região Nordeste e seu processo histórico de ocupação e exploração da terra.

Baran, P. A. *A economia política do desenvolvimento*. São Paulo: Nova Cultural, 1986 (Coleção Os economistas).
    Nessa obra, Paul Baran relaciona a economia ao aspecto de politização a partir da crise de 1929.

Becker, B. K. *Amazônia*: geopolítica na virada do III milênio. 2. ed. Rio de Janeiro: Garamond, 2007.
    Essa obra aborda a dinâmica regional amazônica a partir da análise dos conflitos de sua apropriação.

Bielschowsky, R. *Pensamento econômico brasileiro*: o ciclo ideológico do desenvolvimentismo. São Paulo: Contraponto, 2004.
    Essa obra clássica da historiografia econômica brasileira aborda a transição da economia agrária para a economia de base industrial entre 1930 e 1964.

Braverman, H. *Trabalho e capital monopolista*: a degradação do trabalho no século XX. 3. ed. Rio de Janeiro: LTC, 1987.
    Essa obra, orientada pela sociologia do trabalho, debate aspectos econômicos e históricos da deterioração das condições de trabalho.

Carlos, A. F. A. (org.). *Espaço e indústria*. 2. ed. São Paulo: Contexto, 1989.
    Nessa obra, nove geógrafos discutem sobre geografia física, urbana, rural, de pesquisa, de teoria, de espaço e do cotidiano.

Carlos, A. F. A. (org.). *A geografia na sala de aula*. 9. ed. São Paulo: Contexto, 2018.
    A obra debate como abordar temas como cartografia, cidadania, cinema, televisão, metrópole e educação na sala de aula.

Castellar, S. (org.). *Educação geográfica*: teorias e práticas docentes. São Paulo: Contexto, 2005.
    Reunião de textos sobre o papel da Geografia no contexto escolar e em cursos de formação continuada para professores.

Castrogiovanni, A. (org.). *Ensino de Geografia*: práticas e textualizações no cotidiano. Porto Alegre: Mediação, 2001.
    Essa obra aborda estratégias para o ensino de Geografia, com exemplos práticos de metodologia voltados ao cotidiano.

Christofoletti, A.; Becker, B. K.; Davidovich, F. *Geografia e meio ambiente no Brasil*. 3. ed. São Paulo: Hucitec, 2002.
    Nessa obra, os autores problematizam questões epistemológicas sobre a separação entre Geografia física e Geografia humana, colocando em questão a complexidade que envolve a interação entre os componentes socioeconômicos e os componentes naturais.

Corrêa, R. L. *Região e organização espacial*. São Paulo: Ática, 2007.
    Nessa obra, o autor retoma o conceito de região nas diferentes linhas do pensamento geográfico, identificando formas de organização espacial e situando a Geografia no campo das Ciências Sociais.

Duarte, P. A. *Fundamentos de cartografia*. 3. ed. Florianópolis: Ed. da UFSC, 2006.
    Essa obra debate os aspectos históricos e socioculturais que envolvem a produção dos mapas, suas escalas e perspectivas de representação.

Espíndola, C. J.; Bastos, J. M. Reestruturação agroindustrial e comercial no Brasil. *Cadernos geográficos*, Florianópolis, Departamento de Geociências – CFH/UFSC, n. 11, mar. 2005.
    As teses presentes na obra abordam a reestruturação da economia brasileira entre os anos de 1990 e 1994 e entre os anos de 1994 a 2000.

Fausto, B. *História do Brasil*. 13. ed. São Paulo: Edusp/FDE, 2008.
    Obra clássica sobre a formação histórica do Brasil a partir da herança da colonização portuguesa. O autor descreve e analisa a formação social brasileira, engendrada pelo trabalho colonial-escravista e pelos regimes autoritários ao longo do século XX.

Ferro, M. (org.). *O livro negro do colonialismo*. Rio de Janeiro: Ediouro, 2004.
    Essa obra coletiva reúne especialistas em diversas disciplinas de Ciências Humanas com o objetivo de promover um debate interdisciplinar sobre o colonialismo e seus efeitos.

Furtado, C. *Formação econômica do Brasil*. 34. ed. São Paulo: Companhia das Letras, 2009.
    Obra clássica em que o economista Celso Furtado associa o debate econômico à dimensão social e seus efeitos. Apresenta uma perspectiva histórica sobre os fundamentos econômicos da ocupação territorial, a transição da economia escravista para o trabalho assalariado e, por fim, a transição para o sistema industrial.

Gonçalves, R. As locomotivas enferrujadas do capitalismo. *In*: Gonçalves, R. *Vagão descarrilhado*: o Brasil e o futuro da economia global. Rio de Janeiro: Record, 2002.
    Nesse capítulo, o autor debate as instabilidades estruturais do sistema capitalista ao longo do século XX em contraposição a seus ciclos de expansão (1870-1913 e 1950-1973).

Guerra, A. J. T.; Coelho, M. C. N. (org.). *Unidades de conservação*: abordagens e características geográficas. Rio de Janeiro: Bertrand Brasil, 2009.

Essa obra mobiliza repertórios da Geografia física e da Geografia humana, bem como da ecologia política, para analisar Unidades de Conservação (UCs).

LAMBERT, M. *Agricultura e meio ambiente*. 4. ed. São Paulo: Scipione, 1997.

Essa obra trata das ameaças ambientais relacionadas às práticas agrícolas e, ao mesmo tempo, discute a necessidade de produção de alimentos.

LENCIONI, S. *Região e geografia*. São Paulo: Edusp, 2003.

Nessa obra, a autora aborda o conceito de região como um recorte espacial e que engloba a dimensão política das diferenças.

MARICATO, E. *Habitação e cidade*. 7. ed. São Paulo: Atual, 2007.

A urbanista e arquiteta Ermínia Maricato desenvolve, nessa obra, uma análise de articulação entre os problemas sociais e a questão histórica da moradia no Brasil.

MEDEIROS, M. C. *Industrialização e agricultura*: o complexo agroindustrial do arroz de Santa Catarina. Cascavel: Edunioeste, 2006.

Esse livro aborda a rizicultura irrigada no sul de Santa Catarina. O autor apresenta a dimensão histórica desse processo de cultivo a partir da colonização italiana do século XIX no Vale do Itajaí.

MOORE JR., B. *As origens sociais da ditadura e da democracia*: senhores e camponeses na construção do mundo moderno. Lisboa: Edições 70, 2010.

Essa obra analisa determinadas transformações políticas e sociais na ordem global, debatendo o processo de mudança das sociedades agrárias para as sociedades industriais.

OLIVEIRA, A. U. de. *Integrar para não entregar*: políticas públicas e Amazônia. 2. ed. São Paulo: Papirus, 1991.

Essa obra apresenta uma análise sobre acordos firmados para legalizar a exploração de riquezas minerais da região amazônica, discutindo acordos militares feitos com os Estados Unidos e as políticas de interesse que orientam os planos governamentais na região, sobretudo após a Segunda Guerra.

OLIVEIRA, A. U. de. *Modo capitalista de produção e agricultura*. 4. ed. São Paulo: Ática, 1995.

Essa obra analisa o desenvolvimento contraditório do capitalismo no meio rural, em que a terra é sujeita ao capital.

PERRAULT, G. (org.). *O livro negro do capitalismo*. 3. ed. Rio de Janeiro: Record, 2000.

Artigos de especialistas em Ciências Humanas para debater o processo histórico responsável pelas desigualdades sociais.

PITTE, J-R. (org.). *Geografia*: a natureza humanizada. São Paulo: FTD, 1998.

Uma visão da Geografia a partir das transformações históricas promovidas pelas relações homem × natureza, considerando fenômenos socioeconômicos recentes e seus impactos sobre o espaço.

POCHMANN, M.; AMORIM, R. (org.). *Atlas da exclusão social no Brasil*. 2. ed. São Paulo: Cortez, 2003.

Aborda as desigualdades sociais nos diversos territórios brasileiros, bem como as condições sociais e econômicas de sua reprodução.

PRADO JR., C. *História econômica do Brasil*. São Paulo: Brasiliense, 2008.

Essa obra clássica de Caio Prado Jr. é um ensaio sobre a formação econômica do país. Em perspectiva histórica, o autor apresenta a predominância de exploração que orienta as atividades econômicas desde o Brasil Colônia até a emergência da República.

ROSS, J. L. S. (org.). *Geografia do Brasil*. 6. ed. São Paulo: Edusp, 2014.

O livro aborda diversos temas pertinentes ao estudo da Geografia em uma interpretação analítica que considera aspectos históricos e políticos.

SAMPAIO, F. S. *et al*. Dinâmica capitalista na agricultura brasileira: acumulação e relações de trabalho. *Cadernos geográficos*, Florianópolis, Departamento de Geociências – CFH/UFSC, n. 11, maio 2005.

Nesse estudo, os autores analisam o complexo produtivo da agricultura brasileira e a perspectiva histórica de sua formação.

SANTOS, M. *Pensando o espaço do homem*. 5. ed. São Paulo: Edusp, 2005.

Nessa obra, o geógrafo Milton Santos discute categorias de espaço e tempo, que são centrais em sua produção acadêmica.

SANTOS, M. *Por uma geografia nova*: da crítica da geografia a uma geografia crítica. 6. ed. São Paulo: Edusp, 2004.

Nessa obra, o geógrafo brasileiro parte do debate sobre a renovação crítica da Geografia para propor a análise do "espaço" como um objeto da ciência sob a perspectiva humana e interdisciplinar.

SANTOS, M. *Por uma outra globalização*: do pensamento único à consciência universal. 19. ed. Rio de Janeiro: Record, 2011.

Milton Santos propõe, nesse livro, uma abordagem interdisciplinar sobre o tema da globalização, destacando os limites ideológicos do discurso produzido acerca do progresso técnico.

SANTOS, M. *et al*. (org.). *Globalização e espaço latino-americano*. São Paulo: Annablume, 2002.

O livro debate a perspectiva econômica das políticas neoliberais, que englobam dinâmicas promovidas no espaço financeiro, no espaço urbano, no espaço rural e nos fluxos migratórios.

SINGER, P. *Desenvolvimento econômico e evolução urbana*: análise da evolução econômica de São Paulo, Blumenau, Porto Alegre, Belo Horizonte e Recife. Rio de Janeiro: Companhia Editora Nacional, 1977.

A obra analisa a história econômica das regiões brasileiras e aponta o modo como cada região apostou no modelo exportador para seus produtos primários, em vez de privilegiar o mercado interno.

SINGER, P. Evolução da economia e vinculação internacional. *In*: SACHS, I. *et al*. (org.). *Brasil*: um século de transformações. São Paulo: Companhia das Letras, 2001.

O eixo temático desse livro propõe debater a relação entre a economia brasileira e o contexto internacional ao longo do século XX.

VENTURI, L. A. B. *Praticando a geografia*: técnicas de campo e laboratório em geografia e análise ambiental. São Paulo: Oficina de Textos, 2005.

Essa obra apresenta um conjunto de técnicas de campo no estudo da Geografia em sala de aula.

VICENTINO, C. *Atlas histórico*: geral e Brasil. São Paulo: Scipione, 2011.

Essa obra é organizada com base em uma divisão didático-pedagógica de períodos históricos do Brasil e do mundo.